AUTOMOTIVAÇÃO, ALTA PERFORMANCE

AUTOMOTIVAÇÃO, ALTA PERFORMANCE

ZIG ZIGLAR

Traduzido por **Omar de Souza**

Editora Mundo Cristão
São Paulo

Editora responsável: Silvia Justino
Editora assistente: Tereza Gouveia
Assistente editorial: Miriam de Assis
Preparação: Omar de Souza
Coordenação de produção: Lilian Melo
Supervisão de produção: Ester Tarrone
Colaboração: Pâmela Moura
Capa: Douglas Lucas, adaptação da capa original
Imagem: Cedida por Thomas Nelson

Os textos das referências bíblicas foram extraídos da *Nova Versão Internacional* (NVI) da Sociedade Bíblica Internacional, salvo indicação específica.

Dados Internacionais de Catalogação na Publicação (CIP)
(Câmara Brasileira do Livro, SP, Brasil)

Ziglar, Zig

Automotivação, alta performance / Zig Ziglar; traduzido por Omar de Souza — São Paulo: Mundo Cristão, 2008.

Título original: Better than Good: creating a life you can't wait to live
ISBN 978-85-7325-531-7

1. Conduta de vida 2. Sucesso — Aspectos religiosos — Cristianismo 3. Vida cristã I. Título.

08-04047 CDD-248.4

Índice para catálogo sistemático:
1. Sucesso : Vida Cristã : Cristianismo 248.4
Categoria: Negócios

Publicado no Brasil com todos os direitos reservados pela:
Editora Mundo Cristão
Rua Antônio Carlos Tacconi, 79, São Paulo, SP, Brasil, CEP 04810-020
Telefone: (11) 2127-4147
Home page: www.mundocristao.com.br

1ª edição: junho de 2008

Sumário

Dedico este livro a meu filho amado, John Thomas Ziglar, presidente e diretor executivo da Ziglar Training Systems. Sinto um imenso orgulho dele.

Apresentação

Por não ser uma pessoa avessa a apresentações, permita-me falar a você sobre quem sou e o que está prestes a descobrir em *Automotivação, alta performance*.

Quando nasci, em 1926, no Alabama, meus pais me batizaram como Hilary Hinton Ziglar, mas desde o Ensino Fundamental, meus amigos — e espero que você também se inclua entre eles — passaram a me chamar de "Zig". Durante décadas, viajei o mundo inteiro e falei a várias platéias sobre como alcançar o melhor que a vida tem para oferecer, bastando, para isso, dedicar o melhor de si à vida. Já falei a milhões de pessoas que, seja no âmbito pessoal, dos negócios, da família ou da comunidade, elas podem ter tudo quanto desejam na vida, desde que sejam capazes de ajudar outros a conseguir o que também desejam.

Depois de mais de oitenta anos de vida, vinte e tantos livros sobre automotivação e tantas palestras e seminários sobre como viver uma vida abundante e frutífera que até perdi a conta, ainda tenho muita coisa a dizer. Sinto-me como se estivesse começando agora! E é por isso que escrevi *Automotivação, alta performance*: tenho várias experiências a compartilhar com você, e acredito que elas lhe servirão como fonte de automotivação, assim como motivaram a mim. Relacionei alguns assuntos sobre os quais tratei ao longo dos anos e que me levaram a níveis ainda mais elevados de automotivação. E desejo que você faça a mesma coisa em sua vida.

Não me lembro muito bem de quando disse: "Excelência total!" pela primeira vez na vida, mas foi há muito tempo. Como fui criado no sul dos Estados Unidos e por morar no Texas, por várias vezes participei de diálogos como este:

— E, então, Zig? *Cumé* que *tão* as coisas?

— Bom, *tá* tudo bom! E *ocê*?

Essas palavras são familiares a você? Não há nada de errado com elas, é claro. Constituem, apenas, uma forma coloquial de os amigos se cumprimentarem em qualquer lugar onde se encontrem. Mas, a partir de determinado momento, *caiu a ficha* de que "bom" não era uma descrição das mais adequadas para a maneira como eu estava me sentindo — ou como qualquer um de nós gostaria de se sentir. Se nossa intenção é viver a vida ao máximo, é importante que ela seja melhor do que apenas "boa". É por essa razão que, quando as pessoas me perguntam: "E, então, Zig? *Cumé* que *tão* as coisas?", eu respondo: "*Tá* tudo melhor que bom! Excelência total!".

A reação a essa resposta é impressionante. As pessoas literalmente param o que estão fazendo para prestar atenção em meu jeito de cumprimentá-las. Algumas delas me agradecem por lhes dar a *forcinha* da qual necessitavam; outras passam a cumprimentar do mesmo jeito. O poder das palavras jamais deve ser subestimado. Quando você diz: "Estou bem, excelência total", está se referindo a si mesmo, falando no presente do indicativo. Trata-se de uma afirmação positiva a respeito da pessoa que você é e da situação em que se encontra. Só dizer que tudo está "melhor que bom" não será suficiente. Mas quando você compreende o que é necessário para viver com excelência total e se dedica a esse objetivo, realmente não se contenta mais em viver uma vida apenas "boa".

São três os pilares sobre os quais se estabelece esse conceito de vida com excelência total: paixão, alta performance e propósito. Não acredito que alguém se sinta motivado por muito tempo na vida sem a compreensão plena desses três conceitos. E também não acho que alguém seja capaz de viver uma vida de excelência total se não se sentir motivado a isso.

É isso que me leva, essencialmente, à tese deste livro: uma vida de excelência total é possível quando a pessoa vive com paixão genuína, esforça-se para alcançar alta performance e cumpre o propósito divino. E não me importo em dizer com toda a franqueza: meu objetivo é motivar você a querer viver uma vida assim.

Vou dizer como relacionaremos a paixão, a alta performance e o propósito: não importa qual seja a área do empreendimento — esporte, negócios, ciência, medicina, educação, ministério, serviço público —, não acredito que uma pessoa seja capaz de alcançar seu melhor desempenho se não tiver paixão pelo que faz. A vida é difícil demais para se chegar ao topo sem paixão. Você vai cometer erros, se desapontar, seus recursos escassearão; quase todos os dias, você encontrará uma razão boa, consistente e lógica para desistir de tudo. E, se não tiver paixão, é isso mesmo que fará. É por isso que a paixão é prerrequisito para a alta performance.

A alta performance depende da paixão, da determinação e da disposição de fazer alguma coisa, mesmo que de maneira imperfeita, até aprender a fazê-la direito. A verdadeira alta performance é influenciada pela condição em que se encontra sua vida em termos de saúde física e espiritual, negócios e família. Abordo cada uma dessas áreas em profundidade.

Cheguei à conclusão de que a terceira parte da equação, o propósito, é um elemento-chave em toda a dinâmica da automotivação e da vida com excelência total. Durante anos, percebi que, para várias pessoas, é muito difícil sentir paixão pelo que fazem simplesmente porque elas não gostam do que estão fazendo! E é difícil encontrar argumentos diante dessa realidade. Tem muita gente que preferiria estar fazendo alguma coisa diferente na vida. Quando questionada a respeito do que gostaria de fazer na vida, se não houvesse obstáculos, parte considerável dessas pessoas (talvez até mesmo a maioria) dificilmente diria: "Estou fazendo aquilo que vim a este mundo para fazer; não gostaria de estar fazendo coisa alguma além disso".

Eu reconheço que se trata de um problema nada fácil de ser solucionado. Por conta de obrigações familiares ou financeiras, pode ser difícil mudar o curso da vida e começar a fazer o que você preferia estar fazendo. Difícil... mas não impossível. Creio que, se você tem, de fato, paixão por alguma coisa (e acredita que é esse o propósito divino para sua vida), então é capaz de transformá-la em realidade.

E é aí que entramos na questão do propósito: como ele é, o que é necessário para encontrá-lo e a diferença que a noção desse propósito pode fazer.

Assim, quando chegarmos à Parte 3 deste livro, *O propósito da vida com excelência total*, abordaremos uma questão sobre a qual poucos oradores motivacionais costumam falar. E também me incluo nessa lista, pelo menos no início de minha carreira, mas não por muito tempo. Sei dos benefícios que obtive, nos últimos anos, por reafirmar meu propósito na vida. É por isso que comentei, logo no início, que me sinto como se estivesse começando neste momento! Ainda falta realizar muitas coisas no que diz respeito a meu propósito na vida. Por causa disso, nunca me senti tão motivado quanto hoje em dia! E quero motivar você também a viver com paixão e alcançar alta performance genuína naquilo que acredita ser seu propósito na vida.

Durante toda a minha vida, conheci pessoas que possuíam uma paixão fora do comum. No entanto, como essa paixão não era movida por um propósito, ia e vinha sem nenhuma regularidade. Essas pessoas tentavam alimentar essa paixão com esforço próprio, dia após dia — uma situação que, em última análise, revelava-se insustentável. Os cientistas ainda não conseguiram inventar o primeiro moto perpétuo, uma máquina que nunca parasse de funcionar. Com o tempo, tudo se desgasta ou fica sem energia — incluindo os seres humanos que tentam, dia após dia, maximizar sua alta performance.

Se você me perguntasse, em 1971, qual era meu propósito na vida, eu provavelmente tentaria inventar uma resposta que causasse boa impressão. Mas, se alguém procurasse analisar minha vida cuidadosamente, não conseguiria distinguir tanto propósito assim — não, pelo menos, o tipo de propósito sobre o qual falo neste livro. Verdade seja dita: minha carreira não estava me levando a lugar algum. Minha vida financeira era uma confusão total. Em outras palavras, eu estava falido!

Mas tudo aquilo começou a mudar em 1972. Foi quando descobri o que significa assumir uma paixão verdadeira na vida — uma paixão que alimenta a alta performance e conduz ao propósito por toda a vida.

O que aconteceu? Uma coisa simples, ainda que profunda: passei por uma experiência que fez disparar a paixão dentro de mim e me convenceu de que eu havia sido criado de uma maneira singular para cumprir um propósito. (Se estivéssemos conversando pessoalmente agora, é provável que você dissesse: "Conte-me o que foi que lhe aconteceu, Zig!". Você pode ler mais sobre minha experiência no final deste livro.) Basta dizer que *Automotivação, alta performance* é meu melhor esforço para reunir minha história pessoal e aquilo que aprendi, ao longo dos últimos trinta e tantos anos, sobre como viver uma vida de excelência total.

Elaborei este livro da maneira mais prática que me foi possível. Durante a leitura, ofereço a você idéias que funcionaram comigo (e com milhares de pessoas) por todos esses anos. São coisas deste tipo: use um *notebook* ou compre um bloquinho de notas e mantenha a seu alcance enquanto lê este livro. Quando passar por algum trecho que chame sua atenção de maneira especial (uma idéia, um pensamento, um plano, um valor, uma razão, uma correção), escreva na mesma hora.

Em seguida, carregue esse bloquinho com você, seja aonde for. Sempre que tiver alguma oportunidade — por exemplo, se estiver no meio do trânsito engarrafado, esperando alguém ao telefone, aguardando sua vez na sala de espera do médico ou antes de se deitar para dormir à noite —, dê uma olhada nas anotações que fez. Tente fazer isso pelos próximos trinta dias. Toda mudança leva tempo para ocorrer e também exige repetições constantes. Alimentar sua mente com novas idéias por, pelo menos, um mês é como praticar escalas musicais em um piano: você está ensinando à mente e ao corpo como fazer coisas que os dois nunca haviam feito antes. No tempo certo, você será capaz de tocar o piano com naturalidade. Até lá, porém, mantenha sua automotivação consultando seu bloquinho de notas ou *notebook*.

Estou convencido de que *Automotivação, alta performance* pode motivar você a *ligar os pontos* da vida, um por um. No fim de tudo, formará uma figura que representará a beleza, o propósito e a realização pessoal.

Minha oração é para que você descubra o verdadeiro propósito de Deus para sua vida, o mesmo que acionará sua paixão e a alta performance. Não importa se, por meio da leitura deste livro, você terá a oportunidade de descobrir esse propósito ou renová-lo — acredito que esta obra servirá de auxílio para que passe a viver do jeito que sempre quis; uma vida com excelência total!

PARTE 1

ALTA PERFORMANCE, UMA PAIXÃO

1 Uma jornada apaixonante

A experiência demonstra que o sucesso tem menos a ver com a capacidade do que com o entusiasmo. Vence aquele que se dedica ao que faz com o corpo e a alma.

Charles Buxton

> O entusiasmo cego logo se transforma em uma retirada vergonhosa, enquanto a santa determinação, construída sobre princípios sólidos, ergue sua cabeça como uma rocha em meio às ondas.
>
> *William Gurnall*

O problema principal não é que sejamos apaixonados demais por coisas ruins, e sim a precariedade de nossa paixão pelas coisas boas.

Larry Crabb

> Apesar de todos os riscos que envolve, a paixão precisa de liberdade, se é que desejamos, de fato, alcançar a plenitude como seres humanos.
>
> *Philip Sheldrake*

Os seres humanos passam a vida inteira a serviço de suas paixões, em vez de usar suas paixões a serviço da vida.

Sir Richard Steele

A PAIXÃO É SUBESTIMADA e pouco valorizada. Quando um estudante de Q.I. mediano realiza grandes façanhas na vida acadêmica, a paixão deve levar o crédito. Quando você vê um atleta cuja habilidade não passa da média alcançando marcas fantásticas, a paixão também deve ficar com a fama. Ao ver um pai ou uma mãe cuidando de um filho ou uma filha que tem algum tipo de incapacidade física ou deficiência no aprendizado — obstáculos que impediriam as pessoas comuns de prosseguir —, o crédito deve ser dado à paixão.

A independência dos Estados Unidos foi conquistada por causa da paixão dos fundadores dessa nação. Todo avivamento religioso tem como fonte a paixão. O movimento norte-americano de luta pelos direitos civis teve como combustível a paixão de Martin Luther King Jr. e outros líderes. A paixão merece muito mais crédito que os registros da História permitem.

Acredito que a paixão desempenha um papel muito importante em todas as grandes realizações. Quem — ou de quem — você é determinará se sua paixão tem um caráter nobre e generoso ou se é egoísta e mesquinha. Descobrir e desenvolver a paixão constitui uma jornada, não um acontecimento. Há um processo pelo qual é necessário passar. Alguns o iniciam bem cedo, enquanto outros só o descobrem tarde demais. Uma paixão nobre, quando descoberta e desenvolvida, produz grande alegria e recompensas pessoais, além de oferecer benefícios imensos à sociedade.

Vou contar a você a trajetória de duas pessoas cheias de paixão que possuíam um histórico muito desfavorável — pessoas que, se fossem analisadas em vista das circunstâncias, ninguém seria capaz de dizer que alcançariam alta performance e sucesso. Se alguém arriscasse prenunciar o fracasso de ambas, tal julgamento seria um grande erro. A paixão que elas desenvolveram em seus respectivos campos de especialidade demonstra que tal atitude pode e deve ser cultivada e desenvolvida ao longo do tempo por muitas pessoas. A leitura desses dois relatos servirá de incentivo para que você se conscientize da paixão que guarda dentro de si. São histórias exemplares sobre como fazer para liberar essa paixão.

UM SONHO QUE NUNCA MORRERÁ

Pessoas diferentes são motivadas por coisas diferentes, mas a inspiração é fundamental quando nosso objetivo é o de descobrir o que ativa nossa paixão. A inspiração da escritora Debbie Macomber era proveniente de uma fonte inusitada: a morte de um primo querido, cuja vida foi tolhida pela leucemia. Durante muitos anos, eles foram muito próximos, e a morte de David exerceu um impacto profundo sobre a vida de Debbie. Depois do funeral, ela comentou: "Parecia que Deus estava me dizendo que era hora de parar de postergar meus sonhos, algo que eu fizera durante anos valendo-me de uma enorme lista de desculpas e justificativas. Eu era uma dessas pessoas que 'um dia' vão fazer isso ou aquilo". A morte de David mostrou a ela que não há garantia alguma em deixar tudo para depois, e que hoje é o dia certo para começar a perseguir os próprios sonhos.

Embora ela não tenha percebido isso na hora, um momento decisivo havia ocorrido antes da morte de David, quando Debbie foi visitá-lo no centro de tratamento de câncer onde o primo recebia cuidados. Como era disléxica, ela tinha dificuldade para ler as placas indicativas de direção que a guiariam dentro do hospital. Frustrada depois de circular em vão durante um bom tempo, ela chamou um médico e pediu que ele indicasse a direção certa que ela devia tomar. A resposta que ele deu mudou a vida de Debbie: "Siga até o fim desse corredor e vire na primeira entrada à direita. Em seguida, atravesse todas as portas que estejam sinalizadas com uma placa escrito: 'Entrada expressamente proibida'".

Debbie conta hoje que ela passou o resto de sua vida atravessando portas fechadas porque descobriu, naquele dia, que era capaz.

O Ensino Médio não tinha sido moleza para Debbie, e ela não conseguiu uma bolsa de estudos na faculdade. Por isso, fez o que muitas jovens fizeram nos anos 1960: casou e teve quatro filhos em um espaço de cinco anos. Como mãe e dona de casa, ela sonhava em um dia se tornar escritora, mas nunca achou que isso fosse possível. Hoje em dia, ela está convencida de que, se não fosse pela morte do primo, aquilo nunca teria passado de um sonho. Ela conversou com o marido e ele concordou que Debbie deveria arriscar a carreira de escritora. Por isso, ele alugou uma máquina de escrever e colocou sobre a mesa da cozinha, de onde era retirada apenas na hora das refeições.

Quando conta sua história, hoje em dia, Debbie enfatiza o fato de que ela não tinha um histórico que a qualificasse como escritora. Era neta de imigrantes. Seu pai não chegou a completar o Ensino Médio, além de ter sido prisioneiro durante a Segunda Guerra Mundial. Até hoje ela se identifica como uma "soletradora criativa", e afirma não ter outras credenciais como escritora além do sonho que, acredita, Deus plantara em seu coração. Ela crê que os sonhos provêm do Criador, e que a única maneira possível de torná-los realidade é voltando-se para Deus em fé e convicção.

Enquanto os filhos permaneciam na escola, durante o dia, a supermãe se transformava em uma jovem escritora batalhadora. "As mensagens de rejeição não demoraram a chegar", ela disse. "Às vezes, eu sentia como se alguém fosse me dar uma pancada por trás, na cabeça, enquanto voltava para casa depois de sair da agência dos correios, onde acabara de remeter outro original". A quantidade de vezes que recebeu mensagens de recusa era impressionante, mas, depois de cinco longos anos, ela finalmente teve a primeira obra publicada.

Debbie me ouviu falar no Tacoma Dome, em 1990. Disse que minha palestra mexeu muito com ela e teve uma influência decisiva em sua vida. Debbie percebeu que havia chegado apenas à ponta do *iceberg* no que dizia respeito ao sucesso como escritora. Naquela época, seus livros ficavam nas livrarias por apenas algumas poucas semanas depois do lançamento. Ela costumava brincar, dizendo que as obras que publicava tinham o mesmo tempo de vida nas estantes que o de queijo *cottage*. As tiragens eram limitadas, e não havia nenhuma possibilidade de ela entrar em qualquer lista séria de *best-sellers*.

Debbie Macomber recusou-se a seguir a tendência mais popular de escrever sobre a imoralidade e o sexo em seus romances. Dizia que não desejava ver seus livros desonrando os padrões estabelecidos pela Bíblia. "Cada história que escrevi podia ser classificada como um romance tradicional ou bem levinho", ela comentava. "Depois de ouvir você falando, Zig, percebi que todas as coisas são possíveis. Você me transformou em uma pessoa que acredita no próprio potencial."

Naquele seminário, Debbie comprou quase todos os livros e gravações em áudio que eu tinha para vender — dava um total de aproximadamente 800 dólares. Ela e o marido ouviram todas as gravações e estudaram os livros. Debbie acha que Deus a orientou a assistir ao seminário naquele dia, dando-lhe a inspiração e o incentivo de que ela precisava para acreditar que poderia perseguir sua paixão pela literatura. E fazer sucesso.

Você está pronto (ou pronta) para isso? Hoje em dia, os livros de Debbie chegaram à casa de 70 milhões de exemplares impressos em vários países, e o valor que recebe por direitos autorais já subiu várias vezes desde que ela começou a ouvir aquelas gravações. Suas obras figuraram em todas as principais listas de *best-sellers*, incluindo a do jornal *New York Times*, tanto em capa dura quanto em brochura. "As pessoas costumam comentar que elas gostam de meu estilo leve; não ficam com medo de recomendar meus livros aos filhos ou avós", diz Debbie.

Ela ainda ouve às gravações que comprou em 1990, e quando visito sua cidade, ela vai me ouvir falar. Não faz muito tempo, ela convidou a mim e à Ruiva (é desse modo carinhoso que chamo minha esposa, Jean, toda vez que falo alguma coisa sobre ela; quando estamos conversando, eu a chamo de "Benzinho") para um jantar. Diz que Deus concedeu a ela os meios necessários para transmitir palavras e mensagens positivas a seus leitores por intermédio dos livros que escreve. Acredito no que ela disse — "Deus concedeu" é o fundamento da paixão que a leva a fazer o que faz. Tendo deixado de se preocupar com vendas altíssimas e passado a se concentrar na mensagem que cria ter sido concedida por Deus, ela começou a alcançar o sucesso que sempre buscara.

Debbie acredita que ter freqüentado nosso Programa de Treinamento Avançado foi a iniciativa mais importante que tomou em sua jornada rumo ao sucesso. Ela sabia que o curso exigia muita dedicação, mas também era divertido e provocador, além de oferecer 24 semanas de acompanhamento. No entanto, da mesma forma que Debbie desejava participar, também tinha de enfrentar uma agenda pessoal muito intensa. Ela tentava equilibrar todos os compromissos, como muitas pessoas também fazem, e encaixar mais um item em sua rotina parecia contraproducente. Mesmo assim, ela fez o curso, e descobriu como encontrar o equilíbrio do qual precisava.

Hoje, ela tem netos maravilhosos e estrutura sua rotina de tal forma que consegue dedicar tempo a eles. Toda a sua família costuma passar reunida o feriado de 4 de julho (comemoração da independência dos Estados Unidos). Eles chegaram a fazer um cruzeiro para o Alaska para celebrar o feriado de julho em homenagem ao pai de Debbie, já falecido, e que amava o país. Ela e as filhas realizam um chá anual de gratidão a todos que as abençoaram como forma de agradecer e mostrar como essas pessoas foram importantes em sua vida.

Quando penso em Debbie Macomber, lembro de uma passagem das Escrituras que, traduzida de uma maneira moderna na *Nova tradução na linguagem de hoje*, descreve a escritora com exatidão: "Meus irmãos [...] Que cada pessoa examine o seu próprio modo de agir! Se ele for bom, então a pessoa pode se orgulhar do que fez, sem precisar comparar o seu modo de agir com o dos outros" (Gl 6:1,4).

Embora seja uma das pessoas mais cheias de paixão que conheço, Debbie não deixou que o sucesso lhe subisse à cabeça. É isso que faz de sua paixão algo tão envolvente e contagioso. Está longe de ser pretensiosa. É uma mãe (e, agora, uma avó) que já teve um sonho e decidiu correr atrás dele, lutando durante anos para conquistar um lugar ao sol no mercado editorial, o tempo todo equilibrando a paixão pelo sonho com o compromisso que tinha com os filhos e o marido. Ela é prova viva de que os sonhos se tornam realidade quando são alimentados por uma paixão que produz serviço ao próximo e honra a Deus.

Contra todas as probabilidades

As pessoas cheias de paixão que oferecem as maiores contribuições à sociedade não são assim apenas por se sentirem motivadas — elas também são movidas pelas motivações mais apropriadas. E, em última análise, as motivações apropriadas sempre estimulam a perseguição de metas que contribuem para o bem comum... que promovem serviço ao próximo... que fazem do mundo um lugar melhor para viver. A única maneira de sair de uma posição de mero sobrevivente e passar a uma situação de estabilidade, e dela a uma condição de sucesso, e do sucesso à relevância é se engajando em um campo de empreendimento divinamente inspirado. Isso capacitará você a proporcionar benefícios significativos à vida dos outros. George Washington Carver fez exatamente isso — e, contra todas as probabilidades, foi bem-sucedido.

O simples fato de George Washington Carver sobreviver à infância já o qualificaria a receber menção honrosa na lista dos grandes empreendedores deste mundo. Ele nasceu no início dos anos 1860, no mês de janeiro, em uma fazenda próxima a Diamond Grove, no Missouri. Os Carver (de quem George recebeu o sobrenome) eram imigrantes alemães que foram para os Estados Unidos e se estabeleceram naquela região. Eles não eram favoráveis à escravidão, mas parecia a melhor maneira de garantir ajuda e companhia a Susan Carver, que não podia ter filhos.

Os Carver tinham uma escrava chamada Mary, que deu à luz dois filhos, o segundo deles batizado como George Washington. (O pai dele era escravo de uma fazenda vizinha.) Quando ainda era um bebê, ele e a mãe foram seqüestrados e levados ao Arkansas por bandidos que costumavam roubar e revender animais e escravos das fazendas isoladas da região montanhosa de Ozark, no centro-sul dos Estados Unidos. O sr. Carver perseguiu os ladrões, mas sem sucesso. Quando voltou à fazenda, porém, ofereceu uma grande recompensa pela criança e pela mãe. Alguns dias depois, muito enfraquecido, George foi recuperado em troca da recompensa. No entanto, nunca mais se ouvir falar de sua mãe, Mary. Foi permitido ao pai do menino fazer visitas regulares ao filho, mas ele também morreu tragicamente em um acidente ocorrido na fazenda, alguns anos depois.

Se não fosse o cuidado e o carinho de Susan Carver, acredita-se que o bebê George teria morrido quando contraiu tuberculose. Ele mal podia respirar. Embora sobrevivesse à doença, sua saúde nunca foi muito boa. Uma das seqüelas deixadas pela enfermidade foi a voz, tão esquisita que muita gente achava difícil compreender o que ele dizia.

Ali estava um jovem que enfrentara todas as dificuldades impostas pela vida: nascera escravo, tornara-se órfão, sofria por causa da saúde frágil e vivia uma infância cheia de dificuldades. Mas nenhum desses obstáculos foi suficiente para intimidá-lo.

A fascinação natural e divina de Carver pelos *porquês* e *comos* da vida o levaram a uma jornada em busca de conhecimento que durou toda a sua vida. Aos dez anos, ele deixou a segurança da fazenda Carver para freqüentar uma escola de negros em uma comunidade nas redondezas. Sem noção alguma de onde ficar ou como sobreviver, só sabia que tinha de ir, e foi assim que fez. Esse foi o ponto de partida de uma jornada cheia de paixão que o levaria de uma cidade a outra, de um estado a outro, até se tornar capaz de estudar e lecionar em escolas do mais alto nível.

Um dos fatores mais importantes na vida de George Washington Carver foi o fato de ele jamais ter perdido a fascinação inata pelos mistérios da vida. Homem humilde e cheio de fé, desde o início da carreira ele pediu a Deus que lhe revelasse os segredos do universo. De uma maneira própria e bem-humorada, ele afirmou que recebera de Deus a informação de que a revelação dos segredos do universo estaria muito além de suas habilidades e especialidades. No entanto, Deus também falou que revelaria ao jovem cientista os segredos do amendoim. Tal senso de humor levou Carver a dedicar muitos anos a pesquisas diligentes sobre essa leguminosa.

Carver abriu caminho para o Instituto Tuskegee, no Alabama, fundado em 1881 por Booker T. Washington. Foi contratado para liderar o departamento de Agricultura. Ele estava incumbido de lecionar, liderar e inspirar os alunos e o corpo docente. Mas seu amor pelas pesquisas — sua paixão por investigar os segredos do universo — o manteve no laboratório, em vez de ficar em sala de aula. Por fim, Washington se rendeu à paixão de Carver pela exploração e criou um departamento de Pesquisas Agrícolas, sobre o qual o cientista teria controle total.

Embora não tivesse mais responsabilidades como professor, ele continuaria exercendo forte influência sobre os alunos do Instituto. Eles imploravam para ter aulas com Carver, tão contagiante se tornara sua paixão. Certa vez, durante o verão, enquanto trabalhava na equipe organizadora de uma conferência de jovens, um grupo grande de rapazes se dispunha a levantar antes das cinco da manhã todos os dias para acompanhá-lo em suas caminhadas matinais. Como se fosse o próprio flautista de Hamelin (aquele do conto dos irmãos Grimm, que atraía animais e crianças com o toque de seu instrumento), Carver os guiava em caminhadas nas quais revelava aos rapazes as belezas e complexidades da natureza. Para ele, todas as coisas criadas constituíam motivo de admiração. Carver era capaz de pegar coisas que a pessoa comum poderia ignorar ou desprezar e explicá-las em detalhes fascinantes. Um jovem participante daquela conferência lembrava-se de ver o cientista parar, pegar uma semente comum e explicar como seu sumo antisséptico podia ser usado para fechar cortes provocados pela lâmina de barbear.

Seu jeito de inspirar despertou nos alunos uma sede ainda maior de conhecimento — a marca de um verdadeiro líder. Muita gente se inscrevia para ter aulas com ele. Se fossem estudantes brancos, era impossível, pois a lei do estado de Alabama tornara ilegais as turmas formadas por alunos das duas raças. Mas eles podiam escrever cartas a Carver, e foi o que fizeram. E ele as respondia, por mais atarefado que estivesse. Depois de uma conferência de jovens, sete rapazes escreveram 904 cartas a ele.

É claro que as pessoas não eram atraídas a Carver apenas por causa da curiosidade. Suas descobertas dos mistérios da natureza também se revelaram úteis. Ele ensinou aos fazendeiros do sul dos Estados Unidos (tanto brancos quanto negros) a fazer um rodízio de colheitas, em vez de plantarem apenas algodão todos os anos. Quando esse conselho tornou o amendoim tão abundante a ponto de o preço cair demais, ele se pôs a pesquisar novas utilizações para o produto, que ainda era uma novidade. Ele desenvolveu mais de trezentos produtos sintéticos a partir do amendoim, incluindo leite, pasta, queijo, café, farinha, alimentos para o desjejum, tinta, corante, sabão e placas isolantes.

Para demonstrar a versatilidade do amendoim, ele e seus alunos serviram ao dr. Washington e aos outros membros da equipe de direção uma refeição composta por cinco pratos, todos feitos apenas com amendoim. O menu incluía sopa, uma simulação de galinha, amendoins servidos como creme de vegetais, pão, sorvete, biscoitos, café e doce. O único item que não continha amendoim era uma salada de mastruço, azeda e chicória.

Suas pesquisas o levaram a tantas descobertas que a indústria, como um todo, mudou para sempre. Conseqüentemente, ele recebia ofertas de milhares de dólares por elas, mas se recusava a receber lucro financeiro com o trabalho que realizava no laboratório. Ele abriu mão de uma oferta de Henry Ford: um salário de seis dígitos. Do mesmo modo, recusou uma oferta de emprego em outra empresa, que lhe pagaria 175 mil dólares de salário.

Como resultado de todas as suas realizações, o dr. George Washington Carver foi, para muitas pessoas, o maior cientista do século XIX. Sua fé sólida em Deus o orientou ao longo de toda a sua vida. Sua paixão por descobrir tudo o que Deus havia criado, incluindo o amendoim, fez de sua vida uma fonte incessante de entusiasmo não apenas para si, como também para muitas outras pessoas. George Washington Carver nunca se sentiu entediado na vida, pois a via como um objeto de investigação permanente, bem como uma fonte inesgotável de descobertas. Ele era o tipo de pessoa para quem a paixão era uma dádiva e o serviço, uma constante. Carver viveu para tornar a vida dos outros melhor.

Paixão por fazer diferença

Encerro este primeiro capítulo frisando que existem paixões e paixões. Algumas pessoas possuem uma paixão raramente colocada em prática além dos limites da experiência pessoal. Elas encontram enorme satisfação e alegria naquilo que perseguem para si. No entanto, continua sendo uma paixão auto-indulgente, se assim você desejar.

Há outras pessoas cuja paixão é a de mudar o mundo com aquilo com que sonham. Debbie Macomber não queria apenas escrever; ela também desejava criar histórias sadias e edificantes, que os pais pudessem dar de presente aos filhos e se sentir bem com isso — histórias que remetessem aos romances clássicos de antigas gerações. Em outras palavras, ela queria usar sua paixão pela literatura para oferecer uma contribuição a famílias tais como a dela. E foi isso mesmo que Debbie fez. Ela escreveu sem parar, enviou vários originais às editoras, resistiu a todas as recusas... até que, por fim, conseguiu alguém que publicasse seus livros. Dezenas de milhões de exemplares depois, ela continua fazendo isso: transformando sua paixão uma realidade ao tornar a vida das pessoas mais feliz.

George Washington Carver fez o mesmo. Ele acreditava que, a partir do momento em que Deus criou o mundo de modo deliberado, não havia nenhuma parte da criação divina sem razão de existir. Ele acreditava que tudo na natureza produzia algum benefício, e sua paixão era a de descobrir tantos desses benefícios quantos fossem possíveis durante o tempo que tivesse de vida. Ele viu sua paixão e suas habilidades como dons de Deus, que não estavam à venda para a empresa que oferecesse a melhor oferta. Ele se via como um despenseiro — um administrador das capacidades que havia recebido do alto. Sua responsabilidade era a de usar essas capacidades (colocar em prática sua paixão pela pesquisa da natureza) em benefício de tantas pessoas quantas fossem possíveis. E foi isso o que ele fez, com humildade e alegria, ao longo de toda a sua vida.

É por essa razão que eu digo: há paixões e paixões. Acredito que a modalidade mais elevada de paixão é aquela que tem o bem maior como objetivo. A vida de excelência total é vivida por aqueles que possuem uma paixão pela transformação do mundo no qual vivem. Pode ser apenas a própria família, a vizinhança, a igreja, a empresa, a comunidade ou mesmo a nação em que nasceram. Mas, em última análise, causar impacto sobre, no mínimo, uma pessoa com nossa paixão é uma forma de mudar o mundo. Encorajar, inspirar e motivar uma pessoa com nossa paixão é ir além de nossos limites e atrair os outros. Essa é a essência da vida de excelência total.

Se você possui uma paixão (não existe quem não tenha uma, mesmo que ainda não a tenha descoberto), não desista dela. Descubra uma maneira — peça a Deus que mostre algum jeito — de transformar seus sonhos em realidade. Quando fizer isso, passará a viver com excelência total.

2 Inspiração: o combustível da paixão

Conforme envelheço, parte de meu plano de sobrevivência emocional deve incluir a busca ativa por inspiração, em vez de esperar passivamente que ela me encontre.

Bebe Moore Campbell

Ouça as vozes.

William Faulkner

Noventa por cento da inspiração é transpiração.

Provérbio

Você não pode ficar esperando pela inspiração. Precisa correr atrás dela com um porrete na mão.

Jack London

Não permita que sua inspiração e sua imaginação se extingam; não se torne escravo de seu próprio modelo.

Vincent Van Gogh

Costuma acontecer o seguinte: quanto mais a pessoa segue a inspiração que recebe, mais inspirações novas surgem, e que demandam dela cada vez mais.

Joseph de Guibert

Qualquer pessoa que se aventura pelos ermos do Alaska, pesca nos rios repletos de salmões da Colúmbia Britânica ou caminha pelos desertos imaculados do grande oeste dos Estados Unidos recebe um aviso dos guias, guardas florestais, caçadores e pescadores: seja o que você fizer, não fique no caminho entre uma ursa e seus filhotes. Há um homem em Dallas, no Texas, que provavelmente gostaria de ter prestado atenção a esse conselho antes de se envolver em uma confusão com uma mãe que o surpreendeu com sua paixão pela proteção dos filhos. Um artigo publicado pelo *Dallas Morning News* em 15 de julho de 2005 relatava a história dramática.

Antelma Arroyo, que levava os três filhos pequenos no carro, parou em um posto de gasolina de Oak Cliff, um subúrbio de Dallas. No momento em que ela estava do lado de fora do veículo, abastecendo o tanque de combustível, um homem se aproximou dela e mandou que lhe entregasse a bolsa. Quando ela se recusou, o homem entrou no carro com o objetivo de roubá-lo. Aquela mãe tão protetora e cheia de paixão entrou logo em ação. Ela gritou para que os filhos saíssem correndo do carro. Javier Frias, o filho de seis anos de idade, conseguiu sair sozinho, enquanto a sra. Arroyo puxava Adriana Frias, de quatro anos, para fora do carro. No entanto, Alondra Frias, de um ano e meio, ainda estava presa ao cinto de segurança quando o homem arrancou com o veículo.

Em seguida, o ladrão de bolsas (agora, um ladrão de carros) acelerou e saiu do posto de gasolina, enquanto a sra. Arroyo corria ao seu lado, lutando pelo controle do volante. Ele alcançou a rua e ganhou velocidade, mas a sra. Arroyo não largava a direção. Ela estava sento arrastada pela rua, do lado de fora do carro. O ladrão desferia socos contra o rosto da mulher na tentativa de obrigá-la a largar o volante. De alguma maneira, ela conseguiu entrar no carro pela janela do motorista, ainda lutando contra o homem que queria levar o carro junto com a criança de um ano e meio. Na confusão, o sujeito deixou o carro morrer. Ele decidiu que já havia lutado o suficiente com aquela mulher, por isso acabou fugindo.

Minha vontade era a de gritar: "Valeu, mãe!". Aposto que aquele sujeito vai pensar duas vezes antes de voltar a ficar no caminho entre uma mãe e seu filho. Ele não tinha idéia da paixão que aquela mãe, aparentemente pacata, estava preparada para descarregar para defender a prole. Pense nisso: ela não se preparou para aquele acontecimento, foi pega de surpresa, nunca havia treinado para uma situação similar e jamais poderia prever que reagiria de tal maneira.

Mas a verdadeira natureza da paixão é assim mesmo! Está o tempo todo fervendo sob a superfície, esperando pelo estímulo certo para transbordar e se transformar em uma atitude capaz de mudar o mundo.

Física e paixão

Eu acredito que a inspiração é o combustível da paixão. Se você pensar na paixão como a chama que queima até incandescer o coração de todas as pessoas, a inspiração será o combustível que mantém essa chama viva.

Freqüentemente, encontro pessoas nas quais o fogo da paixão parece ter se extinguido. É possível ver isso nos olhos delas: não há nenhuma centelha de vida! É como se alguém se aproximasse e desligasse o botão da paixão quando ninguém está olhando. O grande erro é pensar que recuperar a paixão constitui uma atitude passiva — algo pelo que só precisamos esperar até que nos sintamos motivados mais uma vez a sentir a paixão pela vida. Mas não é assim que funciona! A paixão é uma chama que precisa ser alimentada de modo que continue queimando com intensidade. E a inspiração é o combustível que mantém o fogo aceso.

Quem é responsável por alimentar de inspiração a chama da paixão? Você! E se não o fizer, acredite, essa paixão se tornará, com o tempo, uma visitante distante e ocasional na casa de seu coração.

Permita-me ser mais científico apenas neste breve parágrafo. Até onde eu entendo, os físicos usam uma lei — a Segunda Lei da Termodinâmica — para descrever uma porção totalmente documentada da realidade de nosso mundo. Eis a lei: em um sistema fechado, a entropia (desordem) aumenta. Isso significa que a quantidade de energia termal disponível para fazer um trabalho diminui. A energia decresce, a desordem cresce. Bem, na terminologia do Texas, nós diríamos a mesma coisa da seguinte maneira: as coisas se desgastam, quebram e param, a não ser que você faça alguma coisa o tempo todo para mantê-la funcionando corretamente. Sem injetar nova energia à situação, as coisas se movem naturalmente de um estado de conservação para um estado de desgaste. (Deixe um carro em um campo aberto e volte dez anos depois para ver como ele está. Ele não melhora em nada. Só piora.)

Bem, a lei se aplica não apenas a "coisas", mas também aos seres humanos. A expressão definitiva dessa lei é que, não importa quantas vitaminas e nutrientes passemos a consumir durante a velhice, morreremos fisicamente. Mas também morremos espiritual e emocionalmente quando deixamos de injetar e investir com regularidade uma nova energia em nossa vida espiritual. *A paixão morrerá se não puder contar com injeções constantes de nova inspiração.* E eu e você somos responsáveis por nos inspirar; somos responsáveis por manter as chamas da paixão queimando com intensidade.

Há um versículo na Bíblia que fala objetivamente sobre essa questão. O apóstolo Paulo tinha um jovem pupilo, que também era pastor, chamado Timóteo, a quem escreveu duas cartas de conselho e instrução. É provável que o temperamento de Timóteo fosse muito passivo durante a juventude, considerando esses dois versículos de que Paulo lhe escreveu: "Por essa razão, torno a lembrar-lhe que mantenha viva a chama do dom de Deus que está em você mediante a imposição das minhas mãos. Pois Deus não nos deu espírito de covardia, mas de poder, de amor e de equilíbrio" (2Tm 1:6-7).

Pessoas que conhecem bem a língua grega original do Novo Testamento me ensinaram que o termo traduzido por "mantenha" está mesmo no presente, mostrando a importância de manter viva a chama o tempo todo. Não se trata de uma coisa que acontece uma vez na vida. Temos a responsabilidade, por toda a vida, de revigorar e manter ativos os dons que Deus nos concedeu. Também devemos evitar a timidez nesse assunto. Precisamos ser proativos no que diz respeito às paixões, aos sonhos, aos desejos que acreditamos terem sidos colocados em nosso coração por Deus. Para Timóteo, era ser um pastor. Para mim, é ser orador. E para você é .... (preencha os espaços pontilhados).

A questão é a seguinte: o que você está fazendo para revigorar a paixão de sua vida? Que tipo de inspiração você está se permitindo receber, e que seja capaz de manter sua vida na rota da realização de seu sonho? E se essa paixão morrer, de quem será a culpa?

Se você deseja assimilar alguma coisa deste capítulo, que seja a aplicação da Segunda Lei da Termodinâmica em sua vida espiritual e emocional: a paixão morre se não for alimentada o tempo todo pela inspiração.

No restante deste capítulo, desejo oferecer a você quatro maneiras práticas de se inspirar e alimentar o fogo da paixão para que essa chama continue acesa dentro de seu coração.

1. Invista na inspiração

Quando as pessoas pensam em doar parte de sua renda para obras de caridade ou organizações filantrópicas, elas costumam refletir da seguinte maneira: "Puxa, não sinto paixão por nenhuma dessas causas, mas gostaria de sentir mais firmeza naquilo que essas organizações estão fazendo. Afinal, estou entregando meu dinheiro a elas". Você já ouviu esse argumento. Já o usou alguma vez?

Pensamos assim: "Onde estiver o meu coração, ali estará o meu dinheiro". Mas Jesus afirmou: "Pois onde estiver o seu tesouro, aí também estará o seu coração" (Mt 6:21). Se você guarda o seu tesouro, é provável que não doe muito dele. Mas se seu coração se envolve, a partir do momento que passa a conhecer as pessoas que pedem seu dinheiro, a probabilidade de oferecer apoio financeiro (assim como físico e emocional) a elas será bem maior.

Consegue perceber a diferença? Um ponto de vista afirma: "Quando meu coração começa a funcionar (por exemplo, quando sinto paixão por alguma coisa), invisto meus recursos". Mas a visão correta é esta: "Eu me envolverei porque a familiaridade com a causa proporcionará uma noção ainda melhor, e uma vez que os relacionamentos estejam estabelecidos, meu desejo será o de investir mais do que apenas meu tempo e minha energia". A maneira mais rápida que conheço de concretizar e fazer crescer sua paixão em determinada área da vida é investindo seu tempo, seu talento e seu tesouro nela.

Pense no exemplo de Antelma Arroyo, a mãe que vivia em Dallas, cujo caso mencionei. Veja bem, não compreenda mal o que estou dizendo sobre as razões pelas quais ela lutou contra o ladrão para defender e proteger os filhos, especialmente o bebê que continuava preso ao cinto de segurança. Mas aquelas crianças eram o que havia de mais valioso para aquela mulher nesta terra. Ela havia investido anos de sangue, suor e lágrimas na criação de sua prole. Assim como qualquer outra mãe faria para defender os filhos, ela demonstrou uma paixão absolutamente proporcional ao investimento que fizera neles.

Não estou tentando precificar o valor do amor de uma mãe; nem estou tentando dizer que ela lutou pelos filhos porque havia investido dinheiro neles. Como alguém poderia colocar uma etiqueta de preço no amor de uma mãe? Pense na agonia do parto, as noites insones cuidando de um bebê doente, o sacrifício dos desejos pessoais para garantir a provisão do necessário para os filhos. O investimento que ela fizera nas crianças era incalculável, bem como a paixão que a motivou a resgatá-las para evitar que se machucassem.

Eu e você temos três tipos de recursos, concedidos a nós pelo próprio Deus, que podem ser investidos em qualquer coisa que desejarmos: tempo, talento e dinheiro. Deus não desce à terra toda manhã para determinar como devemos usar nosso tempo, colocar em prática nossos talentos e capacidades e gastar nosso dinheiro. A partir de nosso ponto de vista humano, ele deixa essas escolhas a nosso critério. Mas posso dizer uma coisa: quanto mais seu tempo, seu talento e seu dinheiro são investidos em sua paixão, mais você terá de lutar por ela, defendê-la e protegê-la de qualquer coisa ou pessoa que tente roubá-la.

Digamos que sua paixão seja a de, um dia, ser proprietário (ou proprietária) da uma floricultura. Neste momento, você não tem envolvimento algum com flores, a não ser como um *hobby* ou para impressionar seus vizinhos com a beleza de seu jardim na primavera. Mas as crianças já deixaram o ninho, e você sabe que chegou a hora de tomar a iniciativa: dar asas à sua paixão. Se eu fosse à sua casa e passasse uma hora conversando sobre sua paixão, procuraria por sinais de que você está investindo seu tempo, seu talento e seu tesouro. Procuraria por estantes cheias de livros sobre flores e sobre como administrar um pequeno negócio; assinaturas de revistas especializadas nesses mesmos temas; uma tabela com seus horários de aula no curso que você estaria fazendo em alguma instituição local sobre empreendedorismo e administração de pequenos negócios; os canhotos dos cheques que comprovassem o pagamento de mensalidades de associações profissionais de floristas; formulários de admissão em várias floriculturas das redondezas, onde você planeja trabalhar como aprendiz no ano que vem com o objetivo de ganhar experiência; a apostila de um seminário sobre sucesso e automotivação do qual você participou há pouco tempo... e assim por diante.

É muito fácil dizer quando alguém está ou não investindo em inspiração. Nunca conheci ninguém que estivesse vivendo a própria paixão (no sentido pleno da palavra) sem investir pesado na inspiração.

2. Procure inspiração

Hoje em dia, muita gente não percebe, mas houve um tempo em que advogados, médicos e outros profissionais (sem contar os comerciantes) desenvolviam suas habilidades estudando com um mentor. Advogados, por exemplo, "liam a lei" com um profissional até que soubessem o suficiente sobre a legislação de sua cidade, seu estado ou seu país para serem considerados qualificados para a prática do Direito. A ausência dessa modalidade de educação é um dos tristes resultados de nossos sistemas educacionais modernos, cujo trabalho se concentra na sala de aula.

Você deseja manter viva sua paixão? Então procure um mentor — alguém que tenha a mesma paixão — e faça algum tipo de acordo para se encontrar com aquela pessoa com freqüência regular, em busca de inspiração. Não há nada mais inspirador para mim do que me encontrar com alguém que já seja bem-sucedido naquilo que desperta minha paixão. A inspiração é mais bem assimilada quando ensinada.

Voltemos ao caso da sra. Arroyo. As culturas latinas são famosas por algo que eu gostaria de ainda ver nos norte-americanos: o senso de família em seu sentido mais amplo. E eu não tenho nenhuma dúvida de que a sra. Arroyo faz parte de uma linha de transmissão de informações de geração a geração, segundo a qual a paixão pelos *niños* e pelas *niñas* passam das avós às mães, das mães às filhas e assim por diante. Aqueles que tiveram o privilégio de receber os benefícios desse conceito amplo de família entendem o que eu quero dizer. Sob circunstâncias normais, não há necessidade de receber aulas sobre como ser um bom pai ou uma boa mãe; é um tipo de aprendizado que se adquire na prática, colocando a mão na massa. A paixão pela família e pelos filhos é assimilada, não ensinada. As pessoas aprendem por meio de exemplos, e não por explicações.

Quando aquele seqüestrador e ladrão de carros tentou fugir levando o bebê da sra. Arroyo, a paixão que ela possuía, inspirada pelos valores culturais aprendidos no contexto amplo da família, entrou em ação e falou mais alto na mesma hora. Ela não estava apenas lutando por seu bebê; também lutava por um valor cultural relacionado a filhos que provavelmente aprendera com todos os seus mentores — avós, tias, a própria mãe, primas.

Não há uma maneira melhor de se manter inspirado do que passando tempo na presença de pessoas inspiradoras. Existe uma espécie de pressão saudável por parte delas que ajuda você a progredir, um efeito simbiótico que nos torna mais participantes do grupo (mesmo que seja uma dupla, você e seu mentor) do que seríamos se confiássemos apenas no esforço próprio.

Um dos versículos da Bíblia de que mais gosto sobre a dinâmica da igreja saudável diz assim: "E consideremos uns aos outros para nos incentivarmos ao amor e às boas obras [...] procuremos encorajar-nos uns aos outros..." (Hb 10:24-25). Não existe nada na vida que substitua um ambiente de convivência e interação. O rei Salomão afirmou que, "assim como o ferro afia o ferro, o homem afia o seu companheiro" (Pv 27:17).

Como encontrar um mentor — alguém que inspire sua vida e ajude a manter sua paixão acesa? Vou tentar responder em poucas palavras. Obviamente, é preciso, antes de tudo, encontrar alguém que esteja fazendo aquilo que você gostaria de fazer — de preferência, alguém que seja habilidoso, que compartilhe seus valores e tenha muita experiência.

"E depois?", você pergunta. Há outros livros disponíveis sobre relacionamentos entre mentores e aprendizes; leia-os. Mas a questão se resume à sua iniciativa de perguntar a essa pessoa se ela faria a gentileza de dedicar determinado período de tempo para se encontrar regularmente com você e compartilhar o que ela aprendeu sobre "o negócio" — seja qual for o objeto da paixão que você deseja perseguir. Você se surpreenderá ao ver quantas pessoas (especialmente as aposentadas) também gostariam de disponibilizar um tempo para compartilhar a paixão que perseguiram durante várias décadas.

Encontre uma pessoa inspiradora e *cole* com ela, mas só o faça se você for um seguidor da Lei de Ouro de Zig para as Relações entre Aprendizes e Mentores: não se disponha a ser um aprendiz a menos que pretenda, um dia, tornar-se um mentor. É isso o que acontece naturalmente no conceito mais amplo de família.

Os aprendizes se desenvolvem para se tornar mentores, e é desse modo que as paixões permanecem vivas por gerações.

3. Envolva-se e encontre inspiração

Para usar um exemplo bem óbvio, o que poderia ser mais inspirador (e pavoroso!) aos separatistas ingleses que deixaram a Inglaterra no início do século XVII do que a idéia de se mudar para um continente pouco populoso e começar uma nova vida? O que poderia ser mais inspirador aos homens que lutaram pela independência dos Estados Unidos do que o sonho de fundar um novo país? O que poderia ser mais inspirador para milhões de imigrantes europeus do que se aproximar do porto de Nova York e ver a Estátua da Liberdade dando-lhes as boas-vindas ao novo lar? E o que poderia ser melhor motivo de inspiração para uma nação inteira se dispor a viver com sacrifícios durante anos na época da Segunda Guerra Mundial do que o desafio de salvar sua amada terra natal de um louco nazista que ameaçava conquistar o mundo todo?

Às vezes, precisamos acordar e nos envolver para que encontremos inspiração e mantenhamos a paixão viva. E quanto maior for o movimento que escolhermos para nos envolver, maior será nossa inspiração. O que mais inspira você: ser a única pessoa sentada em um estádio de futebol ou ser um dos 50 mil torcedores que também se entusiasmam ao ver seu time de coração?

Falo de multidões que chegam a dezenas de milhares de pessoas de uma só vez. E posso dizer a você, por experiência própria, que me sinto sempre mais inspirado depois de falar do que antes de começar uma palestra. Quanto maior a multidão, mais inspirado eu fico. Quer saber o motivo? Porque eu alimento a energia das 20 mil pessoas que estão em busca das mesmas coisas que eu na vida: sucesso, inspiração, encorajamento e automotivação. Quando as pessoas investem seu dinheiro para ouvir um de meus seminários ou palestras, sei que elas estão levando aquilo a sério. E quando milhares delas fazem isso, sinto-me gratificado e entusiasmado para dar o melhor de mim.

Se sua paixão é o golfe, invista parte de seu tempo e de seus recursos financeiros para fazer parte da platéia de um grande torneio. Misture-se com a multidão, acompanhe as reações das pessoas na hora das jogadas boas e ruins, assista aos profissionais para aprender todas as técnicas. Você se sentirá muito mais entusiasmado (ou entusiasmada) com o golfe depois de se identificar com milhares de outras pessoas de sua vizinhança que também são apaixonadas por esse esporte.

Se sua paixão é escrever, assista a conferências de escritores e participe das grandes feiras de livros, onde novas obras são apresentadas. Todo ano tem uma em algum lugar. Passe a integrar um grupo de escritores de sua região (ou crie um novo grupo), vá a sessões de autógrafos ou de leitura pública. Seja voluntário em algum festival literário ou na biblioteca de sua região.

Seja qual for sua paixão, envolva-se nela em um nível mais elevado — como fez Antelma Arroyo. Ela se tornou parte de algo ainda maior do que ela quando passou a ser mãe. Naquele dia, três crianças olharam para ela, dependeram dela e criaram uma expectativa em relação a ela. E Antelma Arroyo não podia decepcioná-las. Quando uma pessoa se torna parte de algo maior que ela, conquista respeito. Fica mais inspirada para fazer o melhor. Sente-se motivada a não decepcionar os outros. E isso alimenta a paixão de uma maneira que mal se pode descrever — só mesmo passando pela experiência.

4. Use a imaginação para obter inspiração

Posso imaginar muito bem que Antelma Arroyo, tal como qualquer outra mãe, passou incontáveis horas sonhando com aquilo que desejava para seus filhos: educação, saúde, bons empregos, cônjuges amorosos e um monte de netos para ela poder mimar um dia. O poder da imaginação é um dos maiores recursos guardados na *caixa de ferramentas* do ser humano. É impressionante ver como imagens mentais possuem tamanho poder. E possuem mesmo.

Uma das coisas que me mais me estimularam quando eu ainda estava começando minha carreira como orador foi minha imaginação. Eu me imaginava falando diante de multidões de milhares de pessoas, diverti-las muito com meu senso de humor e minha sabedoria e receber, com humildade, aplausos de pé. Isso não aconteceu da noite para o dia, mas nunca permiti que essa imagem fosse apagada de minha mente. E, com o tempo, tudo quanto eu havia imaginado — e muito mais — se tornou realidade.

Bruce Barton fez uma observação interessante:

> Não gosto da frase: "Nunca atravesse uma ponte antes de chegar nela". É usada por muitas pessoas como pretexto para a preguiça mental. O mundo está nas mãos de pessoas que atravessam as pontes de sua imaginação, sempre muitos quilômetros à frente das demais. Algumas nascem mais imaginativas que outras; no entanto, com trabalho duro, a imaginação pode ser cultivada — não na base de devaneios ou de conjecturas acomodadas, mas com muito planejamento e mente determinada.

Mesmo hoje em dia, ainda imagino exatamente como colocar a ênfase em uma palavra, que tempo deve durar uma pausa entre uma e outra declaração, se devo aumentar ou diminuir o tom de minha voz e se é adequado erguer os braços ou me ajoelhar para deixar claro o que quero dizer durante minhas palestras.

Quando organizo minhas anotações, decido em que ponto de minha apresentação devo caminhar de um lado a outro do palco, a velocidade ideal e por quanto tempo ficarei em determinada posição. Minha imaginação me ajuda a preparar cada palestra como se fosse a melhor de toda a minha vida. Como afirma Bruce Barton, isso exige planejamento e uma mente determinada, mas os resultados compensam o esforço.

Por favor, compreenda que, quando me refiro à imaginação, o faço no sentido que, acredito, Deus deseja que ela seja utilizada: como fonte de inspiração e automotivação. Não tem nada a ver com crenças da Nova Era, segundo as quais podemos transformar alguma coisa em realidade só de pensar muito naquilo. Eu creio que Deus é quem gera a realidade, e a maneira como reajo a isso determina a condição de minha vida. Mas também acredito que os quadros formados em nossa mente a respeito das coisas que desejamos alcançar podem ser fatores de grande estímulo.

Uma coisa que me motiva bastante em relação à minha eternidade no céu é imaginar como isso será. Deus permitiu ao apóstolo João um vislumbre do céu, o qual ele descreveu no livro do Apocalipse. Posso ler partes das descrições de João — que acredito serem a pura verdade — e ter uma idéia do que está à minha espera. Tenho certeza de que várias coisas que imagino não estão corretas, mas tudo bem: sei que imaginei a grandiosidade, a glória e a alegria do céu da maneira certa, e isso é uma razão de eu ter tanta paixão pela minha fé.

A Palavra de Deus me fornece muitos detalhes sobre a vida de Jesus Cristo, mas poucas minúcias sobre sua aparência física. Por isso, fico imaginando como será quando eu o encontrar pessoalmente. Mal posso esperar para me encontrar com Moisés, Noé, Mateus, Paulo e outros heróis da fé sobre os quais criei imagens mentais baseadas nos fatos que li. A Palavra de Deus promete a esperança do céu, e o que imagino com base nessa promessa é o que me faz ansiar por estar lá.

Seja qual for sua paixão, libere sua imaginação e permita que ela sirva de inspiração para você continuar trabalhando para tornar seus sonhos realidade. Lembre-se: sua tarefa é alimentar a paixão, e a inspiração é o combustível do qual você precisa.

Mostrei a você quatro maneiras de manter forte o fluxo da inspiração em sua vida, e imagino que você tenha pensado em outras conforme lia. Quando você se inspirar para manter acesa a chama da paixão, será como a mamãe ursa com os filhotes: nada neste mundo será capaz de separar você do objeto de sua paixão. O resultado: altíssimos níveis de performance que você nunca atingiu antes.

3 Estresse: o inimigo da paixão

Tem honra aquele que se apega a um ideal de conduta, ainda que seja inconveniente, infrutífero ou perigoso agir assim.

Walter Lippmann

Abençoado o homem que está ocupado demais durante o dia e sonolento demais durante a noite para se preocupar.

Earl Riney

Toda preocupação é uma forma de ateísmo, pois demonstra falta de confiança em Deus.

Fulton Sheen

A única coisa que devemos temer somos nós mesmos.

Franklin Delano Roosevelt

Não existe essa história de pequenos lapsos de integridade.

Tom Peters

Considerando a terrível tensão que me acompanha dia e noite, se eu não rir, acabo morrendo.

Abraham Lincoln

Os INIMIGOS DA PAIXÃO roubarão todas as coisas boas que você possui, se tiverem oportunidade para tal. Seu dinheiro, sua reputação, sua integridade e sua família — tudo isso está sob risco. Eles não apenas podem roubar sua paixão, como também são capazes de roubar sua alegria, seus sonhos e seu propósito na vida.

O ladrão que vejo roubando a paixão das pessoas com mais freqüência é o estresse em todas as suas modalidades. Foi isso o que aconteceu com um homem que acabou vivendo em Houston, no Texas, depois de desistir da própria vida por sete anos devido ao estresse.

No início dos anos 1980, Ed Greer tinha um emprego de alto executivo na empresa Hughes Aircraft em El Segundo, na Califórnia. Mas era uma pessoa triste. Ele odiava o trabalho que fazia e sofria os mais diversos tipos de pressão por parte da esposa e do pai por causa de questões relacionadas à sua vida. Um de seus colaboradores contou que, certo dia, Ed lhe disse: "Nunca se torne tão bom em algo que detesta. As pessoas obrigarão você a fazer isso pelo resto da vida". (Que tal essa frase como evidência de que alguma coisa havia roubado a paixão de Ed?)

Ed não estava disposto a agüentar o estresse de um emprego que odiava e de relacionamentos que o estavam desgastando. Por isso, no dia 10 de setembro de 1981, ele simplesmente desapareceu sem dar satisfações a ninguém. Pegou um avião para Fort Lauderdale, na Flórida, onde passou a viver na beira da praia. Seu sustento vinha de consertos de motores de barcos. Em determinado momento, ele assumiu a identidade de outra pessoa e se mudou para Houston, onde arranjou um emprego em uma firma pequena de exploração de petróleo.

Depois de muitos anos, a esposa se divorciou dele por abandono do lar. Ed se tornou algo como um herói lendário para multidões de *yuppies* que se sentiam presos pela vida das grandes corporações dos Estados Unidos, mas não sabiam como agir em relação a isso (mais casos de paixão roubada). Seus ex-colaboradores na Hughes Aircraft até chegaram a organizar cerimônias anuais em sua memória. De alguma forma, eles achavam que havia algo de nobre em um sujeito que jogou a toalha no jogo da vida.

Por fim, sete anos depois do desaparecimento de Ed, o FBI o pegou. Aos quarenta anos, ele explicou aos repórteres: "Eu me sentia preso em uma armadilha. Não gostava da vida que estava levando".

Vida 101

Histórias como a de Ed Greer me fazem lembrar uma mensagem nada inspiradora que eu costumava ver em adesivos de pára-choque, há alguns anos: "A vida é dura. Depois, você morre". É verdade, a vida é cheia de situações que causam estresse. Acreditar no contrário é uma maneira de se iludir ou negar a realidade. Por essa razão, a pergunta não é: "Como podemos evitar as situações que produzem o estresse?", e sim: "Como podemos aprender a viver sem sucumbir ao estresse?". E, mais especificamente, em termos da mensagem deste livro: "Como impedir que o estresse roube nossa paixão?".

As pessoas que vivem com excelência total estão comprometidas em manter a paixão acesa. Para isso, devemos ser realistas em relação aos inimigos da paixão: as experiências, as forças e as pessoas que procuram oportunidades para roubar a excelência total de nossa vida.

Sejamos honestos: a vida é dura. Eu me solidarizo com Ed Greer e com qualquer pessoa que, como ele, descobre ter um emprego que odeia e se vê envolvida em relacionamentos que não a realizam. Mas ele fez a coisa errada. Desistir de tudo não é a resposta. Ouso dizer que viver com a culpa do que fez, tanto em termos morais quanto legais, gerou um estresse equivalente ao que vivia antes.

Certa vez, li um longo artigo na *Reader's Digest* segundo o qual 90% das visitas médicas podiam ser atribuídas, de maneira direta ou indireta, ao estresse. O estresse ataca o sistema imunológico do corpo, atrapalha o sono e torna as pessoas vulneráveis a todos os tipos de doença. Você adoece e passa a sentir muitos outros problemas, como queda de freqüência no trabalho e incapacidade de cumprir mais responsabilidades; e isso provoca ainda mais estresse. Trata-se de uma espiral descendente cujo resultado, em geral, não é nada bom.

Para ser justo, digamos que o verdadeiro índice fosse de apenas 50%, em vez de 90% de doenças relacionadas ao estresse. Dá para imaginar como seria o impacto se metade de todas as consultas médicas fossem canceladas, caso as pessoas aprendessem a evitar o estresse em sua vida? A produtividade aumentaria bastante, muito dinheiro seria economizado, as pessoas seriam mais felizes — os efeitos reverberariam em toda a sociedade como as ondas que se formam quando jogamos uma pedra em um lago.

Não estou sugerindo que todo estresse seja negativo. Quando ele se apresenta na forma da adrenalina, pode impelir uma pessoa a fugir de um prédio em chamas ou se desviar de um carro no meio do tráfego. Também pode nos levar a trabalhar duro em algum projeto antes de um prazo muito apertado. Alguns tipos de estresse podem ser bons. Mas quando é muito freqüente e não encontra nenhuma resistência de nossa parte, ele pode nos destruir, roubando a paixão.

A mensagem da Vida 101 é que, apesar do estresse ao qual estamos sujeitos, ele pode ser administrado de modo que não consiga roubar-nos a paixão. Vou mostrar a você seis maneiras de se defender contra os ataques do estresse.

1. Não tenha pressa de se preocupar

Mesmo correndo o risco de parecer simplista demais, trata-se de algo que muita gente negligencia. Minha experiência demonstra que muitas pessoas estão de tal forma acostumadas com a vida de estresse que nem mesmo conseguem percebê-lo — não prestam atenção aos fatores específicos que provocam essa situação. Assim como Ed Greer, pensam que ter um emprego detestável e manter relacionamentos desagradáveis são apenas coisas da vida.

Tomemos a preocupação como exemplo. A maioria das pessoas desperdiça tanto tempo se preocupando que não se dá conta de que a preocupação pode estar produzindo estresse e roubando sua paixão. Essas pessoas acreditam que a preocupação é tão natural quanto a respiração: quem está vivo, faz.

Por várias vezes ouvi meu amigo e mentor Fred Smith falar sobre a questão da preocupação. Aqui está um resumo do que ele diz sobre a importância de identificar a fonte de preocupação na vida:

> Em 1942, eu era um autêntico profissional em matéria de preocupações. Estou falando sério: eu não era um amador. Amadores pegam suas preocupações e levam para a cama. Mas quando você se deita e leva as preocupações consigo, corre o risco de acabar dormindo. Aí, quando acorda, descobre que perdeu o respeito por si mesmo. Quero dizer, você perde o direito de se considerar um autêntico *cabeça-quente* quando descobre que caiu no sono. Quem dorme não está em condições de ser considerado um *cabeça-quente* de verdade. Nada disso. Se eu deitasse na cama e descobrisse que tinha alguma coisa com que me preocupar, eu levantava e sentava na cadeira de balanço. Pegava uma xícara de café e sentava lá, balançando. De vez em quando, até ia para a cama, mas não para dormir; só para me recuperar. Deitava-me só para esticar o corpo.

Em 1944, venci a preocupação. Passara dois anos trabalhando muito a questão da preocupação. Finalmente me dei conta do que me atemorizava: eu tinha um emprego melhor do que merecia. Não estava qualificado para a ocupação que tinha e comecei a me preocupar com o risco de perdê-la. Então falei a mim mesmo: "Espere um minuto. Quando você trabalha melhor? Quando não está preocupado". Bem, se você não é capaz de segurar seu emprego quando está despreocupado, como é que espera segurá-lo quando sua mente está tomada de preocupações?

Por fim, escrevi seis breves palavrinhas em minha mente e gravei por dentro do cérebro. Se um dia alguém fizer uma craniotomia em mim, encontrará escrito: "Não tenha pressa de se preocupar". Descobri que estava me preocupando com as coisas antes mesmo de dispor de todos os fatos; estava sempre disponível para que as preocupações tomassem conta de mim. Assim que passava a dispor dos fatos, eu passava a ter todas as informações de que precisava para bolar um plano. Quando você tem um plano nas mãos, não precisa se preocupar com nada, por isso parei de me preocupar. Aprendi a não ter pressa de me preocupar.

Certa vez, Mary Alice, minha esposa, estava trabalhando na pia da cozinha quando ouviu um grito no jardim da frente da casa. Ela correu para a porta de frente para ver o que havia acontecido com o pobre do jardineiro, mas quando chegou lá, ele já havia se levantado e recomeçado a trabalhar. Meio sem jeito, ela voltou a trabalhar na pia da cozinha. Então eu disse: "Meu bem, entre a pia da cozinha e a porta da frente, você carregou um estoque de preocupações suficiente para encher um edifício inteiro! Por que você não espera um pouco antes de começar a se preocupar?".

Quando nossos filhos eram adolescentes e sumiam de casa na hora de ir para a cama, Mary Alice se convencia de que tinha acontecido um acidente automobilístico e que logo receberíamos uma ligação do hospital. Aí os garotos chegavam pouco depois, alguns minutos atrasados, e eu dizia para ela: "Não tenha pressa de se preocupar".

Fred está certo. Esperar é um pouco menos estressante do que se preocupar. Da próxima vez que você for tomado pelo estresse, identifique a fonte. Muitas vezes, descobrirá que está se preocupando com alguma coisa que não justifica, de maneira alguma, tanta preocupação. Tendo levantado todos os fatos, você ficará feliz por ter esperado antes de começar a se preocupar.

2. Não desista

Bonnie St. John Deane participava das paraolimpíadas. Ela era esquiadora. Tinha uma só perna e competiria com outra atleta de uma perna. A outra esquiadora foi a primeira a competir, e na última volta, ela caiu. Confiante, Bonnie comentou com seus auxiliares que tinha certeza da vitória porque não cairia. Só que ela caiu, e a outra competidora venceu. Os amigos de Bonnie tentaram consolá-la, dizendo: "Ela era apenas uma esquiadora mais rápida que você". E Bonnie respondia, com firmeza: "Não, ela não era uma esquiadora mais rápida. Ela apenas se levantou mais rápido que eu".

Nunca ouvi falar de alguém que tivesse passado a vida inteira sem enfrentar um momento de queda sequer. Algumas pessoas nunca se levantam, enquanto outras o fazem de maneira tão lenta que o processo leva anos, além de uma vida inteira de raiva e amargura, até se sentirem recuperadas. Bonnie St. John Deane fez uma avaliação correta das circunstâncias quando afirmou: "As pessoas caem, os vencedores se levantam, mas leva a medalha de ouro aquele que se levanta mais rápido". Bonnie levou a medalha de prata, ganhou uma bolsa de estudos em Oxford e se tornou uma premiada representante de vendas da IBM. Ela foi pauta de matérias nas revistas *People* e *Ebony* e no jornal *New York Times*. Como uma atitude como a dela, não é de estranhar o fato de o telejornal *NBC Nightly News* a classificar como uma das cinco mulheres mais inspiradoras dos Estados Unidos.

Levantar-se e voltar ao jogo elimina a possibilidade de estresse por causa de um fracasso retumbante. O fracasso não está na queda, mas na incapacidade de se reerguer. Cair é algo que fica no passado. Independentemente do que aconteceu no passado, se você segue em frente, confiando no presente, não há motivos para sofrer com o estresse.

3. Mantenha a integridade

Você pode tomar a decisão consciente de fazer todas as coisas com integridade em sua vida. Quando faz isso, você se vacina contra o estresse provocado pela culpa ou vergonha. Já ouvi muita gente falar que a melhor coisa de dizer sempre a verdade (ou seja, quando se vive com integridade) é que você nunca precisa relembrar o que disse. Se você é o tipo de pessoa que diz uma coisa a fulano e outra a sicrano, então está se candidatando a um sério problema de estresse. Terá de contratar um assistente só para ficar lembrando as histórias que conta por aí. Quando fala a verdade, porém, você só precisa dizer uma vez.

Eliminar a cultura da relativização de sua vida é uma ótima defesa contra o estresse. O que estou querendo dizer com isso é que algumas coisas na vida são absolutamente certas e outras, absolutamente erradas. É preto no branco. Assim que você admitir essa realidade, se livrará do estresse criado pela necessidade de escolher entre o certo e o errado toda vez que deparar com alguma situação que o exija. Nossa sociedade atual está embarcando na idéia de que não existem verdades universais; que o certo para mim pode não ser o certo para você. Isso pode até funcionar quando se trata de escolher a cor da camiseta que vou usar ou o modelo do carro que você vai comprar, mas não quando o assunto é integridade e honestidade.

Para chamar a atenção à falácia que constitui o relativismo e seus resultados desastrosos, sempre faço a seguinte pergunta nos seminários que ministro: "Quantos de vocês contratariam um contador ou tesoureiro que admitisse ser apenas 'relativamente honesto'?". Até hoje, nunca vi um empresário ou empresária levantar a mão para dizer: "Sim, eu teria a maior satisfação em contratar um contador ou tesoureiro relativamente honesto".

Estamos atravessando uma época cheia de escândalos no país. Muitos líderes e contadores de grupos empresariais estão demonstrando irresponsabilidade diante dos princípios básicos da contabilidade. Investidores e funcionários perdem milhões de dólares quando esses escândalos vêm à tona. Milhares de pessoas ficam sem emprego, assim como sem fundo de garantia e outros direitos trabalhistas.

Sou casado (e muito feliz) com a Ruiva há mais de sessenta anos. Tivemos mais de sessenta luas-de-mel, e hoje em dia nos divertimos mais do que nunca. Em todos esses anos que passei viajando e fazendo palestras, fiquei longe de casa por muitas noites. Ao voltar, jamais aconteceu de a Ruiva me perguntar se fui relativamente fiel a ela durante minha ausência. Eu também nunca esperei que ela fizesse isso. Determinadas questões, como a fidelidade, devem ser sempre muito bem definidas, preto no branco.

Ainda sobre integridade e relativização, temos razões de sobra para fazer uma pausa e pensar quando assimilamos o significado de algo que Ralph Waldo Emerson afirmou há muitos anos: "Capacidade sem honra não tem valor". E não foi só isso. Ele também disse: "Para você conseguir me erguer, é preciso que esteja em um nível mais elevado". Isso significa que, se você assumir uma posição a partir da qual poderá ajudar os outros a alcançar o objetivo que perseguem, é preciso que sua vida seja íntegra e honrada. Ele coroou sua declaração dizendo: "As coisas que deixou para trás ou estão diante de você são insignificantes se comparadas ao que está dentro de seu ser".

É impressionante notar quanto estresse pode ser evitado quando a pessoa age com retidão. Aja com integridade, saiba discernir o que está errado, faça as coisas certas e tome suas decisões de maneira coerente. Sua consciência continuará limpa, você viverá sem arrependimentos e, como resultado, sua paixão continuará viva e vigorosa.

4. Livre-se de dívidas

Vou pegar emprestado um versículo da Bíblia para falar desse tópico. Em Apocalipse 3:17, Jesus fez a seguinte avaliação de uma igreja em particular: "Você diz: 'Estou rico, adquiri riquezas e não preciso de nada'. Não reconhece, porém, que é miserável, digno de compaixão, pobre, cego, e que está nu".

Esse versículo mostra com clareza como o materialismo pode nos cegar à realidade. Pensamos que podemos nos tornar independentes de Deus em virtude de nossa prosperidade material quando, na verdade, nossa verdadeira condição é de falência total. Na ânsia de manter o mesmo padrão de vida das outras pessoas, esquecemos de Deus e afundamos sob uma montanha de estresse. Fazemos dívidas para manter as aparências, e depois ficamos preocupados porque não temos como honrar esses compromissos.

Hoje em dia, muitas pessoas dizem que não conseguem viver sem dívida alguma, como se estivessem falando de uma doença que se espalhou pela vida delas sem permissão. Fred Smith me lembrou que, atualmente, 85% dos conflitos no casamento são causados por desavenças relacionadas a questões financeiras. Quando se casaram, ele e a esposa viviam como qualquer casal:

brigando por causa de dinheiro! No entanto, puseram para funcionar um sistema que os manteve livres de problemas financeiros por mais de sessenta anos. E, quando começaram, Fred ganhava apenas 208 dólares por mês. Os primeiros 10% de sua renda bruta iam para a obra de Deus, e mais 10% iam para a poupança. E viviam com o que sobrava.

"Preciso comprar isso agora!" é o grito de guerra daqueles que se recusam a postergar a gratificação pessoal. Oswald Chambers diz que essa é a definição essencial da luxúria: a crença de que tenho o direito de ter o que quiser quando bem entender. Combine a incapacidade de postergar a gratificação pessoal com a disponibilidade de todas as coisas que queremos ou de que precisamos; depois, misture tudo com os planos de pagamento facilitado do cartão de crédito. Não é de admirar que uma família norte-americana deva, em média, mais de 9 mil dólares só no cartão de crédito.

Larry Burkett, um conselheiro financeiro brilhante, costumava propor um plano, dividido em três partes, para aqueles que desejam se livrar de dívidas de cartão de crédito. Acho que ainda vale a pena repeti-lo e colocá-lo em prática:

1. Nunca compre nada no cartão de crédito que você não tenha dinheiro para pagar. Em outras palavras, use o cartão apenas como débito, não como crédito.
2. Pague o total da fatura de seu cartão de crédito todo mês.
3. Na primeira vez que você deixar de pagar a fatura total de seu cartão de crédito no fim do mês, coloque-o em uma forma, leve ao forno, aqueça à temperatura máxima e deixe por uns trinta minutos, até que esteja devidamente derretido.

Qualquer pessoa que siga esse plano nunca mais precisará lidar com o estresse provocado pelas dívidas com cartão de crédito.

Quando vejo o fardo financeiro que as famílias carregam nos Estados Unidos — milhares de dólares por ano gastos com atividades para os filhos, mensalidades de clubes, prestações de carro altíssimas, condomínios fechados —, fico chocado. Mas não me surpreendo quando ouço falar sobre o estresse que essas famílias estão enfrentando. A jornada infindável em busca da aparência perfeita e do bem-estar gera um estresse que contraria por completo o esforço de alcançar um estilo de vida perfeito. Tornamo-nos pessoas hipócritas que tentam parecer bem por fora, mesmo agonizando por dentro.

E quem, em última análise, sai prejudicado nesse processo? Nós, é claro! Isso porque, no fim das contas, a manhã de domingo se torna o único momento que temos para tentar aliviar, pelo menos, parte desse estresse. "Não tem problema deixar de ir à igreja. Deus não quer nos ver andando nervosos por aí", pensamos, como forma de nos justificar. Assim, vamos para o campo de futebol ou para o lago (gastando mais dinheiro que não temos) com o objetivo de aliviar a tensão. E voltamos para casa ainda mais tensos do que antes, ao lembrarmos de que será necessário pagar por aquele breve momento de "relaxamento".

Ninguém pode viver uma vida cheia de paixão quando precisa se preocupar com os cobradores ou com o risco de falir. Se você deseja fugir do estresse, livre-se das dívidas. Pode ser que esse processo leve meses ou mesmo anos, mas a liberdade de viver sem dívidas lhe permitirá dar asas a sua paixão de uma maneira que você nem se lembrava mais. Você descobrirá o que significa viver com excelência total.

5. Não tema

Não acredito que a maioria das pessoas tenha contato com aquilo que teme. Não estou me referindo a medo de ventanias, de gatos pretos ou montanhas-russas. Estou falando dos temores que se escondem dentro de nós, impedindo que nos lancemos nessa grande aventura que é a vida! Temos medo do fracasso, é claro — talvez a maioria de nós. Mas também tememos perder a segurança proporcionada por nossas inibições. Tememos a perda de controle e tememos o futuro. Temos medo de viver sob a tensão que existe entre o que sabemos e o que não sabemos — a segurança do presente *versus* a insegurança quanto ao futuro.

Algumas pessoas simplesmente não conseguem lidar com o desconhecido, por isso permanecem como se vivessem em uma cápsula, confinadas à realidade do passado, em vez de vislumbrar o potencial do futuro. É como se a vida as obrigasse a manter um pé no cais e o outro em um barco que se afasta. Nosso desejo é o de viver, mas a necessidade da segurança da terra firme gera indecisão e receio — e, em geral, acabamos dentro d'água.

Qualquer coisa sobre a qual a Bíblia me alerte 365 vezes merece total atenção, e decidi levar a sério as palavras "não tema"! É interessante notar que o medo e a fé possuem algo em comum: ambos esperam que algo aconteça no futuro. Só não sabemos o quê. Uma coisa é certa: aquilo que esperamos tem maior probabilidade de acontecer. Se o medo é a força dominante da vida de uma pessoa, ela tende a atrair o pior, mesmo sem querer, por meio de ações e acontecimentos inexplicáveis. Contudo, quando a fé é a força dominante, parece que ela atrai coisas positivas, pois trabalhamos, mesmo inadvertidamente, para alcançar os objetivos que esperamos. A história a seguir demonstra a diferença nos resultados proporcionados pela fé e pelo medo, quando colocados em prática.

Você deve se lembrar dos Jogos Olímpicos de Inverno de 2002, quando Sarah Hughes, então com dezesseis anos, ganhou medalha de ouro nos patins. Ela pisou no gelo sem acreditar que tinha chances de conquistar alguma medalha, por isso decidiu (como dizem os jovens) "deixar rolar". Ela patinou absolutamente tranqüila, sem se preocupar com a platéia no local, com as câmeras de televisão ou mesmo com os juízes. A única coisa que fez foi dar tudo de si. Aquela despreocupação que demonstrou era expressão da alegria completa que Sarah sentia no momento e se traduziu em um desempenho espetacular, garantindo a ela a medalha de ouro.

Você também deve se lembrar que Michelle Kwan patinou depois de Sarah. Todos esperavam que Michelle levasse o ouro olímpico. Ela era uma verdadeira campeã, adorada pelos fãs do esqui em todo o mundo. Já havia conquistado muitas medalhas em sua carreira. Mas depois da apresentação irretocável de Sarah Hughes, Michelle foi para o rinque determinada a não cometer nenhum erro. Caiu e, por isso, ficou com o bronze. Sempre achei que, enquanto Sarah estava focada no que deveria *fazer*, Michelle se concentrava no que deveria *evitar*. E isso fez a diferença. O medo de errar inibe e restringe o desempenho, além de jogar um balde de água fria sobre a paixão.

Você sabia que o contrário da fé é o medo? Quando Jesus estava naquele barco que foi colhido por uma tempestade no mar da Galiléia, os discípulos ficaram um ao lado do outro, morrendo de medo de naufragar. Jesus perguntou a eles: "Por que vocês estão com tanto medo, homens de pequena fé?" (Mt 8:26). Quando confrontamos o futuro, temos duas opções: encará-lo com fé ou com medo. O futuro tem relação direta com o desconhecido, e podemos permitir que ele nos fortaleça ou escravize.

O maior medo que o futuro gera em muita gente é o da morte. Lembro-me de que, logo depois do atentado terrorista que derrubou as Torres Gêmeas em Nova York, em 11 de setembro de 2001, as pessoas me perguntavam se eu mudaria minha agenda de viagens. Eu dizia: "De jeito nenhum". Vivo minha vida olhando pelo pára-brisa dianteiro, e não pelo retrovisor. Acredito nas palavras do salmo 139, segundo as quais os dias de minha vida foram determinados antes mesmo de eu existir (cf. versículo 16). Se isso é verdade (e eu creio que seja), então nenhum terrorista conseguirá me tocar enquanto Deus não o permitir. Da mesma maneira, não serei afetado por nenhum mal. E quando chegar a minha hora de ser promovido ao céu (não importa como isso acontecerá), você acha que isso me inspira medo? Por que eu temeria? É por causa do céu que vivo nesta terra! Depois que a pessoa vence o medo definitivo — o medo da morte —, nenhum outro temor menor justifica a preocupação.

Eu incentivo você a não se estressar por causa do futuro. Podemos não saber o que ele nos reserva, mas sabemos, com certeza, quem o controla. Com fé em Deus, sua paixão não conhecerá limites.

6. Ria primeiro

Se toda essa conversa a respeito da morte no tópico anterior estressou você, então é sinal de que precisa ouvir o que vou dizer agora: a paixão não é motivo de riso, mas nunca conheci ninguém com uma paixão genuína que não gostasse de rir bem alto, com satisfação!

Em meus seminários, quase sempre realizo uma pequena experiência quando abordo esse tema. Depois de falar um pouco sobre o estresse, começo a contar algumas histórias compridas demais para relatá-las no espaço deste capítulo. Elas são muito engraçadas e sempre provocam risos entre a platéia. Em seguida, pergunto ao público: "Quantos de vocês se sentem menos estressados agora do que quando comecei a falar?". Em 100% das vezes, quase todas as pessoas levantam as mãos.

Por que isso acontece? Porque o riso é um excelente fator de combate ao estresse. Se você nunca leu o relato de Norman Cousin sobre sua experiência de cura pessoal, como ele narra em *A força curadora da mente*,[1] eu recomendo a leitura. Quando recebeu o diagnóstico de que era portador de uma doença incurável, ele instalou um projetor de cinema em seu quarto no hospital e ficou assistindo a muitas comédias clássicas, rindo sem parar. Ele descobriu que o riso lhe proporcionava mais alívio à forte dor que sentia. Aquele hábito, associado a outras terapias inovadoras, resultou em sua cura. Ele abandonou a carreira de jornalista, na qual conquistara grande prestígio, e passou a ensinar em uma grande faculdade de medicina sobre o poder da mente e das emoções na cura dos males do corpo.

Bem próximo do amor, o riso é considerado a segunda emoção mais poderosa que podemos expressar. Há quem diga que o riso é como uma caminhada interna: ele estimula o sistema respiratório, oxigena o corpo, relaxa a tensão nos músculos e libera substâncias químicas no cérebro que proporcionam prazer. É impossível rir e ficar furioso, tenso ou estressado ao mesmo tempo. O riso tem baixas calorias, não contém cafeína, não tem sal demais, não leva conservantes nem aditivos. É 100% natural e não tem contra-indicação.

O riso é, sem dúvida, uma verdadeira dádiva de Deus à humanidade. Você pode exagerar no riso sem risco de uma overdose. O riso é contagioso: depois que começa, não há muita coisa a fazer para evitá-lo. O riso nunca se sentiu mal, nunca cometeu um crime, jamais começou uma guerra e nunca rompeu um relacionamento. O riso é bom para quem oferece e quem recebe. O riso não custa nada nem pode ser tributado. O riso determina tendências. Se pudermos encontrar alguma maneira de começar o dia rindo, isso pode determinar o tom do restante do dia.

[1] São Paulo: Saraiva, 1993.

Permita-me encerrar falando sobre o uso mais importante do riso que já descobri: a capacidade de rir de si mesmo. Parei de me levar muito a sério faz alguns anos, e foi a melhor decisão que já tomei. Não me entenda mal. Continuo sendo um sujeito sério em relação às coisas que faço. Mas não tão sério assim. Sou o primeiro a dar risada quando faço alguma besteira (o que acontece com relativa freqüência; é por isso que rio o tempo todo). Quando uma pessoa é a primeira a rir de si, não deixa muito espaço livre para que os outros riam dela.

Não sei qual é seu nível de estresse neste momento. Poderia ser muito alto; como eu disse no início deste capítulo, a vida é repleta de situações que provocam tensão. E todas essas situações tentarão roubar de você o ingrediente mais importante para viver uma vida de excelência total: sua paixão. Não permita que isso aconteça. Se você não tiver pressa de se preocupar, for capaz de se levantar quando cair, viver com integridade, se livrar das dívidas, enxergar o futuro com fé em vez de medo e for a primeira pessoa a contagiar as outras com seu riso, sua vida se tornará uma área livre de estresse.

E quando o estresse diminuiu, a paixão tem liberdade de crescer. Sua vida também será livre para alcançar a excelência total.

4 Tome cuidado com seu jeito de pensar

Você não é o que pensa que é. Você é o que pensa.

Autor desconhecido

> Por isso, pela graça que me foi dada digo a todos vocês: Ninguém tenha de si mesmo um conceito mais elevado do que deve ter; mas, ao contrário, tenha um conceito equilibrado, de acordo com a medida da fé que Deus lhe concedeu.
>
> *Romanos 12:3*

Não podemos escolher nossos parentes, mas podemos escolher nossos pensamentos, que nos influenciam muito mais.

Autor desconhecido

> A vaga e tênue esperança de que Deus seja tão bom que não castigue os ímpios se tornou um entorpecente mortal para a consciência de milhões de pessoas.
>
> *A. W. Tozer*

Mude seus pensamentos e você mudará seu mundo.

Norman Vincent Peale

O DR. BRUCE WILKINSON, famoso autor do livro *A oração de Jabez*,[1] entre outros sucessos editoriais, fala sobre como motivar pessoas a aprender em sua obra dirigida a mestres, *The Seven Laws of the Learner* [As sete leis do aprendiz]. Ele mostra como uma anotação rabiscada por ele em um pedaço de papel, na época em que fazia sua pós-graduação, mudou completamente a percepção que tinha a respeito de si, assim como mudou seu futuro.

Quando Bruce estava no seminário, procurava assistir a quantas aulas fossem possíveis do dr. Howard Hendricks, renomado professor de Educação Cristã, orador e orientador de líderes. Certo dia, o dr. Hendricks devolveu aos alunos uma redação que haviam feito sobre determinado assunto. Bruce estava ansioso para ver a nota que seu mentor lhe havia concedido. Quando recebeu o papel dobrado, abriu aos poucos, mas o suficiente para notar que recebera a nota máxima. Ele respirou aliviado, e então terminou de abrir a folha. Foi quando notou algo que mexeu mais com ele do que sua própria nota. Havia uma anotação escrita com a tradicional caneta hidrográfica lilás do professor: "Bruce, acredito que você tenha potencial para se transformar em um dos maiores mestres da Bíblia desta geração".

Quando Bruce conta essa história em público, faz toda a platéia rir ao mostrar como voltou caminhando para casa naquele dia: segurando o papel com a anotação do dr. Hendricks à sua frente com as duas mãos, carregando-o como se fosse o Santo Graal. Subiu flutuando as escadas que levavam a seu apartamento para mostrar à esposa o que o dr. Hendricks havia escrito para ele. O resto da história você já conhece.

Bruce Wilkinson seguiu adiante para se tornar, de fato, um dos maiores mestres e comunicadores norte-americanos não apenas

[1] São Paulo: Mundo Cristão, 2004.

da Bíblia, como também de muitas outras disciplinas. E ele conta como uma simples anotação de um professor de quem gostava tanto foi fator fundamental para colocar em sua mente a convicção de que, um dia, teria de aprender a se comunicar de forma eficaz. Considerando a capacidade que Bruce tem de transmitir uma mensagem e o impacto que ele produziu ao longo dos anos, eu diria que a anotação do dr. Hendricks valeu muito a pena!

Como você está?

Sabia que as coisas nas quais você pensa exercem uma influência poderosa sobre quem é de fato? O que pensa a respeito de si, o que pensa sobre o mundo, o que pensa sobre os outros, o que pensa sobre as perspectivas da vida — *tudo o que* você pensa produz um impacto sobre o tipo de pessoa que irá se tornar.

Por exemplo, faça uma pequena pesquisa por conta própria. Durante a semana que vem inteira, preste atenção, de modo especial, em como as pessoas respondem à pergunta: "Como vai você?"; ou: "*Cumé* que *tão* as coisas?". Essa pergunta é feita e respondida milhões de vezes por dia; na verdade, você provavelmente a responde várias vezes diariamente. Ouça as respostas que as pessoas dão para descrever como elas estão:

— Nada mal.

— Mais ou menos, acho.

— Tudo bem.

— Fantástico.

— Terrível.

— Até agora, tudo bem.

— Nada mal, considerando as circunstâncias.

Eu diria que, a cada resposta forte, positiva e otimista que você ouve das pessoas, correspondem oito ou dez que variam entre neutras e pessimistas. Se as pessoas estão realmente vivendo tão mal quando as ouço dizer, não consigo entender o motivo pelo qual elas resolveram sair da cama!

Como afirmei no início deste livro, até onde consigo me lembrar, passei a responder à pergunta: "Como vai você?" com alguma coisa do tipo: "*Tá* tudo melhor que bom! Excelência total!". Respondo dessa forma porque tenho a expectativa real de que as coisas estejam e se tornem melhores do que apenas "boas". Ao longo dos anos, aprendi que, por razões que não podem ser explicadas em termos científicos ou teológicos, a expectativa que formamos em relação ao futuro influencia significativamente as coisas que estão por acontecer.

Nosso velho amigo Jó, encontrado nas páginas do Antigo Testamento, é um bom exemplo dessa verdade. Depois de ter a família, as propriedades e a saúde destruídas em um desastre após o outro, ele confessou: "O que eu temia veio sobre mim; o que eu receava me aconteceu" (Jó 3:25). Jó morria de medo de ter todos os seus bens levados por Deus — e foi exatamente isso que aconteceu! No fim, ele teve todas essas coisas restauradas, mas, durante certo período, a vida de Jó foi o cumprimento de uma autoprofecia. O medo é um convite aberto à encrenca, ao passo que a fé atrai o sucesso.

É errado dizer: "Estou melhor do que bem, excelência total" o tempo todo? Soa falso? De maneira alguma! Por intermédio do profeta Joel, no Antigo Testamento, Deus convocou seu povo a se preparar para a batalha, dizendo: "Diga o fraco: 'Sou um guerreiro!'" (Jo 3:10). É errado um fraco dizer que é forte? Não se ele vive sob a expectativa de se tornar forte. Foi isso que o povo de Deus fez quando percebeu que o Criador estava ao seu lado na batalha. É justamente assim que vejo a vida: Deus está ao meu lado quando vivo de um modo que o honra e agrada.

Quando Jesus disse: "... para Deus todas as coisas são possíveis" (Mt 19:26), ele estava se referindo à excelência total. Quando o apóstolo Paulo afirmou: "Tudo posso naquele que me fortalece" (Fp 4:13), também falava sobre excelência total. Tendo Deus ao nosso lado, não pode ser de outra forma.

Por ser a excelência total um tipo de abordagem otimista da vida, posso garantir que você será lembrado por isso quando passar a responder a um cumprimento dessa maneira. E a onda vai pegar! Nada é tão contagioso quanto uma visão otimista e positiva. Por exemplo, eu freqüento uma igreja de 25 mil membros em Dallas, no Texas, onde dou aula para uma grande classe de escola dominical. Pelo fato de eu repetir: "Estou melhor que bem, excelência total" por tantos anos, muitas pessoas que assistem às minhas aulas, assim como a equipe de direção da igreja, adotaram essa resposta quando indagadas sobre como vão as coisas. E posso ver o brilho nos olhos daqueles que falam isso, pois sei muito bem como estão sendo sinceros ao dizê-lo.

Quero contar a você como a vida de algumas pessoas mudou quando elas começaram a mudar o jeito de pensar e enxergar a vida.

Negócios com excelência total

Lisa Spicer mudou-se de Nova Jersey para Frisco, no Texas, próximo a Dallas. Era mãe solteira de três meninos adolescentes, não tinha emprego nem plano de saúde. As coisas pioraram ainda mais quando ela escorregou e quebrou a perna em dois lugares — um começo de nova vida nada promissor para ela e os filhos. No entanto, como ela diria mais tarde, "Deus tinha um plano".

Lisa começou a freqüentar minhas aulas de encorajamento na escola dominical porque isso a ajudava a perceber as várias maneiras como Deus a abençoara, apesar de todos os desafios enfrentados. Durante quatorze anos, ela trabalhou como uma artista de sucesso, vendendo suas obras em exposições de arte locais. Por causa da situação da família, ela não podia mais ficar parada durante dois ou três fins de semana consecutivos, esperando pela chegada de um potencial comprador. Assim que se recuperou do problema com a perna, ela passou a trabalhar com sua arte das 9h às 17h, diariamente. Por fim, decidiu que já estava na hora de dar um salto de fé e ver o que Deus poderia fazer. Ela se inscreveu em uma feira de artistas renomados da cidade de Nova York — um evento de três dias no Centro Jacob Javits, em Manhattan. Teve de tirar dinheiro da poupança para cobrir as grandes despesas, mas ela sentia que era a hora certa de tentar transformar os sonhos em realidade.

Lisa chegou eufórica a Nova York. Sabia que Deus estava com ela, e que não voltaria para casa sem receber uma bênção divina. Optou por uma atitude positiva, apesar de ocupar um estande sem muita visibilidade: para ela, estar em um espaço tão pequeno dentro de um pavilhão de exposições tão grande facilitaria o contato com agentes.

Lisa passou cinco meses fazendo o trabalho de casa. Enviou uma centena de convites a compradores para que visitassem seu estande, mandou 51 mensagens eletrônicas e fez mais de vinte ligações telefônicas antes da feira. Quando as pessoas passavam por seu estande sem dar muito mais atenção além de um olhar de relance, ela as cumprimentava, perguntando: "Como vai?". Elas respondiam educadamente, é claro, no que Lisa dizia: "Minha vida está melhor do que boa! Excelência total!". Essa resposta quase sempre fazia os compradores em potencial olharem para ela, darem a volta e começarem a conversar. Eles ficavam intrigados ao ouvir alguém dizer que vivia com "excelência total".

Lisa não dizia isso porque estivesse vendendo toneladas de obras. Ela realmente acreditava que sua vida era de excelência total. Fizera a viagem a Nova York, estava conhecendo pessoas, fazendo contatos e se divertindo muito. Vender seus produtos não era o fator determinante de seu estado de espírito. As coisas estavam "melhores que boas" antes de ela chegar ao pavilhão, e ela estava convencida de que continuariam assim quando voltasse para casa.

Como resultado de seus esforços, Lisa voltou de Nova York com 22 empresas interessadas em sua produção. Desde então, assinou dois contratos com o New York Society Publishing Group para uso das imagens que ela cria em produtos que vendem em lojas espalhadas pelos Estados Unidos, assim como em galerias e museus. Ela também assinou um acordo de licenciamento com a Encore Promotions, uma divisão da Bradshaw International, para uso das imagens de arte que ela produz em uma linha de aparelhos de jantar para a temporada de vendas do Natal de 2006.

Lisa realmente acredita que a adoção da atitude otimista da excelência total, cumprimentando os clientes em potencial que encontrou em Nova York, foi muito importante para gerar uma reação positiva por parte deles. Eu também acho! As pessoas se sentem atraídas pelo otimismo — adoram se aproximar de gente que acredita na vida como uma série de eventos positivos e encadeados.

Devo encerrar o relato da maravilhosa história de Lisa com um esclarecimento: não estou sugerindo a você que use o lema da excelência total ("Minha vida é melhor que boa") para incrementar seus negócios. Lisa não fez isso, e você não deve fazer também. Só use esse lema se você acreditar, do fundo do coração, que a vida é mesmo "melhor que boa". No entanto, se você tiver esse tipo de perspectiva, eu serei a última pessoa no mundo a falar em limites para o que Deus pode realizar em sua vida. Faça uma tentativa e veja o que acontece!

Promoção com excelência total

Kelly Green trabalha há treze anos na North Dallas Bank & Trust Co., uma empresa que ama. Durante esse período, ele recebeu várias promoções. Em junho de 2000, assumiu o cargo de vice-presidente assistente. Contudo, ao fim de 2001, ele foi transferido para outra parte do banco. Essa mudança o obrigou a provar mais uma vez seu valor.

Em abril de 2004, ele começou a freqüentar minha classe de escola dominical e passou a usar a resposta "minha vida é de excelência total" quando alguém lhe perguntava como estava. No fim do mesmo ano, foi promovido a vice-presidente no novo departamento do banco. A avaliação de desempenho que recebeu de seu supervisor na empresa continha o seguinte comentário: "Coopera muito com seu supervisor, com os executivos e com os colaboradores. Sua atitude é de 'excelência total'".

Kelly foi promovido porque trabalhava duro, mas me contou que a simples menção daquele lema mudou sua maneira de encarar o emprego. Ele tem a certeza de que seu supervisor e outras pessoas reconheceram sua atitude sempre otimista. Sei que, se eu fosse supervisor de Kelly naquele banco, também reconheceria. Quem não gostaria de promover um funcionário cuja perspectiva de vida é sempre de excelência total?

Alimentação com excelência total

Quando alguém dirige pelas estradas do Texas, é difícil deixar de perceber uma das mais populares redes de restaurantes do estado: as lanchonetes Luby's, onde a comida "tem o sabor do Texas e o jeitinho da nossa casa". (Não, não estou sendo pago para dizer isso. As 131 filiais da Luby's são uma instituição no Texas e em quatro outros estados, por isso o *slogan* é lugar-comum nessa região.)

Certo dia, eu e a Ruiva estávamos comendo em uma Luby's perto de casa. Por acaso, era a mais movimentada e produtiva da rede. O gerente John Cartwright é extraordinário: sempre "para cima", cheio de entusiasmo e adorado pelos funcionários. No entanto, no dia em que fomos comer lá, a placa na frente d dizia: "As pessoas morreriam por nossa tilápia grelhada". Eu chamei John e comentei: "Ninguém seria capaz de morrer por causa de um peixe! Por que você não muda o cartaz para: 'Nossa tilápia grelhada é excelência total'?". Antes que terminássemos nossa refeição, ele mudou o cartaz.

Desde então, John continuou usando essa frase na frente da loja, e correu a fama de que a comida de seu restaurante, bem como seus funcionários, são "excelência total".

Às vezes, basta apenas uma palavra, uma frase ou um pensamento plantado na mente de uma pessoa para mudar toda a sua vida. Compensa analisar com cuidado as coisas que ocupam seu pensamento. Dizem que Frank Outlaw expressou o poder de nossos pensamentos da seguinte forma:

> Preste atenção em seus pensamentos; eles se transformarão em palavras.
> Preste atenção em suas palavras; elas se transformarão em ações.
> Preste atenção em suas ações; elas se transformarão em hábitos.
> Preste atenção em seus hábitos; eles se transformarão em caráter.
> Preste atenção em seu caráter; pois ele se transformará em seu destino!

Pode ser que você jamais tenha associado seus pensamentos a seu destino, mas espero que passe a proceder assim a partir de agora. E espero que comece pensando e acreditando que a vida pode ser de excelência total.

Livros sobre excelência total

Certa vez, Charles Osgood, famoso redator da CBS, fez a seguinte observação: em comparação à palavra falada, uma imagem é, de fato, digna de pena. Costumamos dizer que uma imagem vale mais que mil palavras, e é possível que, às vezes, isso aconteça quando é necessário explicar uma coisa com a qual a outra pessoa não tem a menor familiaridade. Mas as imagens não possuem a mesma capacidade das palavras de se alojar no coração humano.

Tomemos a Bíblia como exemplo: é o livro mais vendido em toda a História, e não tem imagens! A Bíblia afirma que "a palavra de Deus é viva e eficaz", capaz de penetrar "até o ponto de dividir alma e espírito [...] e julga os pensamentos e intenções do coração" (Hb 4:12). Em outra parte, a Bíblia diz que as palavras de Deus nunca voltam a ele vazias, sem cumprir o propósito para o qual foram enviadas (cf. Is 55:10-11).

A caneta sempre foi mais poderosa do que a espada, e capaz de induzir as pessoas à ação como nenhuma outra coisa poderia. Em minha classe de escola dominical, havia uma jovem que lutava com várias questões complicadas na vida. Depois ela me contou como algumas coisas simples que eu disse na aula ("O fracasso é um acontecimento, não um personagem"; "O ontem chegou ao fim na noite passada"; "Deus não apenas nos permite dar meia-volta na vida; ele encoraja essa iniciativa") abriram novas possibilidades para ela. Simples palavras, mas com impacto profundo.

Se as palavras podem provocar um impacto tão grande em nossa vida, por que não nos empenhamos mais em encher nossa mente com as palavras mais profundas que podemos encontrar? A Bíblia diz que devemos pensar e meditar em coisas verdadeiras, nobres, corretas, puras, amáveis, de boa reputação, excelentes e dignas de louvor (cf. Fp 4:8). Ainda assim, a maioria das coisas que lemos está bem longe desses padrões. Pense também nas oportunidades que temos: livros em áudio para ouvir no carro, CDs, fitas, arquivos de áudio para ouvir no iPod, isso sem falar nos velhos e ótimos livros. (Mesmo nesta época de bugigangas tecnológicas, nada conseguiu substituir, até agora, a leitura de um bom livro ao lado de uma lareira. E acho que nunca conseguirá.)

Além da Bíblia, incentivo as pessoas a ler, sobretudo, uma categoria literária caracterizada pelos pensamentos inspiradores que proporciona: biografias de grandes homens e mulheres. Andy Andrews é um dos homens mais piedosos e inspiradores que já conheci. A leitura de biografias mudou sua vida, bem como a vida de milhares de pessoas.

A mãe de Andy morreu quando ele tinha dezenove anos, e o pai perdeu a vida pouco depois, em um acidente de carro. Durante algum tempo, ele não tinha nenhum lugar para morar e chegou a pensar em suicídio depois de uma série de escolhas ruins que fez. Andy começou a passar um bom tempo na biblioteca pública, onde lia biografias. Ele procurava por pistas que indicassem as características das pessoas bem-sucedidas.

O resultado da leitura de mais de duzentas biografias que leu foi *The Traveller's Gift: Seven Decisions That Determine Personal Success* [O presente do viajante: sete decisões que determinam o sucesso pessoal]. Seu livro foi rejeitado por 51 editores (acho que ele considerava a perseverança uma das características das pessoas de sucesso). Finalmente, um editor aceitou o manuscrito. O livro ficou na lista de *best-sellers* do *New York Times* por dezessete semanas. Contava a história de um personagem ficcional que voltava no tempo e conversava com sete pessoas bem-sucedidas sobre o significado da vida e como trilhar o caminho do sucesso.

Andy acredita que a leitura da Bíblia e daquelas duzentas biografias ajudaram a plantar as sementes da realização pessoal em sua mente. Pense no que o mundo teria perdido se ele optasse por ocupar sua mente com pensamentos menos nobres!

Pensamentos com excelência total

Agora pense no que o mundo perderá, considerando as coisas que ocupam sua mente. Nós nos concentramos diariamente na leitura do jornal, como se ele contivesse os segredos da vida. Muitas pessoas diriam que não se inspiram nos jornais para melhorar como seres humanos, mas é essa a referência delas. Elas também poderiam dizer que a Bíblia e outros grandes livros as inspiram a alcançar níveis mais elevados, mas isso raramente acontece. Por que gastamos mais tempo lendo o que não nos será útil do que nos dedicando a leituras relevantes?

Leio o jornal quase todos os dias porque ele fornece a informação da qual preciso para realizar meu trabalho (histórias, fatos, tendências e coisas assim). Mas o jornal não substitui ou prejudica a leitura e os estudos que faço da Bíblia. Leio as duas coisas todos os dias, por isso consigo enxergar os dois lados dos fatos.

Adoro a história do esquimó que costumava colocar seus melhores cães de trenó em disputa para ver qual dos dois puxava a carga mais pesada. O velho esquimó tinha um cão preto e outro branco, e eles se alternavam na vitória. O mais impressionante era que o velho esquimó sempre apostava no vencedor. Muito tempo depois de os cães se aposentarem, um dos aldeões perguntou como ele sempre sabia qual dos dois animais seria o vencedor daquelas disputas. Como ele sabia em qual deveria apostar? "É muito fácil", respondeu o velho esquimó, "eu apostava naquele que alimentava durante a semana".

Nesse sentido, não há diferença entre cães e mentes: vence a que for bem alimentada. Se você alimenta a mente básica, carnal, essa será a responsável pela orientação de sua vida. Mas se você nutrir a mente espiritual, aquela que se alimenta de coisas nobres e honradas, sua vida será dirigida por ela. A mente está sempre faminta e assimilará qualquer coisa que dermos a ela. Só precisamos oferecer a ela a alimentação para a qual Deus a criou.

Dois irmãos adolescentes se aproximaram do pai com um pedido: queriam permissão para ver determinado filme muito popular. Havia algumas cenas breves que elevavam a classificação etária para dezesseis anos, mas eles achavam que eram bobagem, considerando a importância da história e a qualidade dos atores. Eles imploraram ao pai que *afrouxasse* um pouquinho a rigidez dos padrões familiares só daquela vez. E ele prometeu que pensaria no assunto.

Na noite seguinte, quando os três estavam sentados para discutir o filme, o pai trouxe um prato com bolinhos de chocolate maravilhosos e o colocou na mesa. Em seguida, falou:

> Vocês sabem que só usamos os melhores ingredientes quando fazemos esses bolinhos: ovos, chocolate, farinha, leite e nozes. Vocês podem comer quantos quiserem, mas preciso avisá-los de que *afrouxei* meus padrões só um pouquinho dessa vez, e coloquei um punhado, não muito, de fezes de cachorro na massa. Mas isso não precisa ser motivo de impedimento. Podem se servir à vontade.

Dá para imaginar que aqueles bolinhos ficaram no prato. Ninguém comeu.

Aprendi, há muitos anos, que seria praticamente impossível inspirar as pessoas a encher a mente com pensamentos positivos, honrados e de sucesso se eu não fizesse a mesma coisa. Meu objetivo é o de promover o desenvolvimento das pessoas, e não o de rebaixá-las. Por essa razão, preciso me desenvolver e atingir níveis mais elevados o tempo todo. E não posso atingir esse objetivo se encho minha mente com a dieta mental padrão dos Estados Unidos, composta de pensamentos nada edificantes. Eu me empenho muito para me proteger de coisas que não desejo ver ocupando minha mente. Os portões de meus olhos e ouvidos estão sob constante vigilância quando se trata de televisão, cinema, internet, música, conversas e material de leitura.

Já ouvi várias histórias de cortar o coração, contadas por homens que lutavam contra a pornografia desde os anos da adolescência por que "davam uma olhadinha" e acabavam fisgados. Casamentos e famílias foram destruídos porque alguém permitiu que imagens e palavras profanas dominassem sua mente. Fiquei chocado e desapontado há alguns anos, quando dois conselheiros responsáveis por colunas muito populares de jornal incentivaram os casais cujos casamentos estavam mornos a "dar um gás" no relacionamento vendo filmes pornográficos. Trata-se de um mau conselho. Você não pode jogar lixo dentro de uma fonte e esperar que a água continue boa para beber. Não dá para alimentar a mente com conteúdo pecaminoso e achar que sua vida será boa, limpa, pura, poderosa e cheia de automotivação.

Mudança de mente com excelência

Nos primeiros dois anos e meio que trabalhei com vendas, enfrentei muita luta. Foi então que participei de um encontro dirigido por P. C. Merrell. Aparentemente, ele viu alguma coisa em mim, pois, depois do evento, contou que vinha me observando durante meses, e imaginava que eu poderia ser um líder nacional em vendas — em uma empresa que contava com mais de 7 mil representantes! Segundo ele, eu poderia me tornar um dos maiores vendedores (ou mesmo um executivo da companhia), desde que eu me aplicasse mais.

Antes, eu me via como um sujeito sem importância, um caipira com pouco potencial. Mas, ao falar, ele traçou um quadro diferente que mudou minha auto-imagem na mesma hora. Naquele ano, eu fui o segundo colocado da empresa em vendas no país! Não entenda mal. Já naquela época eu havia aprendido todas as técnicas de vendas; o corpo de vendas era muito bem treinado, mas não havia capacitação individual. No entanto, as palavras de P. C. Merrell mudaram meu jeito de pensar... e minha vida.

Esta última e fabulosa história é sobre uma mulher que era amada dentro de minha empresa; uma pessoa que se desenvolveu de uma maneira que dificilmente se vê. Para ser honesto, quando Melissa Hovendick começou a trabalhar para nós, tive dúvidas de que ela conseguiria ser bem-sucedida em sua carreira. Mas, ao ser transferida para a área de vendas, ela me deixou muito impressionado. Em um espaço de alguns meses, ela já era a primeira colocada entre os vendedores. Eis aqui a explicação que ela dava: "Você pode mudar o lugar onde está e a sua situação; basta mudar seu jeito de pensar. Eu sou uma prova viva dessa verdade".

A história de Melissa é tão incrível que valeria um livro independente. Permita-me, porém, fazer um relato limitado aos fatos mais importantes. Ela foi criada em um lar onde havia o problema do alcoolismo e abuso. Aos doze anos, pensou em suicídio. Quando completou dezoito anos, casou-se com um homem que a maltratava só para fugir da situação horrível que vivia em casa. Por causa do estresse emocional, vivia doente. Melissa começou trabalhando como cabeleireira. Jamais havia trabalhado em um escritório antes de responder a um anúncio para ocupar o cargo de arquivista na Zig Ziglar, Inc. Foi selecionada entre outras candidatas mais qualificadas.

Desde o momento que chegou, Melissa adotou nossa filosofia em relação à excelência total. Começou a saturar a mente das coisas certas. Ouvia gravações de nossas palestras e do Novo Testamento sem parar! Até passou a ouvir emissoras de rádio cristãs. Em vez de freqüentar consultórios médicos quase toda semana, ela passou a se exercitar com regularidade e alimentar o corpo com os alimentos mais adequados, além de suplementos nutricionais.

Melissa também passou a assistir a aulas noturnas para aprimorar sua formação. Desistiu de ver programas de televisão que não fossem construtivos e de ler revistas que a faziam sentir-se mal. Orava o tempo todo e não queria mais manter contato com gente que não exercia uma influência positiva sobre sua vida. Em vez disso, preferiu cercar-se de pessoas que admirava e respeitava. Melissa protegeu a mente e só permitiu a entrada de informações positivas. Com o tempo, ela deixou o marido que a maltratava.

Ela ganhou várias promoções dentro de nossa empresa. Em todos os departamentos, as mulheres que trabalhavam com Melissa percebiam seu potencial e a incentivavam. Ela passou do setor de arquivos para o serviço ao cliente, daí para o processamento de dados e, em seguida, para vendas, tudo muito rápido. Ela começou ganhando 17 mil dólares por ano em nossa empresa, mas logo se transformou na melhor vendedora e em uma autêntica batedora de recordes.

A pessoa que mentoreou Melissa na área de vendas a apresentou a um amigo chamado John em Omaha, Nebraska. Era um homem jovem e simpático, mas não cristão. Ela o convidou para um de nossos seminários, no qual John se converteu, começou a usar meus princípios e passou por uma mudança extraordinária em sua vida. Com o tempo, Melissa recebeu uma proposta de emprego em Omaha, oferecida por um cliente da Ziglar Training Systems. Ela aceitou, mudou-se para lá e casou-se com John Hovendick. Continuou a ouvir nossas fitas e a ler as Escrituras para, como ela diz, "substituir todas as gravações antigas em minha mente por novas mensagens" (cf. Rm 12:2).

Há muitos anos, Melissa foi contratada para um trabalho de desenvolvimento em outra empresa e prepará-la para ser vendida. Um ano depois, a empresa foi vendida, e seus patrões pediram a ela que continuasse lá para ajudá-los em um novo ramo de negócios.

Começando apenas com um punhado de livretos, ela saiu a campo para vender. Com isso, a empresa cresceu, saindo do zero para um faturamento bruto anual de 50 milhões de dólares. Nos últimos cinco anos, tem trabalhado nessa firma como vice-presidente de vendas. Hoje, a empresa é a maior da iniciativa privada em seu restrito segmento de mercado. O salário de Melissa passou de 65 mil dólares anuais para um de mais de seis dígitos (e o primeiro não é 1).

Ela e John mantêm um maravilhoso casamento, têm dois filhos e moram em uma casa construída em um terreno de mais de 20 mil metros quadrados. John é proprietário de uma empresa de tratamento florestal, e Melissa ainda trabalha como vice-presidente de vendas da companhia, mas apenas em meio expediente (e não deixou de ganhar um salário de seis dígitos). Ela continua colocando em prática os hábitos que mudaram sua vida: "Mantive minha opção por vigiar as coisas que permito entrar em minha mente, pois sei que as escolhas feitas hoje afetarão o resto da vida, seja para o bem ou para o mal".

Querido amigo leitor, querida amiga leitora, se você encontrasse Melissa Hovendick por acaso em algum lugar hoje e perguntasse a ela como vai, sei que ela diria o seguinte: "Minha vida está melhor que boa, excelência total". Você não concordaria?

E acredito que sua vida também será de excelência total se fizer o que Melissa fez, ou seja, a mesma coisa sugerida pelo título deste capítulo: tomar cuidado com seu jeito de pensar.

5 Percepção e atitude

A essência do otimismo é que ele não leva em consideração o presente; antes, é uma fonte de inspiração, de vitalidade e esperança quando as outras pessoas desistem. Ele capacita o ser humano a manter a cabeça erguida, reivindicando o futuro para si sem abandoná-lo nas mãos do inimigo.

Dietrich Bonhoeffer

Um pessimista é alguém que reclama do barulho quando a oportunidade bate à sua porta.

Michael Levine

A maior descoberta de minha geração é a de que um ser humano pode mudar sua vida alterando as atitudes de sua mente.

William James

Compare o que você quer com o que tem, e ficará infeliz; compare o que você merece com o que tem, e encontrará a felicidade.

Evan Esar

O otimismo é uma escolha intelectual.

Diana Schneider

A felicidade humana é produzida menos pelos momentos de grande ventura que raramente acontecem e mais pelas pequenas vantagens que se oferecem a cada dia.

Benjamin Franklin

STEVE FOSSETT É UM homem cheio de paixão. Banqueiro na área de investimentos, sua paixão não é pelo dinheiro, mas pela aventura: escaladas, velocidade, resistência e perigo. Ele nadou no canal da Mancha, competiu na travessia do Alaska e correu as 24 Horas de Le Mans. Mas Steve Fossett é ainda mais conhecido por suas tentativas de atravessar o mundo em balões. Em julho de 2002, em sua sexta tentativa, ele alcançou êxito, tornando-se a primeira pessoa a circunavegar o planeta em um balão de ar quente.

Em uma de suas tentativas anteriores, em janeiro de 1997, Fossett saiu de St. Louis, Missouri, e chegou à Índia sem precisar aterrissar. É sobre a descrição de um incidente durante essa viagem, registrada na revista *National Geographic*, que desejo chamar a sua atenção.

Seguindo na direção do leste e atravessando o Oceano Atlântico, os ventos fortes o levaram a uma altura de 7,5 mil metros em direção ao norte da África, para a Líbia. E esse era o problema. A Líbia havia recusado a permissão para Fossett sobrevoar seu espaço aéreo, ou seja, o país poderia abater seu balão, se desejasse. Considerando que balões de ar quente são levados por ventos fortes, ele não tinha como voltar e evitar o espaço aéreo da Líbia.

A única maneira de um balão de ar quente dar a volta é ajustando sua altitude. Ele pode liberar gás hélio e descer a uma altitude menor, pegando outra corrente de vento. Ou, então, o gás do balão pode ser esquentado ainda mais, levando-o a uma altitude ainda maior para alcançar o mesmo objetivo: encontrar outra corrente.

Assim, Fossett liberou hélio do balão, desceu 2 mil metros e pegou uma corrente de ar que soprava na direção sudeste, o que permitiu a ele ladear a costa meridional da Líbia. Quando sentiu que estava seguro, ele esquentou o balão, subiu 3 mil metros e pegou um vento que vinha do leste e o colocou novamente no curso. Embora ele tivesse de aterrissar na Índia, conseguiu estabelecer dois recordes naquela viagem: a maior distância e a maior duração de um vôo em balão tripulado.

Outro balonista de prestígio mundial, Bertrand Piccard, ao comentar a estratégia de altitude adotada por Fossett, fez este comentário cheio de propriedade:

> Em um balão, você se torna um prisioneiro do vento, e só consegue seguir na direção que ele indica. Na vida, as pessoas pensam que são prisioneiras das circunstâncias. No entanto, no balão, assim como na vida, você pode mudar a altitude. E quando o faz, muda também a direção. Com isso, deixa de ser um prisioneiro.

Bertrand Piccard acertou na mosca: "Quando você muda a altitude, muda a direção. E, então, deixa de ser prisioneiro". Para os propósitos deste capítulo, vou contar com a indulgência do sr. Piccard e mudar uma palavrinha em sua declaração: "Quando você muda a atitude, muda a direção. E, então, deixa de ser prisioneiro". A atitude está para a vida como a altitude para o balonismo, ou seja, uma maneira de se libertar dos distúrbios que têm o poder de nos mandar direto para o chão.

Se você está entre as pessoas dessa vida que se sentem como se fossem prisioneiras dos ventos fortes das circunstâncias, tenho uma notícia a lhe dar: se ajustar sua atitude, você poderá prevalecer sobre o que parece ser inevitável e escolher seu destino, em vez de ser carregado de um lado para outro pela imposição da força do vento.

Uma questão de perspectiva

Você deve se lembrar da carreira esportiva tortuosa de Dan Jansen, esquiador de velocidade norte-americano. Em sua tentativa de conquistar uma medalha de ouro olímpica, ele sofreu vários reveses em 1984, 1988 e 1992. No livro que escreveu, *Full Circle* [Ciclo completo], ele conta sobre como aprendeu a lidar com as decepções.

Quando tinha nove anos, Jansen participou de um campeonato nacional de esqui de velocidade em Minnesota. Faltando uma volta em seu caminho rumo à vitória, um de seus patins prendeu no marcador de raia, e ele caiu. Com isso, perdeu o campeonato por apenas um ponto. Ele começou a chorar. Seis horas depois, quando a família pegava a auto-estrada de volta para casa, Jansen continuava chorando. No caminho, o pai não disse uma palavra a respeito da derrota. Mas quando eles saíram do carro, com o esquiador ainda chorando por ter caído, o pai disse, com muita calma: "Sabe, Dan, há mais coisas na vida além esquiar em círculos o tempo todo".

Se você acha que o pai de Jansen estava sendo pouco solidário com a dor do filho, pense duas vezes. O que ele fez foi mostrar aquela derrota a partir de uma perspectiva diferente. É claro, vencer é muito bom em qualquer coisa ou situação. No entanto, as maiores provas da vida não são aquelas nas quais corremos, esquiamos, atiramos ou vendemos mais do que os outros. As vitórias e derrotas são apenas circunstâncias que servem como referência, mostrando-nos como estamos progredindo na verdadeira prova: o desenvolvimento do tipo de caráter que produz uma vida de excelência total.

Trata-se de uma idéia distorcida a noção de que as pessoas felizes são aquelas que conquistam uma vitória após a outra, enquanto as infelizes são as que passam pela experiência oposta. Pesquisas indicam que pessoas felizes e infelizes tendem a passar por experiências muito parecidas na vida. A diferença está na perspectiva: gente infeliz passa mais tempo pensando nos momentos desagradáveis da vida; essas pessoas se tornam introspectivas, concentradas em seus pensamentos e, portanto, na própria vida. Gente feliz, por sua vez, leva a vida sem maiores dificuldades. A visão que essas pessoas têm do mundo é positiva. As decepções e os fracassos fazem parte da jornada. Elas procuram e dependem de fatos que reforcem a perspectiva que têm da vida. Focam no que está do lado de fora e se concentram nos outros.

Tomar conhecimento de que alguém acabou de passar por uma tragédia ou alcançou sucesso pessoal não é um bom indicador do grau de satisfação em relação à vida. Pessoas que passaram por eventos similares na vida podem reagir de maneiras quase opostas. Tomemos como exemplo as promoções no emprego. Você sabia que nem todas as pessoas ficam felizes quando são promovidas de cargo? Parece meio esquisito, mas é verdade. Quem pensa positivamente fica entusiasmado quando recebe uma promoção porque isso significa novos desafios, responsabilidades e oportunidades — isso sem falar em mais recompensas financeiras. Mas as pessoas que não possuem uma perspectiva positiva, mesmo gostando do aumento salarial, resmungam diante da probabilidade de assumir novas responsabilidades e outros desafios. Elas acham que a promoção acarretará mais horas de expediente, serões noturnos e o fim de um estilo de vida que até então as satisfazia. Em um mesmo grupo de pessoas, o mesmo evento pode revelar uma grande diferença de perspectiva em relação à vida.

Quando alguma coisa decepcionante acontece a pessoas que possuem uma perspectiva positiva da vida, elas enxergam como uma exceção à regra. Para elas, a regra é que a vida é boa, uma grande aventura cheia de possibilidades e recompensas. Desse modo, quando ocorre um revés, elas o consideram uma exceção que comprova a regra: "Veja bem, o fato de ter ocorrido esse problema raro demonstra que, na maior parte do tempo, a vida é boa!".

Mas quando o mesmo revés acontece a pessoas com uma perspectiva negativa em relação à vida, elas o enxergam como uma confirmação daquilo em que sempre acreditaram: a vida é, basicamente, uma experiência decepcionante, uma cadeia de fracassos interrompida apenas por raros vislumbres de vitória. Elas crêem que tais eventos só servem para comprovar que não passam de perdedoras, destinadas a dar uma topada a cada passo que dão.

Colocando a questão de outra maneira: gente positiva não reage à vida — oferece uma resposta a ela. Responder é algo positivo, mas reagir é negativo. Pense na palavra "reacionário". Que imagem lhe vem à cabeça? É alguém intransigente, que só se coloca na defensiva, uma pessoa que revida. Mas o sujeito responsivo é aquele que se engaja, que assume o prejuízo causado pela ofensa, que prefere restabelecer a relação, e não revidar.

Os responsivos não enfiam a cabeça na terra, negando tudo. Eles reconhecem a seriedade de alguns acontecimentos da vida, mas os vêem como coisas que apenas provocam alteração de curso, e não o fim da jornada. Todo mundo sabe que a vida não é uma linha reta desde o ventre materno até a sepultura. Ela envolve uma série de ajustes, sempre mantendo o objetivo em mente. Aconteceu alguma coisa negativa? Tudo bem, vou responder a essa situação acreditando que há um propósito divino para cada ocorrência da vida e ajustando meus planos de acordo com esse propósito. Para o cristão responsivo, Romanos 8:28 é um versículo vital: "Sabemos que Deus age em todas as coisas para o bem daqueles que o amam, dos que foram chamados de acordo com seu propósito".

Seria fácil para qualquer pessoa ler esse versículo e dizer: "Eu acredito nisso. Eu creio que, quando alguma coisa acontece na vida, é porque tinha mesmo de acontecer. É como diz a música: 'O que será, será'". Outras optam por uma abordagem fatalista da vida, dizendo: "Ei, por que devo enfrentar burocracia? Sou apenas uma pessoa na beira do mar, tentando não ficar no caminho da maré do universo, que está subindo. Como ser humano, sou menor que tudo isso, e é por essa razão que prefiro não nadar contra a correnteza".

Na verdade, nenhuma dessas visões é coerente com o versículo que mencionei. Sabe a razão? Porque, para o cristão, a vida não tem nada a ver com o fatalismo. Deus é o maestro de todos os acontecimentos de nossa vida para realizar o objetivo de nos fazer crescer antes que envelheçamos. A vida não é como uma máquina de fliperama, assim como não somos aquela bolinha de prata que é atirada de um lugar ao outro. Se conhecemos a Deus, os acontecimentos de nossa vida nos sucedem depois de passar pelo crivo dos propósitos divinos — até mesmo as coisas decepcionantes, que geralmente resultam de nossas escolhas ruins.

Espero que você tenha uma perspectiva eterna que lhe permita ver tudo o que acontece na vida a partir do ponto de vista de Deus.

Otimistas incorrigíveis

A edição de março de 1988 da revista *Rotarian* falava da história de uma organização de preservação da vida selvagem que oferecia uma recompensa no valor de 5 mil dólares para cada lobo que fosse capturado vivo com o objetivo de transferir os animais para outro local. Sam e Jed aceitaram o desafio e se tornaram caçadores de recompensa. Sam estava particularmente confiante, considerando o conhecimento que ele e Jed tinham do *habitat* dos lobos, de que a dupla conseguiria ganhar muito dinheiro.

Eles passavam todos os dias e noites vasculhando o território à procura de alcatéias que pudessem capturar, mas não conseguiram encontrar nem um lobo sequer. Certa noite, exaustos depois de vários dias de procura, eles dormiram tarde perto da fogueira.

Alguma coisa despertou Sam de seu sono profundo. Erguendo o corpo e recostando sobre um dos cotovelos, descobriu que ele e Jed estavam cercados por cerca de cinqüenta lobos nervosos, que olhavam furiosos para a dupla e rosnavam com os dentes à mostra. Ele cutucou Jed com uma vara e sussurrou: "Jed! Acorde! Estamos ricos!".

Esse, meu amigo e minha amiga, é um exemplo notável de otimismo. Fale a verdade: os otimistas não são adoráveis? Eles são aqueles que gastam os últimos vinte dólares em um cofre para guardar o dinheiro que passarão a ganhar. São as pessoas que saem para perseguir a baleia Moby Dick em um barco a remo e levam um balde de molho tártaro com elas. Adoramos nos cercar de otimistas porque possuem muita energia e uma grande capacidade de enxergar possibilidades em todo tipo de situação.

Os otimistas são cheios de paixão. Eles acreditam que estão nesta terra por causa de um propósito e não têm a menor intenção de parar enquanto esse propósito não for cumprido. As atitudes dos otimistas são positivas. Sua perspectiva é para a eternidade, e o entusiasmo que demonstram é contagiante. Eles possuem um brilho que enche a mais tenebrosa escuridão com sua luz. Há um ditado no qual os otimistas acreditam de verdade: existe uma linha prateada em torno de cada nuvem negra.

Os otimistas esperam resultados favoráveis! Adoro o que Lawrence Fargher disse sobre eles: "O modo de vida norte-americano é tão cheio de bênçãos que ninguém é capaz de contar, mas a maior de todas é a existência do otimista". Há um resplendor jovial na atitude do otimista que influencia as iniciativas sociais e no mundo dos negócios. É algo que a tecnologia e a inteligência não conseguem fazer. Os otimistas constituem a mão que segura as ferramentas da possibilidade e as coloca em funcionamento enquanto todas as outras pessoas já encerraram suas atividades. Eles geram um clima de esperança e encorajamento contagiante. O brilho dos colegas de atividade se perde diante da luz da filosofia de trabalho do otimista: "É possível".

Por não ser o tipo de pessoa que fala sobre seus problemas com os outros, o otimista é considerado ingênuo por muita gente. Mas não é assim! Os otimistas não ficam negando a realidade o tempo todo. Na verdade, eles são as pessoas mais realistas que já se viu porque não rejeitam a realidade em hipótese alguma. São honestos. São aqueles que dizem:

> Tudo bem, estamos diante de algo inesperado. Nosso maior cliente não renovou o contrato. Mas, pelo menos, nossos problemas de estoque estão resolvidos, pois nosso maior fornecedor está fora dos negócios! Bem, esses são os fatos. Vejamos as oportunidades que eles nos oferecem.

Otimistas gostam muito dos fatos porque são como as peças do quebra-cabeça da vida: é preciso que todas estejam expostas para poder solucionar o problema. Os otimistas não espalham as peças na mesa com o objetivo de dizer: "Ai, pobre de mim", mas para começar a juntá-las e traçar as estratégias para o dia, a semana, o mês e o ano seguintes.

Quando você analisa com profundidade, descobre que os otimistas são pessoas felizes. Essa, pelo menos, tem sido minha experiência. O *Dicionário Houaiss da língua portuguesa* diz que "felicidade" é "qualidade ou estado de feliz; estado de uma consciência plenamente satisfeita; satisfação, contentamento, bem-estar". Acredito que felicidade é o que o otimista sente quando os resultados favoráveis esperados se tornam realidade.

Os otimistas acreditam, de fato, que o objetivo perseguido por eles será alcançado, de um jeito ou de outro. São como um artesão que trabalha com paciência em sua oficina até trazer à existência uma bela peça. São como uma criança que constrói um castelo de areia na beira do mar. São como um pai ou uma mãe que ajudam os filhos adolescentes a enfrentar esse momento confuso da vida, sabendo que os meninos encontrarão seu caminho na hora certa. São como uma pessoa que se contenta com a vida que leva e acredita na existência de um significado profundo nas realizações mais simples e nos encontros mais breves.

Espero que você seja uma pessoa otimista. Nem todos são, mas todos deveriam ser. Eu diria a você que, se deseja ter paixão na vida, não deve aderir ao pessimismo. Essa atitude drena a paixão como o frentista faz com o óleo do motor do carro. Tente viver sem lubrificar o motor da alma com o óleo da paixão e veja até onde consegue ir.

Atitude de gratidão

Há outra forma de manifestação da perspectiva de eternidade: é a gratidão.

No Texas, o jogador de beisebol Nolan Ryan, cujo nome está na Galeria da Fama, carrega uma reputação singular. Ele não é apenas um dos maiores arremessadores de todos os tempos. Também é um humilde homem de família e empresário que recebe elogios dos conterrâneos por ser uma pessoa muito realista. Ruth Ryan, esposa de Nolan, relata um caso no livro que escreveu, *Covering Home* [Cobrindo a base], que revela muita coisa a respeito da gratidão:

> Isso provavelmente aconteceu pela primeira vez no campo de beisebol da escola de Ensino Médio de Alvin, no Texas, em meados da década de 1960, e se repetiu nas três décadas posteriores. Inevitavelmente, em algum momento durante uma partida,

> Nolan se levantava do banco de reservas e vasculhava as arquibancadas que ficavam atrás da base, procurando por mim. Ao reconhecer meu rosto, ele sorria. Às vezes, balançava de leve a cabeça como se estivesse dizendo: "Aí está você. Estou feliz". Eu acenava e sorria para ele. Em seguida, ele voltava ao banco de reservas e se concentrava de novo no jogo.
>
> Era um momento bem simples, nunca registrado em livros de recordes ou históricos de carreira. Mas, de todos os momentos vividos em todos os jogos, aquele era o mais importante para mim.

Posso imaginar que as esposas de alguns homens muito ricos e famosos se sintam gratas por ganhar carros do ano, viver em mansões palacianas ou receber jóias caras dos maridos. No entanto, sinto mais firmeza no relato de Ruth Ryan, pois demonstra a realidade da gratidão nas coisas mais simples da vida. Para uma esposa, receber o olhar e o sorriso do marido, como se dissesse: "Preciso de você e estou feliz por vê-la", é uma declaração de amor muito mais poderosa. Seria mais fácil para a esposa de um atleta profissional não acompanhar a agenda de viagens do marido ou se cansar de assistir a todos os jogos. Mas a gratidão diante da idéia de ser amada e necessária era motivo mais que suficiente para Ruth Ryan "cobrir as bases" durante décadas.

A GRATIDÃO NA PRÁTICA

É mais que um clichê dizer que, quanto mais gratidão a pessoa demonstra pelas coisas que possui, mais motivos ela terá de expressar essa gratidão. Segundo o psiquiatra cristão Frank Minirth, também é verdade que, quanto mais você reclama dos problemas que enfrenta, mais motivos de reclamação terá.

O que aconteceu com as crianças, que parecem ter desaprendido a dizer "obrigado"? Hoje em dia é tão raro ouvir delas uma palavra de agradecimento que ficamos quase surpresos quando isso acontece. A "era do direito" em que estamos vivendo fez que muitas pessoas passassem a pensar da seguinte maneira: "Tenho direitos... tenho privilégios... tenho prerrogativas..." Mas será que isso é verdade? De jeito nenhum. As pessoas que perdem o senso de gratidão (ou que nunca o tiveram) viverão sempre em estado de guerra. Passam o tempo inteiro tentando reivindicar aquilo que consideram "seu direito", e com isso nunca encontram uma oportunidade para viver uma vida de paixão.

Algumas pessoas simplesmente não querem saber dessa história de gratidão. São como o fazendeiro que acordou no hospital e viu a esposa fiel ao seu lado, pronta para confortá-lo. Ele disse:

— Sabe, Martha, assim que nos casamos, uma chuva de granizo destruiu nossa colheita; mas você estava lá, ao meu lado. Dois anos depois, um relâmpago caiu sobre nosso galpão e destruiu nossa colheita; e você estava lá, ao meu lado. Algum tempo depois, quando começamos a criar gado de leite, uma doença matou todas as nossas vaquinhas; e mais uma vez você estava ao meu lado. Em todas essas situações, Martha, você esteve sempre ao meu lado.

— Sim, George, eu estava — ela respondeu.

— E agora estou aqui, doente, deitado em um leito de hospital, e com você novamente ao meu lado.

— Sim, George, eu estou.

— Quer saber de uma coisa, Martha? — ele concluiu. — Estou começando a achar que você é muito *pé-frio*.

Algumas pessoas não sabem valorizar o que têm. Li a respeito de uma menina francesa chamada Marie Thielle. Ela tinha três anos, e ganhou uma medalha de bronze por um ato de bravura. Quando o amiguinho Dennis, de dois anos, caiu em uma piscina, ela foi até a borda, puxou o menino pelo cabelo e o trouxe à superfície, salvando sua vida. Todas as pessoas, especialmente os pais de Dennis ficaram muito gratos pela demonstração de coragem e presença de espírito de Marie. Bem, quase todo mundo. "Dennis não gosta mais de mim", ela contou depois a um jornalista, "porque machucou quando eu puxei o cabelo dele".

Há pessoas hoje em dia que, em vez de demonstrarem gratidão pelo remédio que pode curá-las, reclamam do gosto. Mas isso não acontece com as pessoas cheias de paixão, pois elas optam por uma atitude de gratidão. Elas enxergam tudo na vida como dádivas que chegam a elas pelas mãos de um Deus amoroso e bondoso. Elas não negligenciam coisa alguma, e agradecem por tudo — como um sorriso e um aceno a trinta metros de distância, dentro de um campo de beisebol.

Muita gente comete um erro ao pensar que precisa ser feliz para expressar gratidão, e que, para ser feliz, precisa passar por acontecimentos "positivos" na vida. Está errado. A felicidade não é resultado de acontecimentos positivos; ela surge a partir de algo mais profundo, chamado *alegria*, independentemente do que acontece. A alegria é aquela sensação bem enraizada de que as chaves do sucesso na vida estão penduradas atrás da cortina que separa o céu da terra. Ela surge como conseqüência da noção de que "Deus tem um plano, e eu faço parte dele".

Uma das cartas no Novo Testamento é chamada "a epístola da alegria". Adivinhe onde o autor, o apóstolo Paulo, estava quando a escreveu: na prisão! Preciso dizer mais? Se você pode encontrar a alegria atrás das grades, também pode senti-la quando acaba o combustível do automóvel, quando perde o emprego, quando um grande amigo lhe abandona e até quando fica doente.

Algumas pessoas olham para mim com estranheza quando digo isso, mas senti a alegria mais profunda que vem apenas de Deus mesmo nos dias mais sombrios de luto depois da morte de nossa filha amada, Suzan. Minhas lágrimas não diminuíram minha paixão, pois está enraizada na gratidão a um Deus que tem um plano para minha vida. Em vez de me revoltar por Suzan nos ter sido tirada, sou grato pelo tempo que pudemos viver com ela.

Pessoas gratas são pessoas felizes, mas as mais felizes são aquelas que sentem a alegria que só pode surgir de um relacionamento íntimo com Deus.

Atitude é altitude

Não há palavras suficientes para enfatizar o impacto da atitude na jornada rumo à alta performance. A atitude é uma perspectiva mental — um quadro que se forma na mente. É a maneira como você pensa baseada naquilo que você sabe ser verdade. É um reflexo de sua fé, um sinal de sua convicção de que a vida não se limita a você nem à sua felicidade ou ao seu sucesso. Ela tem a ver com Deus e o plano divino para sua jornada neste mundo.

Quero esclarecer uma coisa antes de encerrar este capítulo: não estou falando sobre uma atitude positiva inventada, fabricada, feita para impressionar ou mesmo manipular as pessoas — incluindo você. A atitude de que estou falando não pode ser invocada de uma hora para a outra. Tem a ver com aquilo de que você se abastece, e que se revela instantaneamente quando alguma coisa aparece no meio do caminho da vida. É parte integral de seu ser.

Se sua atitude é negativa, você precisa mudar por dentro, no coração, para substituí-la. Não se preocupe, você não precisa se submeter a nenhuma operação. Deus é o cirurgião cardíaco que pode proporcionar um novo coração. Ele não conserta os corações antigos; prefere substituí-los por novos, cheios de amor, alegria, paz, paciência, amabilidade, bondade, fidelidade, mansidão e controle pessoal (cf. Gl 5:22-23). Se você nutrir todas essas características em sua vida, tal atitude abrirá o espaço perfeito para que a paixão nasça e permaneça viva, conduzindo à alta performance. É para alcançá-la que Deus criou você.

Além disso, essa atitude será autêntica, cativante, humilde e engajada, e não algo que você precise encher de ar todas as manhãs, como o balão de Steve Fossett. Em sua vida e na minha, meu amigo e minha amiga, a atitude corresponde à altitude. É tudo de que precisamos para nos manter acima da desordem que está acontecendo lá embaixo.

Analise sua perspectiva. Analise sua atitude. A esta altura do livro, espero que tenha aguçado o apetite de sua paixão para uma vida de excelência total. Até porque está na hora de começar a deixar a paixão fazer o que lhe cabe: ser o combustível que nos impulsiona à alta performance! Voltaremos a nos encontrar na Parte 2: "Alta performance para uma vida de excelência total".

PARTE 2

ALTA PERFORMANCE PARA UMA VIDA DE EXCELÊNCIA TOTAL

6 Planeje com paixão

Planeje com antecedência; ainda não estava chovendo quando Noé construiu a arca.

Richard Cushing

Como já disse um educador notável, os norte-americanos geralmente gastam tanto tempo em coisas urgentes que não sobra nada para gastar nas que são importantes.

Gustav Metzman

Faça planos tão fantásticos quanto quiser, pois, daqui a 25 anos, eles parecerão medíocres. Faça planos dez vezes maiores do que o plano original, e daqui a 25 anos estará se perguntando por que não os fez cinqüenta vezes maiores.

Henry Curtis

Eu e você não devemos reclamar se nossos planos não funcionaram, desde que tenhamos feito a nossa parte. Isso provavelmente significa que os planos Daquele que sabe muito mais do que nós se cumpriram.

Edward E. Hale

Não dá para atravessar uma ponte antes de se chegar a ela; mas eu gosto sempre de me antecipar, construindo um pontilhão.

Bernard M. Baruch

Planejar é trazer o futuro para o presente de modo que você possa fazer alguma coisa sobre ele agora mesmo.

Alan Lakein

Na edição de setembro de 1992 do boletim de sua organização, o dr. James Dobson contou uma história que ilustra uma tensão com a qual todos precisamos conviver.

Certa vez, o famoso arquiteto Frank Lloyd Wright relatou um incidente que poderia parecer insignificante para o observador comum, mas que o influenciou profundamente pelo resto da vida. Quando tinha nove anos, durante o inverno, o jovem Frank resolveu caminhar por um campo coberto de neve com um tio muito discreto e pragmático. Quando os dois chegaram ao fim do campo, o tio parou e deu a volta. Apontou para as pegadas que havia deixado na neve, tão retas e precisas quanto o vôo de uma flecha, de um extremo ao outro do campo. Em seguida, ele apontou para as pegadas deixadas pelo jovem Frank, formando uma linha sinuosa. "Repare como suas pegadas vagueiam errantes da cerca até o gado pastando, depois até as árvores e volta para o mesmo lugar", ele disse. "Veja também como minhas pegadas formam uma linha reta na direção de meu objetivo. Há uma lição muito importante a se aprender com isso".

Anos depois, quando Frank já se tornara um arquiteto de renome internacional, ele gostava de explicar como aquela experiência havia contribuído muito para sua filosofia de vida: "Naquele momento", ele dizia, com um brilho nos olhos, "tomei a decisão de não perder a maioria das coisas na vida, como meu tio perdeu".

Assim, qual dos dois foi o mais sábio? Foi o tio, que se concentrava em seu objetivo, sem permitir que nada o tirasse do rumo certo? Ou foi o jovem Frank, que optou por uma abordagem da vida mais criativa e impulsiva, focando mais na jornada do que no destino?

A resposta é... os dois tinham razão! O tio estava focado em um objetivo e assumira o compromisso de não permitir que coisa alguma o desviasse da trilha. Sabia que a menor distância entre o ponto onde estava e o ponto aonde queria chegar era uma linha reta. O jovem Frank, por sua vez, adorava a jornada. Ele estava ansioso por atrasar, tanto quanto lhe fosse possível, a chegada ao fim do campo, pois queria experimentar tudo quanto encontrava no caminho. Na verdade, ele jamais poderia chegar ao fim do campo se não acompanhasse o tio.

Há um certo tipo de tensão na vida com o qual todos temos de lutar: como descobrir o meio-termo (ou equilíbrio) entre a perseguição rígida dos objetivos e a flexibilidade. Como podemos saber qual é o momento certo de retardar a realização do objetivo, ou mesmo de fazer uma mudança radical de destino, de modo a tirar vantagem das oportunidades que não antevemos no início da jornada?

Neste capítulo, falaremos sobre como planejar com paixão. Não há sentido em ter paixão na vida se ela não for colocada em prática. É como encher o tanque de combustível com a melhor gasolina do mercado e, em seguida, guardar o carro na garagem. O conceito mais amplo de alta performance pressupõe a existência de alguma coisa que você deseja fazer, algum lugar aonde pretende chegar em sua vida. E isso sugere a necessidade de saber planejar e se manter suficientemente flexível para ajustar seu plano quando for preciso.

A vida é uma jornada

Todas as pessoas verdadeiramente bem-sucedidas que conheci na vida — e por "bem-sucedidas" não me refiro ao sucesso de acordo com os padrões do mundo — acreditam que o sucesso é um processo e que a vida é uma jornada. Elas não acham que o sucesso seja definido pela prosperidade material, pela conquista de algum cargo importante ou pela entrada em determinado grupo fechado. Em vez disso, elas crêem que o sucesso é uma maneira de viver que glorifica a Deus e proporciona contentamento e paz a si mesmas.

Quando se trata de planejamento, essas pessoas submetem todos os seus planos a Deus e pedem a ele que guie seus passos. O homem mais sábio que já viveu, o rei Salomão, escreveu provérbios que apóiam essa noção de sucesso. Aqui estão, na versão *Nova tradução na linguagem de hoje*:[1]

> As pessoas podem fazer seus planos, porém é o SENHOR Deus quem dá a última palavra.
>
> Provérbios 16:1

> Peça a Deus que abençoe os seus planos, e eles darão certo.
>
> Provérbios 16:3

> A pessoa faz os seus planos, mas quem dirige a sua vida é Deus, o SENHOR.
>
> Provérbios 16:9

Minha maneira de resumir esses três versículos é esta: "Faça seus planos, mas não esqueça que é Deus quem está no comando". Aqui está outra passagem bíblica que ilustra esse princípio a partir de uma perspectiva prática:

> Ouçam agora, vocês que dizem: "Hoje ou amanhã iremos para esta ou aquela cidade, passaremos um ano ali, faremos negócios e ganharemos dinheiro". Vocês nem sabem o que lhes acontecerá amanhã! Que é a sua vida? Vocês são como a neblina que aparece

[1] Barueri: Sociedade Bíblica do Brasil.

> por um pouco de tempo e depois se dissipa. Ao invés disso, deveriam dizer: "Se o Senhor quiser, viveremos e faremos isto ou aquilo". Agora, porém, vocês se vangloriam das suas pretensões. Toda vanglória como essa é maligna.
>
> Tiago 4:13-16

A partir do momento em que nos tornamos tão arrogantes a ponto de acharmos que nossos planos são infalíveis, é provável que nossa performance inicie uma tendência de queda, saindo da classificação de "alta" para "baixa". Certa vez, alguém disse: "Se você quer ver Deus rindo, conte a ele seus planos". Deus não ri por zombaria. Ele o faz porque sabe o que o futuro reserva, e nós não. Se pudéssemos ver o futuro tão bem quanto ele, provavelmente riríamos também.

Pessoas de sucesso — aquelas cuja performance continua sempre no topo — são as que aprenderam a se manter alertas e, ao mesmo tempo, flexíveis o tempo todo. Elas estão dispostas a se manter flexíveis e mudar os planos, se necessário, porque acreditam que, ao submetê-los a Deus, terão seus passos dirigidos por ele.

Não adie a viagem

Conheci algumas pessoas cheias de boas intenções. Há milhões de coisas na vida que desejam fazer, mas nunca tomam a iniciativa. Parte dessa passividade tem a ver com a preguiça, mas acredito que, na maioria dos casos, o problema é o medo — medo do fracasso; medo de não fazer um bom planejamento que cubra todas as contingências ao longo da jornada; medo de que, ao chegar ao destino, elas encontrem um cenário diferente daquele que esperavam quando começaram a empreender a viagem. Com isso, elas adiam a jornada pela vida inteira porque nunca conseguem planejar tão bem a ponto de remover todos os riscos.

As melhores férias que nossa família já tirou quando meus filhos ainda estavam crescendo foram aquelas que tinham um objetivo e uma direção geral — por exemplo, ir à Califórnia para aproveitar a Disneylândia —, mas abriam espaço para passeios paralelos, excursões, desdobramentos e atrasos. E se, no caminho do Texas à Califórnia, decidíssemos sair do itinerário e visitar o Grand Canyon? E se resolvêssemos sair da Disneylândia um dia antes para visitar o famoso zoológico da cidade de San Diego? Podíamos ficar sentados em casa e nunca iniciar nossa jornada por medo de que nossos planos fossem alterados; ou, então, estabelecer nossa meta, colocar as roupas e outros recursos na mala e se permitir um pouco de diversão ao longo do caminho.

Joe Sabah escreveu: "Você não precisa ser notável para começar, mas precisa começar para ser notável um dia". É isso mesmo! Muita gente quer esperar até que tudo esteja perfeito — todos os possíveis imprevistos tenham sido eliminados — antes de começar. Mesmo nas atividades mais complicadas da vida (por exemplo, durante uma cirurgia no cérebro ou um vôo espacial), os imprevistos fazem parte do processo. Os médicos não têm como saber com 100% de certeza o que encontrarão enquanto estiverem operando. E os engenheiros da Nasa, como várias tragédias nos mostraram, não podem ter certeza absoluta de que tudo correrá exatamente como planejado nas missões espaciais. No entanto, nenhum deles permite que esses fatores desconhecidos os impeçam de começar.

Só conheço uma maneira garantida de nunca chegar ao melhor de sua performance, e se chama "nunca começar"!

Quando o salmista afirma, no Antigo Testamento, que "a tua palavra é lâmpada que ilumina os meus passos e luz que clareia o meu caminho" (Sl 119:105), você precisa se lembrar do que isso significava naquele tempo. As lâmpadas da época eram pequenos objetos de barro cheios de azeite e um pavio que produzia uma luz equivalente à de uma vela moderna. Quanto de seu caminho você acha que uma lâmpada daquelas era capaz de iluminar? Só mesmo o suficiente para permitir à pessoa dar um passo a mais em uma noite muito escura.

Queremos uma lâmpada com a mesma capacidade de um milhão de velas para iluminar nosso caminho. No entanto, onde fica a fé nesse caso? Se você pode enxergar todas as curvas da estrada à sua frente e sabe o que se esconde atrás de cada uma delas, qual o interesse que terá em fazer a jornada? Você já saberia de tudo quanto estivesse por acontecer antes mesmo de começar a viagem. Por isso, não precisaria de nem um pouco de criatividade, coragem ou desenvoltura.

As pessoas que perseguem a excelência total sabem que a vida é uma jornada, não um destino. Elas não precisam ver toda a estrada iluminada para começar a empreender a viagem. Só precisam enxergar o suficiente para dar o primeiro passo, depois mais um, e mais outro...

Não calcule a jornada

Mais adiante, neste livro, você lerá a respeito de Charles Goodyear, o homem que descobriu o processo para transformar a borracha em um produto adaptável à aplicação comercial. O problema foi que ele morreu antes de ver sua descoberta reconhecida e difundida. No entanto, graças à descoberta que ele fez durante anos de jornada, você e eu podemos dirigir carros que usam pneus de borracha.

Se tornarmos o destino mais importante que a jornada, talvez nunca comecemos por medo de não alcançá-lo; ou, então, podemos atingir o fim da vida com o coração em pedaços pelo fato de temos chegado tão perto, mas nunca aonde queríamos. Já falei a respeito de George Washington Carver. Sua jornada foi a da descoberta dos segredos da natureza. Ele poderia se considerar satisfeito se, ao fim da vida, tivesse inventado apenas três produtos a partir do amendoim, em vez de criar trezentos. Mas não foi isso o que aconteceu, pois seu plano era o de iniciar uma jornada, e não terminá-la.

Pense sobre Noé, no Antigo Testamento. Ele não fazia planos de se tornar construtor de barcos. Na verdade, o plano divino provavelmente pareceu bastante improvável para Noé. Nunca havia chovido, portanto ninguém sabia direito o que era um dilúvio nem poderia imaginar que fosse acontecer. Trata-se daquilo que, hoje em dia, chamamos de "planejamento de longo prazo". Mesmo assim, Noé não se intimidou. Ele começou a trabalhar na mesma hora, e quando o dilúvio chegou, ele e a família foram salvos.

Às vezes, faz sentido mergulhar de corpo inteiro na paixão e na impulsividade para começar a jornada. Considerando que o mais importante da vida é a jornada, e não o destino, a realização pessoal se dará ao longo do caminho. O fato de você alcançar o destino por antecipação ao fim da jornada é quase irrelevante. A contribuição que você oferece enquanto está trilhando o caminho é o que importa. Você pode passar o bastão a outros que o conduzirão até a linha de chegada. De qualquer forma, seu nome será lembrado por sua paixão, sua persistência e sua produtividade.

Você não acha que Noé enfrentou alguns opositores enquanto estava construindo a arca? Mais uma vez, quero lembrar que nunca havia chovido. A idéia de água caindo do céu e cobrindo toda a terra parecia irracional aos amigos de Noé. Mas ele seguiu em frente. E você deve fazer a mesma coisa. Se der ouvidos às pessoas que são "do contra" — "Saindo daqui, você nunca conseguirá chegar lá!" —, talvez jamais coloque seu plano em ação.

Outra razão pela qual não é bom calcular sua jornada é porque cada pessoa tem um ritmo diferente. (Tanto os leopardos quanto os caracóis conseguiram chegar à arca a tempo.) E alguns planos levam mais tempo que outros para dar resultado. O importante é começar a jornada e permitir que ela se desdobre de acordo com o tempo de que você dispõe e com o ritmo que Deus determinar. Se a trilha que você está seguindo é a que Deus tem para sua vida, você não chegará cedo ou tarde demais — apenas realizará exatamente aquilo que ele deseja.

E não espere até se tornar um especialista para só então dar início à viagem. Se você sabe o suficiente para dedicar oito horas por dia à sua jornada, então já sabe o necessário para começar. Nas primeiras oito horas, você aprenderá algumas coisas que serão muito úteis para usar no dia seguinte. Lembre-se: se você não for até onde a luz de sua lâmpada alcança, então não deve reclamar por falta de iluminação para chegar ao fim. Nós nos tornamos especialistas da mesma maneira que alcançamos a excelência total: exercendo a fé, tomando a iniciativa, aprendendo ao longo do caminho e seguindo em frente com firmeza e propósito, cheios de expectativas e esperanças.

Planejamento com paixão

Quando você combina paixão com planejamento, coisas boas acontecem! Na verdade, há sete benefícios que eu gostaria de destacar.

1. Você continuará focado em Deus

Sei que se trata de uma suposição de minha parte — a de que você crê em Deus e submete seus planos a ele. Esse é um fator tão fundamental em minha maneira de viver que eu o coloco em primeiro lugar de minha lista, e incentivo você a fazer a mesma coisa.

Veja bem, planejamento exige um olhar na direção do futuro. Na melhor das hipóteses, em um dia claro, consigo enxergar até mais ou menos oitocentos metros, o que não me levará muito longe. Não tenho uma bola de cristal. Como posso planejar o futuro se não consigo ver o que está por acontecer? Preciso, portanto, confiar em Deus. Sou um homem simples, e não um cientista espacial, e preciso de respostas que funcionem. Entregar meus planos nas mãos de Deus me ajuda a mantê-lo na linha de frente de minha vida, na medida em que ele é meu parceiro no objetivo de alcançar a excelência total.

2. Você viverá sem medo

Este tópico, naturalmente, é uma seqüência natural do primeiro. O medo tem tudo a ver com o futuro, ou seja, a incapacidade de saber o que ele nos trará. Se confio meu futuro a Deus, que sabe o que está por acontecer, e se creio que ele é bom (o que, de fato, é), então não há razão para temer o futuro. Se meus planos saírem dos trilhos ou mudarem, sei que Deus tem uma razão para permitir que isso aconteça. Prefiro mudar meus planos com a bênção divina do que realizá-los sem a aprovação de Deus.

3. Você receberá inspiração

A inspiração é estímulo, e o planejamento com paixão permite que você sinta mais energia para alcançar suas metas. Lembre-se do seguinte: a paixão que existe dentro de você é igual ao combustível que abastece o carro. A vida com excelência total não pode ser vivida sem paixão; do mesmo modo, a alta performance não pode ser alcançada sem esse combustível. É por essa razão que é tão importante descobrir sua paixão nesta vida.

4. Você se esforçará

A longo prazo, sou totalmente a favor do equilíbrio nessa vida. Você precisa comer bem e dormir o bastante. Mas haverá momentos nos quais terá de fazer um esforço extra para tornar seus sonhos uma realidade. Se você tem aversão ao trabalho duro, não acredito que um dia chegará à excelência total. Quando a pessoa possui uma paixão e faz planos para torná-la uma realidade, ela trabalha duro até alcançar esse objetivo. Descobri, ao longo dos anos, que não há sucesso mais gostoso do que aquele alcançado por meio do trabalho duro. Na verdade, parece uma espécie de corolário: quanto mais eu me esforço para colocar um plano em prática, mais doce é o sabor do sucesso quando o alcanço.

5. Você considerará o fracasso uma parte natural de seu aprendizado

Todo mundo já ouviu várias histórias a respeito de Thomas Edison e a invenção da lâmpada incandescente; de como ele errou mil vezes antes de descobrir um filamento que funcionasse de fato. Ele importou materiais de todas as partes do mundo na tentativa de encontrar algum que não queimasse. Quando um não funcionava, ele simplesmente o tirava da lista e prosseguia com o material seguinte. Eu consigo imaginar como o entusiasmo dele crescia a cada tentativa frustrada por saber que estava chegando cada vez mais perto de algo que realmente funcionaria. Dizem que, quando seu laboratório pegou fogo e foi consumido pelas chamas, ele pediu que um de seus assistentes chamasse a sua esposa desta maneira: "Avise a ela para se apressar! Ela nunca mais verá um incêndio tão grande assim!". Edison ficou entusiasmado até quando seu laboratório pegou fogo!

Foi o próprio Edison quem afirmou: "Muitos fracassos acontecem na vida porque as pessoas não percebem quão perto estão do sucesso quando resolvem desistir".

6. Você manterá a esperança viva

Foi a paixão de Winston Churchill por seu país amado que manteve a esperança da nação viva quando Londres foi bombardeada pelos alemães. Enquanto os cidadãos, apavorados, se amontoavam nos porões e nas galerias do metrô em busca de abrigo, eles podiam ouvir a voz de Churchill no rádio, encorajando-os a não perder a esperança e fazendo-os acreditar que seriam vitoriosos se não desistissem ali. A cidade estava praticamente arruinada, mas os ingleses ainda não haviam sido vencidos.

O nível de esperança que você manifesta na hora de perseverar diante dos obstáculos se torna a medida de sua paixão. Ao planejar, você deve levar em consideração os momentos de desânimo, fracasso e dificuldade, pois não há como evitá-los. Ao mesmo tempo, mantenha firme o plano de não desistir.

7. Você alcançará o potencial concedido por Deus

Quando falamos sobre a vida com excelência total, estamos nos referindo à vida que Deus imaginou para você. A essa altura, você já sabe que eu acredito nisto: Deus nos criou para viver de uma maneira que talvez só pudéssemos conceber em sonhos. Não há limites para seu potencial! Quando você submete seus planos a Deus e é tomado pela paixão que só ele pode conceder, a expectativa não pode ser outra senão a de alcançar alta performance; e é isso mesmo que receberá.

Não estamos falando de ganhar 1 milhão de dólares ou de se tornar presidente (embora isso possa acontecer). Estamos falando sobre a pessoa saber, no fundo do coração, que está fazendo aquilo para o que foi destinada. Você fica feliz, os outros são abençoados e Deus é honrado. Isso significa alcançar o potencial concedido por Deus e viver uma vida de excelência total.

As dinâmicas do planejamento estratégico

Chamo os quatro tópicos a seguir de "dinâmicas", em vez de "passos", porque são mais amplos do que meras etapas. Eles permeiam o processo de planejamento do início ao fim. Não há um momento sequer durante a execução de seus planos (desde o sonho até a chegada ao destino) no qual você deixa de passar por todas essas quatro dinâmicas.

1. Tenha fé

Para mim, isso significa fé em Deus por intermédio de Jesus Cristo. Para você, pode se resumir a confiança pessoal. Mas é preciso ter fé durante os estágios de planejamento, execução, enfrentamento de obstáculos e reveses e risco de desistência.

2. Aja

A partir do momento que você pára de agir, tudo o que diz respeito a seu plano pára junto. Até a reflexão da mente é um tipo de ação. A oração é ação. A busca de aconselhamento é ação. Tirar um fim de semana de folga é ação. Certifique-se de que alguma coisa esteja acontecendo o tempo todo na jornada rumo à realização de seus planos.

3. Aprenda na medida em que prossegue

Este tópico pode ser resumido da seguinte maneira: aprenda com seus erros e fracassos. Nunca existiu um plano humano perfeito, e nunca existirá. A lâmpada elétrica de Edison foi um bom começo, mas até hoje essa invenção continua sendo aprimorada. A vida é uma sala de aula; só aqueles que se dispõem a aprender a vida inteira conseguem um dia ensinar.

Nucor Steel é um exemplo de empresa que prosperou quando muitas outras companhias siderúrgicas dos Estados Unidos fechavam as portas. Eles aprenderam como produzir o aço em um novo tipo de fábrica situada em novas partes do país e usando um novo tipo de operário. Eles romperam com o jeito centenário de produzir aço ao usar a criatividade — e o fizeram enquanto o aço estrangeiro começava a levar outras siderúrgicas à falência. Eles trilharam um caminho novo — fizeram algo que nunca havia sido feito antes na indústria — e, com isso, sobreviveram e alcançaram o sucesso. Quem aprende, prospera.

4. Preserve sua esperança

Caso você não tenha disposição para lutar por seus planos do início ao fim, então não há razão para especular se ele deveria ou não ter sido colocado em prática. Se você deseja ver esta dinâmica (e as outras quatro) em funcionamento durante determinado período, leia a história de Abraão e Sara no Antigo Testamento. Deus prometeu a Abraão que ele se tornaria pai de um povo tão numeroso quanto a areia da praia. Mas o patriarca não tinha filhos e tanto ele quanto Sara eram idosos — tinham 99 e 90 anos de idade, respectivamente. Acontece que eles tiveram um filho, a quem Deus mandou matar como oferecimento de um sacrifício. Isso acabaria com o plano. Mas o fato de a nação judaica existir hoje em dia significa que o plano foi bem-sucedido. (Leia essa história em Gênesis 12-22 e em Hebreus 11:8-19 para ver como isso foi possível.)

Não importa qual seja seu plano — perder peso, parar de fumar, iniciar um negócio ou um ministério, voltar à faculdade —, você precisará manter essas quatro dinâmicas vivas ao longo do processo. E, se o fizer, então alcançará o sucesso.

Planejamento realista

O marido de Linda Burzynski participou de um dos seminários de minha empresa em Dallas, e ela acabou recebendo um marido novo de volta. Ela ficou tão impressionada com as transformações que viu na vida de Victor que decidiu promover algumas mudanças na própria vida também. Ela estava esperando o primeiro bebê e queria se tornar a melhor pessoa e melhor mãe que pudesse. Conforme estudava o material do seminário que Victor levara para casa, ela descobriu possuir um potencial que jamais havia imaginado. Foi uma experiência fascinante para ela.

De repente, ela estava vivendo (1) uma *nova fé*. Linda começou a (2) *agir*, e diz que (3) *continua aprendendo* até hoje. As mudanças operadas em sua vida lhe proporcionaram a capacidade de (4) *perseverar com esperança* quando chegam os momentos de desânimo. Aqui estão algumas das mudanças impressionantes que Linda começou a promover em sua vida:

1. Relacionamentos

Ela passou a estabelecer relacionamentos com outras mulheres que estavam buscando o melhor de Deus para sua vida. Linda viu sua fé crescer conforme se cercou de pessoas que perseguiam os mesmos objetivos.

2. Estabelecimento de objetivos

Linda começou a usar ferramentas simples para o estabelecimento de metas. Em seguida, ela passou a se valer de métodos mais avançados que a ajudavam a mensurar os progressos que desejava fazer. É da natureza humana se deixar nivelar por baixo na falta de uma referência. E Linda se recusava a proceder dessa maneira, uma vez que já havia experimentado uma mudança.

3. Gratidão

Linda começou a usar o início e o fim de cada dia como períodos dedicados à reflexão a respeito das bênçãos recebidas, à oração, ao estudo da Bíblia e à elaboração de mensagens de gratidão para enviar aos amigos. Ela descobriu que era muito mais fácil manter a atitude positiva quando tinha tempo para se conscientizar de todas as coisas pelas quais devia ser grata.

4. Doação

Linda e Victor começaram a entregar 10% de sua renda à igreja que freqüentavam e a outras instituições que estavam fazendo uma grande diferença na vida das pessoas. O princípio do plantio e da colheita se comprova cada vez mais na vida daqueles que doam parte de seu tempo, de seu talento e de seu dinheiro a outros menos afortunados. Além disso, é difícil uma pessoa reclamar de sua situação quando está o tempo todo exposta à realidade de pessoas que possuem necessidades muito maiores e mais urgentes.

Linda Burzynski desenvolveu a fé, agiu, continua aprendendo e perseverou com esperança e o desejo de agradar a Deus. Como resultado dessa postura, seu plano de viver com excelência total está dando certo.

Se você aprender as disciplinas do planejamento com paixão, começará a acelerar o processo de desenvolvimento que conduz à alta performance. Caso planeje alcançar o sucesso e confiar na orientação de Deus para a execução de seu plano, você também viverá a vida com excelência total.

7 Estabeleça metas

Sou apenas uma pessoa; mas continuo sendo uma pessoa. Não posso fazer tudo, mas ainda posso fazer alguma coisa. Não me recusarei a fazer aquilo de que sou capaz.

Helen Keller

Se você tentar caçar dois coelhos, ambos escaparão.

Provérbio

Estabelecer um objetivo não é o principal. O mais importante é decidir como alcançá-lo e manter esse plano.

Tom Landry

Mire o céu e você ganhará a terra. Mire a terra e não ganhará nenhum dos dois.

C. S. Lewis

Florence Chadwick tinha bastante afinidade com o conceito de estabelecimento de objetivos. Nadadora norte-americana, ela foi a primeira mulher na história a nadar os 41 quilômetros do canal da Mancha, que separa a França da Inglaterra (em 1950). Um ano depois, ela nadou a mesma distância no sentido inverso. Em 1954, ela tentou, sem sucesso, ser a primeira pessoa a atravessar a nado o lago Ontario.

Entre os sucessos que obteve na travessia do canal da Mancha e o fracasso no lago Ontario, Florence estabeleceu outro objetivo inacreditável: ser a primeira mulher a nadar os 38 quilômetros que separam a Ilha Catalina da costa oeste da Califórnia. Na manhã de 4 de julho de 1952, o oceano entre a Catalina e a Califórnia estava coberto pelo nevoeiro. Florence mal conseguia ver os barcos que a acompanhavam, responsáveis por manter os tubarões a distância. A fadiga nem era o problema maior; mais complicado era enfrentar a baixíssima temperatura da água. Depois de quinze horas nadando sem parar, ela sucumbiu à temperatura da água e pediu para ser puxada para dentro de um dos barcos. A mãe, que também era sua treinadora e a acompanhava a bordo de um barco, insistiu para que ela prosseguisse, pois estavam se aproximando da costa. Florence não conseguia ver nada além do nevoeiro; podia estar a duzentos metros ou a dois quilômetros da costa.

Ela foi tirada da água gelada. Estava com muito frio e cansada demais para seguir adiante. Mais tarde, ela percebeu que estava a apenas um quilômetro de completar a travessia e alcançar seu objetivo. Quando viu quão perto estava quando desistiu, ela comentou: "Não estou tentando me desculpar, mas se eu tivesse visto a costa, teria conseguido!". Em última análise, não foi a distância nem o frio que a fizeram desistir: foi o nevoeiro. *Quando Florence Chadwick perdeu de vista seu objetivo, ela também perdeu a disposição para continuar.*

Aqui está a conclusão da história: dois meses depois, em um dia claro, sem nevoeiro, ela completou a travessia, estabelecendo um novo recorde de velocidade para a distância entre Catalina e a Califórnia. A mesma ilha, a mesma costa, a mesma distância, as mesmas águas. A única diferença entre a vitória e a derrota foi a capacidade de enxergar seu objetivo.

Conto essa história porque ela é como um prisma: reflete muitas verdades no que diz respeito ao estabelecimento de objetivos. Gostaria de compartilhar quatro dessas verdades com você.

1. Descubra qual é o objetivo

Não há limite para a quantidade e a variedade de objetivos que podemos estabelecer em nossa vida. Florence Chadwick procurava coisas que ainda não haviam sido realizadas em sua área de especialidade. Foi a primeira mulher a atravessar o canal da Mancha em ambas as direções, a primeira a tentar atravessar o lago Ontario, a primeira a nadar da ilha Catalina à costa da Califórnia. O estabelecimento desses objetivos a forçou a continuar se desenvolvendo como nadadora.

2. Supere os obstáculos

Há também muitos fatores que podem nos desviar do caminho rumo ao cumprimento de nosso objetivo. Precisamos estar bem informados e preparados para não sermos surpreendidos quando os obstáculos surgirem. É provável que jamais tenha passado pela cabeça de Florence Chadwick que o nevoeiro a impediria de alcançar sua meta.

3. Não perca seu objetivo de vista

Revisões contínuas e análises regulares de progresso pessoal são fundamentais. Quando perdemos o objetivo de vista ou alguma coisa inesperada obstrui nossa visão, acontece algo de ordem emocional. Não perder a visão do objetivo, tanto em termos literais quanto emocionais, é uma maneira de manter a energia em níveis elevados.

4. Estabeleça um objetivo razoável

Em quarto lugar, objetivos podem ser alcançados mesmo quando fracassamos pela primeira vez. Há uma diferença entre atravessar a nado a distância entre Catalina e a Califórnia e tentar esse feito pela primeira vez. Quando a pessoa deixa de definir cuidadosamente o objetivo, ela pode perder o ânimo, no caso de um fracasso. É possível até que nem tente novamente. Felizmente, a meta de Florence Chadwick era fazer a travessia, e não a de atravessar já na primeira tentativa. Isso permitiu a ela tentar novamente e ser bem-sucedida.

O PODER DE UM QUADRO

As pessoas que estabelecem um objetivo são como pintores de quadros. São artistas da vida; usam tela, pincel e tintas para criar imagens daquilo que desejam que a vida seja. Mas elas não pintam quadros, no sentido literal; pintam quadros mentais, espirituais e emocionais. Criam imagens de como a vida seria diferente se fizessem isso ou aquilo, e são essas imagens que as inspiram a estabelecer um objetivo e persegui-lo.

É muito comum essas pessoas que estabelecem objetivos pegarem a imagem que criaram e transformá-la em texto. Elas descrevem, nas próprias palavras, como a vida será quando elas alcançarem seu objetivo. Esse quadro verbal se torna uma ferramenta em suas mãos. Elas podem revisar, emendar e ampliar enquanto trabalham para a realização daquele objetivo.

O poder de um quadro literal fez a diferença no cumprimento de um objetivo que frustrou durante muitos anos. Por muito tempo, eu cheguei a pesar mais de 90 quilos — peso demais para minha altura. Fiz os mais diversos tipos de dieta. De tempos em tempos, perdia um bocado de peso, mas voltava a engordar logo depois. Mais tarde, descobri que o problema era com o quadro que eu estava pintando em minha mente.

Quando minha filha mais nova estava com mais ou menos cinco anos, eu a incentivava a me chamar de "Gorducho". Isso aconteceu há 45 anos, e eu não sabia, na época, o que sei agora sobre o poder dos quadros. Achava que, ao incentivar minha filhinha a se referir a mim como "gordo", eu me sentiria motivado a perder peso. Mas isso não funcionou. Tudo quanto fiz foi reforçar, em minha mente, o quadro que eu fazia de mim mesmo e detestava: o Zig Ziglar obeso. À medida que mantivesse diante de mim o quadro mental de uma pessoa gorda, seria assim que eu me veria. Poderia fazer todas as dietas do mundo e não adiantaria nada.

As coisas mudaram quando deparei com um novo quadro pessoal para substituir a figura obesa que havia se alojado em minha mente. Eu estava no consultório de um médico e vi um anúncio de revista mostrando um modelo masculino usando uma cueca do tipo *jóquei*. A maioria das pessoas sabe que as cuecas desse modelo são muito justas, e não costumam ser usadas por homens gordos. De fato, o modelo no anúncio que vi era (como você pode imaginar) forte e esbelto. Eu e ele tínhamos corpos relativamente parecidos; a única diferença é que eu tinha quase 20 quilos a mais. Não era uma figura das mais elegantes.

Assim, arranquei aquela página da revista e colei no espelho de meu banheiro, onde eu tinha certeza de vê-la várias vezes por dia. Comecei a visualizar como meu corpo seria se eu fosse tão esbelto e forte quanto o homem do anúncio. Eu me convenci de que era possível ter a mesma aparência. De fato, eu ficaria muito parecido com ele se perdesse apenas o peso extra que estava carregando. Por isso, comecei a fazer exercícios. Aquela imagem se tornou meu objetivo.

Tendo aquela figura em mente, estabeleci alguns objetivos paralelos: comer com moderação e me exercitar com regularidade. E — *voilá!* — nos meses seguintes, perdi os 17 quilos que faziam de mim o "Gorducho". Isso foi em 1972 e 1973, e até hoje me mantenho com apenas dois quilos a mais em relação àquele peso. Os exercícios e treinamentos com peso que fiz transformaram a gordura em músculos, e desde então sou uma pessoa muito saudável. Aos 74 anos, quando fiz meu último teste de esforço, fiquei na esteira por mais tempo do que era capaz quando tinha 45, era obeso e estava completamente fora de forma.

Nada daquilo aconteceu antes que o quadro em minha mente mudasse. Depois que meu corpo assumiu a forma que eu desejava, não precisava mais de um quadro de outra pessoa para me manter motivado. Posso ver esse quadro a qualquer momento que quiser; basta olhar no espelho! Continuo disposto a manter a saúde porque o fato de alcançar o sucesso em meu objetivo me deixou à vontade e motivado.

Em outra ocasião, há muitos anos, eu e meu filho estávamos jogando golfe em um clube perto de casa. Em um dos buracos, eu estava me preparando para dar a tacada inicial, mas não me preocupei em posicionar os pés corretamente. Atingi a bola com força, mas sem direção. Ela ultrapassou a cerca do gramado e foi parar fora dos limites. Fiz a marcação de minha falta e me preparei para uma nova tacada. Dessa vez, fiquei na posição correta e anunciei que de maneira alguma voltaria a mandar outra bola para além dos limites.

Qual era o quadro formado em minha mente naquele momento? Dar a tacada além dos limites ou lançá-la no meio do gramado? Minha nova tacada revelou a resposta: a bola seguiu quase a mesma linha da primeira e foi parar fora dos limites. O quadro que eu tinha em mente era o que mostrava o que eu não queria fazer, e não aquilo que eu desejava.

Qual a lição que eu pude tirar daquilo tudo? A mesma que aprendi durante meu processo de perda de peso: não crie um quadro mental negativo, retratando aquilo que você *não* deseja fazer ou parecer. Em vez disso, imagine um quadro mental do que deseja realizar — como será quando você alcançar o objetivo de sua vida.

Esses episódios me ensinaram uma coisa muito importante a respeito do estabelecimento e do cumprimento de objetivos: mantenha em sua mente um quadro dessa meta que deseja alcançar. Florence Chadwick desistiu de sua jornada rumo à costa da Califórnia quando faltava apenas um quilômetro para completá-la porque perdeu seu objetivo de vista. E você pode abandonar o seu objetivo antes de alcançá-lo se não elaborar um quadro mental e mantê-lo diante de seus olhos.

Não existe montanha alta demais

Ninguém ilustra melhor o princípio do quadro mental dos objetivos do que meu amigo Hugh Morton. A jornada de Hugh em direção à sua chamada definitiva na vida foi longa e tortuosa, e os objetivos que ele alcançou no processo inspirarão você da mesma maneira que fizeram comigo.

O primeiro passo de Hugh exigia que ele admitisse ter feito um bom esforço, mas não o suficiente, em relação a muitas coisas em sua vida, incluindo a carreira. Quando ele estava na casa dos trinta anos, participou da reunião dos alunos de sua antiga turma. Ficou impressionado ao ver quantos de seus ex-colegas haviam se tornado médicos, advogados, executivos de grandes empresas e outras profissões. Eles haviam estabelecido objetivos profissionais e conseguiram alcançá-los. Naquele momento, Hugh Morton decidiu que precisava fazer a mesma coisa.

Na época, Hugh trabalhava no ramo bancário. Ele recebeu um anúncio do tipo mala direta falando de uma de minhas séries gravadas, *See You at the Top* [Vejo você lá em cima]. Ele comprou as fitas pensando, em primeiro lugar, nos funcionários do banco. No entanto, com o tempo, também resolveu ouvir. Ele passou a entender a necessidade de manter a atitude mental correta e de determinar objetivos específicos. Também descobriu a diferença entre um bom esforço e um esforço vencedor. Naquelas fitas, ele ouviu falar sobre homens como Walt Disney e Paul "Bear" Bryant, gente que havia fracassado várias vezes e que só começou a alcançar suas metas depois dos quarenta anos de idade. Isso encheu Hugh de esperança. Afinal, não era tarde demais para ele estabelecer e alcançar alguns objetivos pessoais.

Por já ser hipertenso naquela idade, Hugh estabeleceu o objetivo de começar a se exercitar e melhorar a saúde. Ele estabeleceu como meta ser capaz de entrar e sair do Grand Canyon — um alvo que ele compartilhou com a família e vários amigos, para efeito de prestação de contas. Depois de alcançar esse objetivo, ele estabeleceu outro: o de escalar Pike's Peak, no Colorado, o que fez em 1984.

Em 1986, ele se desdobrava entre dois empregos e tinha uma família para sustentar. Estava passando por um momento muito difícil na vida quando ficou sabendo que um pequeno grupo estava indo para o Nepal, para a base do monte Everest. Assim, com a bênção da esposa, ele fez a jornada — uma viagem que mudaria sua vida para sempre. Ali, de pé, na base daquele monte de 8.848 metros de altura, ele sabia que não ficaria mais satisfeito na vida enquanto não fizesse o esforço de escalar o monte Everest.

Ele começou fazendo uma imagem mental de si mesmo de pé no topo do Everest. Ver-se lá não era um problema, mas chegar ao cume do monte seria um grande desafio. Hugh vivia na Georgia, onde não há grandes montanhas nas quais pudesse aprender a escalar. Também havia poucos montanhistas e cursos de escalada com os quais pudesse aprender. Por isso, ele começou com o que tinha disponível: pequenas colinas rochosas. Aquela era uma lição sobre a necessidade de dar os primeiros passos, tal como um bebê, para alcançar um objetivo maior.

Talvez você já conheça a tirinha de quadrinhos do personagem Charlie Brown e sua turma. Em uma dessas tiras, Charlie está prestes a rebater em um jogo de beisebol. Ele erra a bola pela terceira vez e volta para o banco.

— Ratos! — ele diz. — Eu nunca serei um jogador da liga profissional. Eu simplesmente não levo jeito! Por toda a minha vida, sempre sonhei em jogar nas grandes ligas, mas sei que jamais conseguirei.

Lucy, sempre muito solícita, vira-se para Charlie Brown e diz:

— Charlie Brown, você está pensando com muita antecedência. Você precisa é estabelecer objetivos mais imediatos para si.

— Objetivos imediatos? — ele pergunta, olhando para Lucy.

— Sim — ela responde —, comece na próxima rodada, quando você for arremessar. Veja se pode consegue chegar à posição de arremesso sem tropeçar.

Essa era exatamente a mesma mentalidade de Hugh Morton quando ele decidiu que queria escalar o monte Everest: começar com montanhas não muito altas e se desenvolver aos poucos; alcançar alguns objetivos imediatos e intermediários antes de tentar lidar com o objetivo maior.

Mildred McAfee foi muito feliz quando fez esta declaração: "Se você tem uma grande ambição, dê o maior passo que conseguir rumo à sua transformação em realidade. Esse passo pode ser pequeno, mas certifique-se de que é o maior que você pode dar agora". Faça o que puder neste momento com aquilo que tem e sabe; quanto mais usar seu conhecimento, maior será sua eficiência e sua confiança.

Hugh percebeu que cada pequena meta que alcançasse serviria como estímulo, por isso seguiu em frente. Com o tempo, ele conheceu um montanhista da região, Mike Stewart. Hugh conta: "Ele se tornou meu amigo, e até hoje é meu parceiro de escaladas. Mike confessa, hoje em dia, que não me julgava capaz de fazer as coisas que pretendia. Ele diz que nunca me falou isso porque não queria me magoar".

Permita-me fazer uma observação muito importante: *para alcançar suas metas, o importante não é o que os outros acreditam que você é capaz de fazer, e sim o que você acredita ser capaz de fazer.* Você mais Deus é uma equação mais que suficiente para realizar seus objetivos.

Hugh me contou que uma história gravada em uma de minhas fitas exerceu grande influência sobre ele. Essa história era sobre um cavalo de corrida que, ao longo de sua carreira, ganhou 1 milhão de dólares em menos de uma hora de competição de fato. Na gravação, eu comentava que você poderia comprar uma centena de cavalos a 10 mil dólares cada pelo mesmo valor. Mas eu dizia também que o cavalo de 1 milhão valia mais do que uma centena de cavalos de 10 mil porque um cavalo de 1 milhão de dólares pode correr cem vezes mais do que um de 10 mil dólares.

Em seguida, eu dizia, é claro, que aquela afirmação não era verdadeira. Até que ponto o cavalo de 1 milhão poderia correr mais rápido que os demais? Tome uma corrida como exemplo: a pista de Arlington Futurity tem 1,8 mil metros de comprimento. Nessa corrida, em especial, o cavalo que chegou em primeiro lugar ganhou 100 mil dólares a mais do que o segundo colocado. E a diferença entre o vencedor e o perdedor foi de apenas 2,5 centímetros. No Kentucky Derby de 1974, o jóquei vencedor ganhou 27 mil dólares. Dois segundos depois, o jóquei que chegou em quarto lugar ficou apenas com 30 dólares. Às vezes, é aquela porçãozinha de esforço extra que separa os vencedores dos segundos colocados.

Pequenas diferenças podem fazer diferenças imensas na vida. Quando um rapaz chama uma moça de "gatinha", ela adora; mas se ele a chamar de "cachorra", pode ter problemas sérios. Diga que ela é "um avião" e a jovem abrirá um enorme sorriso; mas se resolver chamá-la de "Jumbo", e ela não vai mais querer olhar para sua cara. Você pode dar pequenos passos e acumular alguns pontinhos — mas eles agregam valor. A confiança de Hugh Morton crescia a cada pequeno passo que ele dava, e isso agregou valor em sua trajetória rumo a sucessos maiores.

A cada monte que Hugh escalava e a cada objetivo de treinamento que atingia, sua capacidade crescia ainda mais, até que, aos 44 anos, cinco anos e meio depois de olhar o monte Everest pela primeira vez da base, ele era capaz de escalar, por sete ou oito horas, qualquer subida íngreme levando uma mochila de quase 35 quilos nas costas, cheia de concreto. (Aliás, durante aqueles anos de treinamento rigoroso, os problemas que tinha de pressão desapareceram e seu ritmo cardíaco caiu para aproximadamente 45 ou 46 batidas por minuto.)

Hugh Morton lançou as bases para alcançar seu objetivo e conseguiu. Ele conquistou o monte Everest e seguiu em frente, tornando-se uma das 69 pessoas do mundo inteiro que escalaram as mais altas montanhas em cada um dos sete continentes. Isso é o que eu chamo de alta performance.

Quando Hugh voltou para casa, depois da conquista do monte Everest, ele decidiu trabalhar no ramo imobiliário e de construção de moradias novas. Tendo sido bancário, ele sabia trabalhar com dinheiro e hipotecas, mas tinha pouco conhecimento a respeito de construção civil — isso sem falar nos recursos financeiros limitados de que dispunha para investir. Mas ele estabeleceu um objetivo de cinco anos: o de se tornar o maior empreendedor do ramo ao sul de Atlanta. E, em 1997, quando a divisão metropolitana do sul da Associação de Construtores Civis da Grande Atlanta elegeu seu primeiro Empreendedor do Ano, a empresa de Hugh foi a escolhida. Ele e seu grupo foram em frente, ganhando muitos outros prêmios em seu ramo de negócios.

Como seria de esperar, ele estabeleceu mais objetivos. Ele conta: "Continuamos a expandir, diversificando os negócios com hipotecas, imóveis comerciais e, de uns tempos para cá, participação em bancos". Suas metas e sua orientação nos negócios mudou, mas seu objetivo de ser e fazer o melhor com os recursos de que dispõe continua o mesmo.

Aos 55 anos, Hugh decidiu realizar o sonho antigo de aprender a pilotar aviões. Ele não apenas alcançou esse objetivo, como também se formou em aviação por instrumentos (a mais difícil graduação que um piloto pode obter) dois anos depois de receber a licença para voar. O sucesso produz mais sucesso. Ele aumenta nossa confiança e mantém a chama acesa.

Ao refletir a respeito das realizações que alcançou a partir do estabelecimento de objetivos, Hugh percebeu que a formação de uma grande fortuna nunca foi sua meta, mas acabou acontecendo como um subproduto do esforço de perseguir com paixão os objetivos que significavam alguma coisa para ele. Hoje Hugh é um milionário que multiplicou sua fortuna várias vezes. O sucesso material chegou acompanhado de um desejo de usar a prosperidade financeira para a glória de Deus. Para essa finalidade, entre outras instituições de caridade, ele firmou uma parceria com a Rising Star Outreach e com a Women of India para financiar uma clínica médica móvel usada no tratamento da hanseníase na região de Chenai, na Índia. A equipe é formada por profissionais da área médica que dedicam tempo integral. Eles estão fazendo diferença na saúde e no bem-estar desse grupo de pessoas marginalizadas no país. Segundo Hugh, esse projeto proporciona a ele mais satisfação do que qualquer outra coisa que tenha feito antes.

O principal propósito dos objetivos

Hugh Morton é uma prova de que o estabelecimento de metas funciona. Ele se sentiu motivado a promover mudanças em sua vida e realizar alguns grandes sonhos, tanto em termos pessoais quanto profissionais. Mas a história de Hugh Morton revela mais uma realidade: o verdadeiro propósito do estabelecimento e do cumprimento dos objetivos.

É importante fazer a pergunta: "E, então, como fica?" em relação a qualquer um de nossos objetivos; e devemos ser capazes de respondê-la. Hugh começou estabelecendo metas em relação à forma física e à saúde que o levaram, como eu relatei, a um dos clubes mais exclusivos dos Estados Unidos: o das pessoas que escalaram os montes mais altos dos sete continentes. No processo de realização de seus objetivos, ele aprendeu muito a respeito de si, de como estabelecer metas e o que fazer para atingi-las.

Quando voltou ao mundo dos negócios, Hugh tinha uma perspectiva muito diferente: engajar-se nos empreendimentos da mesma maneira que havia feito em relação à forma física e ao alpinismo, ou seja, com paixão. Por ter feito isso, a vida recompensou seus esforços de forma generosa. Na verdade, um dos prêmios que sua empresa de construção civil ganhou foi o cobiçado Summit Award (repare na ironia), concedido pela Professional Warranty Corporation por "Serviços e satisfação extraordinários para o cliente". Em outras palavras, Hugh Morton incluiu, em sua jornada rumo à excelência, a paixão por cuidar das pessoas a quem sua empresa servia.

Mas a maneira mais fácil de responder à pergunta: "E, então, como fica?" na vida de Hugh Morton é a equipe médica da unidade móvel que ele financia para cuidar dos pacientes de hanseníase na Índia. Esse é o principal propósito quando se trata de alcançar objetivos nesta vida: servir e ajudar os outros e tornar este mundo um lugar melhor para viver.

Fico sempre impressionado quando ouço falar de um atleta profissional ou de um empresário que criou uma fundação para usar parte de sua fortuna, conquistada com muito esforço, para promover bem-estar na vida daqueles que passam por necessidades. Seja uma grande fundação que tenha doado bilhões para fornecer serviços médicos e educacionais pelo mundo afora, seja uma instituição pequena, cujo trabalho se limita à comunidade onde está estabelecida, oferecendo atividades extracurriculares para jovens em alguma área da periferia, quando as pessoas atingem suas metas e são recompensadas pela vida, surge um objetivo novo e nobre: compartilhar a prosperidade para beneficiar os outros.

Hugh Morton pode falar a você da alegria que sentiu quando controlou seu problema de saúde... quando escalou o monte Everest... quando chegou ao topo de seis outras montanhas, entre as maiores do mundo... quando criou uma empresa lucrativa que constrói moradias para várias famílias... quando aprendeu a voar. Mas ele também dirá que não existe alegria comparável a doar parte daquilo com que Deus o abençoou e, assim, abençoar e servir outras pessoas. Este é o verdadeiro e principal propósito do estabelecimento e do cumprimento de objetivos.

Será que Hugh Morton imaginava ser capaz de sentir uma alegria tão grande quando se dispôs a escalar uma colina pedregosa na Georgia e cuidar de sua saúde? De jeito nenhum. Mas ao abrir seu coração, ele passou a compreender com maior profundidade o propósito de todas as coisas que conseguiu realizar.

Esta é a lição a ser aprendida neste capítulo, meu amigo e minha amiga: você não consegue ser mais generoso que Deus! Se eu e você usarmos os recursos que o Criador nos concedeu — tempo, talento e riquezas — de modo que cumpramos o propósito que ele tem para nossa vida, as portas continuarão abertas e nosso caminho será cada vez mais iluminado. Ele deseja ver nosso sucesso! Ele quer nos ver alcançando objetivos que o glorifiquem! E ele deseja que o honremos sendo instrumentos para levar bênçãos às pessoas. Quando compartilhamos aquilo que ele nos concede, colocamos em ação uma cadeia de eventos que permitirá a outras pessoas estabelecer e alcançar os próprios objetivos.

Posso dizer, com toda a honestidade: aqueles que buscam a vontade de Deus para sua vida nem sempre conseguem tudo quanto desejam, *mas desejam a maioria das coisas que conseguem.* Em outras palavras, por terem o desejo de submeter seus sonhos e planos à vontade de Deus, tudo quanto acontece a essas pessoas quando chegam ao fim da jornada pode ser considerado bênção divina. A vontade de fazer todas as coisas para a glória de Deus lhes dá confiança, pois sabem que "Deus age em todas as coisas para o bem daqueles que o amam, dos que foram chamados de acordo com o seu propósito" (Rm 8:28).

Quando seu principal objetivo na vida é morrer para si e colocar Deus em primeiro lugar, pode descansar na certeza de que estabeleceu uma meta que durará por toda a sua existência — e além dela. Persiga esse objetivo, e todos os demais que possa imaginar serão realizados no momento certo. É possível que você nunca chegue ao alto do monte Everest, mas alcançará a mais alta performance.

8 Fracasso: o processo de redefinição da vida

As pessoas que tentam fazer alguma coisa e fracassam são infinitamente melhores do que aquelas que tentam não fazer nada e conseguem.

Lloyd Jones

> Não conheço o segredo do sucesso, mas o segredo do fracasso é tentar agradar a todo mundo.
>
> *Bill Cosby*

Quando um companheiro erra uma, duas ou uma dúzia de vezes, você só passa a considerá-lo um fracassado quando ele morre ou perde a coragem — que são a mesma coisa.

George Horace Lorimer

> A menina que não sabe dançar diz que a banda não sabe tocar.
>
> *Provérbio iídiche*

A TEORIA DE BRUCE Larson não é o tipo de coisa que possa ser comprovada em termos quantitativos, mas já tive a oportunidade de ver exemplos suficientes na vida real (incluindo o meu) para acreditar que ele tem razão. Em seu livro *My Creator, My Friend* [Meu Criador, meu amigo], ele faz esta declaração inspiradora: "Quase sempre, a ausência de um sucesso imediato é sinal de uma autêntica chamada".

Pense sobre isso por alguns momentos. Quantas vezes você já viu uma pessoa que começou muito devagar (tradução: "fracasso") e, posteriormente, despontou para se tornar um enorme sucesso em seu campo de especialidade? Mais vezes do que você pode lembrar, se for como eu. E já li sobre muitos outros casos desse tipo.

Tomemos como exemplo o *quarterback* (lançador) Tom Brady, do time de futebol norte-americano New England Patriots. Aos 28 anos, ele já havia levado sua equipe a três títulos do Super Bowl, e em duas oportunidades fora escolhido o melhor jogador da final do campeonato. Ele aparecia em programas de TV, como o *60 Minutes* e o *Saturday Night Live*; conseguiu uma audiência com o papa; assinara um contrato de 6 milhões de dólares com sua equipe; e fora convidado a assistir ao discurso presidencial do Estado da União, em 2004.

Mas nem sempre foi assim na vida desse modesto jogador. Embora tivesse sido *quarterback* na seleção juvenil dos Estados Unidos, não recebeu a atenção dos agentes das universidades. Se o pai não tivesse editado uma fita com as jogadas de Tom e enviado a sessenta treinadores de times de faculdades, é possível que ele nunca tivesse chegado a jogar no futebol universitário. Por fim, ele conseguiu assinar um contrato para jogar em Michigan, mas começaria no banco de reservas.

Quando chegou a época para a seleção da National Football League (NFL), o relatório dos agentes a respeito de Brady era o seguinte: "Compleição física inferior; magro demais; falta mobilidade e capacidade de abrir espaços; seu braço não é muito forte". Ele passou por seis etapas de seleção até que finalmente foi escolhido em 199º lugar — e, mais uma vez, para começar no banco de reservas. Quando o titular do time dos Patriots se contundiu e teve de sair de campo, Brady finalmente teve sua chance. O resto da história você já conhece.

Veja como Tom Brady sintetiza seu começo lento até chegar ao estrelato na NFL: "Não permita que os outros digam o que você é capaz de fazer. À medida que você acredita em seu potencial e se esforça para alcançar os objetivos que estabeleceu, só precisa persistir. Você chega lá, mesmo que não seja de acordo com seu cronograma".

Ponto para a teoria de Bruce Larson. Caso você ainda não tenha se convencido, veja se o caso a seguir lhe diz alguma coisa (agradeço a Mark Galli e seu *131 Christians Everyone Should Know* [131 cristãos que todos deveriam conhecer]).

Johann Sebastian Bach estabeleceu-se em Leipzig, na Alemanha, em 1723, depois de trabalhar em muitos outros cargos e empregos diferentes na área de música. É seguro dizer que ele não contava com grande aprovação ao assumir a regência do coral da Igreja e da Escola de São Tomás. Ele e o conselho da cidade viviam em conflito, e seu gênio musical não era apreciado pela maioria das pessoas. Elas o julgavam enfadonho e ultrapassado, preso a formas musicais obsoletas e anacrônicas. Seu salário era muito baixo (quando ele morreu, as autoridades tentaram tirar da viúva a magra herança que lhe coubera).

Mas Bach trabalhou duro. Durante certo período, ele compunha uma cantada por semana, 202 das quais foram preservadas. (Hoje em dia, um compositor é considerado profícuo quando consegue escrever uma cantata por ano.) Foi também em Leipzig que ele compôs sua famosa *Missa em si menor*, a *Paixão de São João* e a *Paixão de São Mateus* — uma das obras mais aclamadas na história da música ocidental.

Depois da morte de Bach, os cidadãos de Leipzig pareciam felizes por se verem livres de sua figura. Quando alguém se lembrava dele, era como organista ou cravista, mas não como compositor. Algumas de suas músicas foram vendidas; outras chegaram a ser usadas para embrulhar lixo! Por oitenta anos, a música de Johann Sebastian Bach foi negligenciada pelo público. Só quando o compositor alemão Felix Mendelssohn criou um arranjo para a *Paixão de São Mateus*, em 1829, foi que as obras de Bach começaram a ser apreciadas. Ninguém hoje em dia pode discordar que aquele compositor do século XVIII, que criou mais de mil obras, está entre os maiores nomes da história da música.

Considerando que há apenas 24 posições de *quarterback* disponíveis na NFL, qualquer pessoa que queira ocupar uma delas, mas não ocupa, pode ser considerada um fracasso. E quando só existia um punhado de rótulos de "grandes compositores" disponíveis na Europa do século XVIII, qualquer músico que não estivesse entre eles certamente seria chamado de "fracassado" também.

Diante desses exemplos, permita-me forjar uma nova definição para a palavra "fracassado"; uma pessoa que começa devagar, mas se recusa a desistir; uma pessoa que começa lenta, mas continua fazendo aquilo em que sabe ser bom, recebendo ou não o reconhecimento dos outros. É por isso que gosto da teoria de Bruce Larson, segundo a qual a ausência do sucesso instantâneo é, em geral, a marca de um chamado genuíno. Essa perspectiva nos impede de subestimar as pessoas que não alcançam o topo da carreira bem cedo, atitude muito comum em nossa cultura de gratificação imediata.

Na verdade, creio que há uma ligação significativa entre a paixão, a alta performance e o fracasso. Geralmente, as pessoas dotadas de grande paixão por seu chamado fracassam várias vezes antes de alcançar o melhor de seu desempenho. Por que isso acontece? Porque elas costumam começar fortes e rápidas demais. Talvez lhes falte a maturidade que os anos de vida proporcionarão. Talvez lhes falte treinamento técnico ou conhecimento prático. Talvez lhes falte experiência. No entanto, sua paixão é tal que elas se precipitam e passam por cima de tudo porque não conhecem outra maneira de fazer as coisas. Sim, elas fracassam, mas a paixão as mantém no jogo; elas se recusam a receber um "não" como resposta.

Um exemplo clássico desse tipo de pessoa era o apóstolo Pedro, no Novo Testamento. Tendo compreendido melhor o que significava a vinda de Jesus à terra, ele foi protagonista em sucessivos casos de *língua solta*, falando e agindo com base em sua paixão, e não no bom senso. Foi um fracasso após o outro. Mas será que alguém poderia dizer que Pedro foi um fracasso quando se trata de alta performance? Duvido muito! Uma leitura um pouco mais atenta do livro de Atos, no Novo Testamento, revela Pedro como um líder ousado, sábio e corajoso. Para ele, a fórmula da vida era algo mais ou menos assim:

Paixão > Fracasso > Potencial > Paixão > Fracasso >
Maturidade > Alta performance

Ao longo dos anos, aprendi cada vez mais a prestar atenção nas pessoas em que vejo potencial, mas parecem viver *patinando* em um desempenho insatisfatório. Presto atenção especial naqueles cuja paixão conduz a fracassos sucessivos e estrondosos. É muito mais fácil incutir experiência do que paixão em uma pessoa.

Quem comete grandes erros tem maior probabilidade de alcançar grande sucesso, desde que tenha tempo e oportunidade para tal. (Pais, tomem nota disso!)

O valor do fracasso

O fracasso é um dos melhores professores que a vida pode oferecer, desde que ele não acabe conosco; precisamos aprender com ele. Gosto de dividir o mundo em duas categorias: os que aprendem e os que não aprendem. Quando os aprendizes fazem alguma coisa não muito sábia cujo resultado é um fracasso, eles não a repetem. Aprendem a lição. E quando fazem algo que funciona, tomam nota e tentam repetir. Em outras palavras, não consideram a vida um túnel, um tubo que nunca se estreita. Eles a tratam como se estivessem entrando em um funil: conforme excluem opções e ações que não funcionam, vão estreitando a gama de alternativas, abandonando o que não presta e mantendo o que vale a pena. Com o tempo, eles ganham confiança em si e alcançam alta performance porque não perdem tempo com aquilo que não dá certo.

A grande pergunta da vida não é se você constitui um sucesso ou um fracasso, mas se é aprendiz ou não. Aqui estão algumas das melhores lições que o fracasso pode ensinar:

- O fracasso nos ensina a depender de Deus.
- O fracasso nos ensina humildade.
- O fracasso nos ensina que nem sempre podemos ter o que queremos.
- O fracasso nos ensina a corrigir o curso de ação.
- O fracasso nos ensina a desenvolver o caráter.
- O fracasso nos ensina a perseverar.
- O fracasso nos ensina que podemos sobreviver.

O fracasso é um professor sempre disposto, um tutor da melhor qualidade. Qualquer pessoa que se dispõe a sentar-se aos pés do fracasso e assimilar tudo quanto ele pode ensinar se forma rapidamente na escola da alta performance.

Eric Hoffer, que escreveu vários textos sobre o tema da autoestima, afirmou: "Em tempos de mudança, os aprendizes herdam a terra, enquanto os que não querem aprender se vêm muito bem capacitados a lidar com um mundo que não existe mais". O orador Steve Brown, por sua vez, disse que qualquer coisa pode ser feita com negligência, mas apenas enquanto você não aprende a fazer direito.

Considerando que a maioria das pessoas teme o fracasso como se fosse uma praga, as palavras de Steve Brown são positivas; na prática, elas abrem espaço para o fracasso. Se você aceita a noção de que o fracasso é apenas uma parada rápida no caminho que leva ao círculo dos vencedores, então está preparado ou preparada para viver com excelência total.

É PRECISO COMEÇAR DE ALGUM LUGAR

O recital de dança de nossa neta Alexandra começou com um balé de meninas de três anos que pareciam bonequinhas. Elas erravam o passo para cá e para lá, é claro, pois, nessa idade, só o fato de colocarem roupas de bailarina e entrarem no palco, enfileiradas, já é uma conquista e tanto. A principal estratégia que usavam era olhar uma para a outra e repetir os movimentos da menina mais próxima. Elas nem percebiam como estavam errando porque estavam fazendo o melhor possível para agradar a professora. Nessa idade, não existe esse negócio de constrangimento, intimidação ou medo do fracasso.

Aquelas pequenas bailarinas precoces eram exemplos vivos e vibrantes da declaração de Steve Brown. Valia a pena permitir que errassem tanto, pois é assim que conseguiriam seguir a trilha do aprendizado até chegarem ao ponto de dançar bem. Poucas vezes na vida começamos pelo topo. Em termos de habilidade, somos como aquelas criancinhas de três anos: inseguros, instáveis, imprevisíveis. Infelizmente, não somos como elas no que diz respeito à auto-avaliação. Ficamos tão obcecados com a possibilidade do fracasso que nem chegamos a colocar a roupa de bailarina — muito menos entramos no palco!

Precisamos de um ponto de partida na vida. Se pudéssemos assimilar a noção de que há um determinado número de arcos compulsórios que devemos atravessar na vida para sermos bons em alguma coisa, não temeríamos tanto o fracasso. A maneira mais rápida de avançar uma centena de passos na estrada da vida é dando o primeiro.

Certa vez, quando o lendário investidor Warren Buffett descrevia sua estratégia de investimentos, ele falou sobre o tipo de análise financeira ultrapassada que todos em seu ramo de negócios deveriam aprender — estudar o balanço e os relatórios de receitas e despesas e calcular as principais relações: custo e benefício, valor de mercado e valor nominal, capitalização de mercado e assim por diante.

— Mas há milhares de empresas por aí — alguém comentou. — Como o senhor sabe por qual deve começar?

— Bem — respondeu Buffett —, você começa com a letra "a".

Quanto mais cedo você começa a perseguir sua paixão, mais cedo começa a errar. E quanto mais cedo começa a fracassar, mais cedo aprende o que deve e o que não deve fazer. E quanto mais cedo aprende o que deve fazer, mais cedo começa a repetir as coisas certas.

Dois enormes fracassos

É difícil achar dois homens tão diferentes quanto foram George Washington e Abraham Lincoln. Washington era um aristocrata, distante e formal, nada acessível. Lincoln, por sua vez, era um sujeito caseiro, simples e afável, que fora criado em um lar muito humilde e tinha um senso de humor mordaz. Apesar de suas diferenças, eles foram considerados os dois maiores presidentes dos Estados Unidos. Ambos eram tementes a Deus, dedicados a seu país e exemplos de integridade e honestidade.

Outro ponto em comum entre os dois era seu histórico de fracassos antes de alcançar o sucesso.

É provável que você já tenha visto uma lista com os altos e baixos da carreira de Abraham Lincoln. Em resumo: ele trabalhou para um negociante que faliu; perdeu uma eleição para a assembléia legislativa do estado; fracassou em uma segunda tentativa de abrir um negócio (e levou anos pagando as dívidas que ele e o falecido sócio haviam contraído); concorreu a um cargo de deputado estadual e venceu; a esposa morreu, o que o levou a uma profunda depressão; foi derrotado em uma eleição para a escolha do orador de sua legislatura; candidatou-se ao Congresso e perdeu; foi eleito para o congresso, mas perdeu a reeleição; foi rejeitado para o cargo de administrador de propriedades públicas; perdeu a eleição ao Senado; recebeu menos de uma centena de votos na convenção nacional de seu partido para a indicação à vice-presidência; perdeu outra eleição ao Senado; e, por fim, foi eleito presidente dos Estados Unidos.

Abraham Lincoln fracassou na maioria das coisas que tentou fazer em sua vida, mas conseguiu realizar a mais importante de todas. Muitos estudiosos concordam que foi a providência divina que o colocou na Casa Branca para guiar os Estados Unidos durante os anos terríveis da Guerra Civil e da abolição da escravatura. Qual teria sido o resultado daqueles anos turbulentos se Abraham Lincoln tivesse chegado à conclusão de que era um fracassado, depois de tantos começos ruins, e desistisse de concorrer à presidência?

Quanto a George Washington, ele venceu apenas duas batalhas na condição de comandante do então ainda incipiente exército dos Estados Unidos durante a revolução do país. Uma delas foi a última: a única que conta, em última análise. Os britânicos o forçaram a passar por Long Island, entrar no Brooklin, atravessar East River e entrar na ilha de Manhattan. Eles o levaram de um lado para o outro, mas, no fim, Washington conquistou a vitória. Poucos dias depois, em Yorktown, o general Cornwallis, do exército britânico, se rendeu. Ao entregar sua espada, ele disse: "Senhor, eu o saúdo. O senhor não apenas é um grande líder de homens, como também um indomável cavalheiro cristão que não desiste jamais".

Washington e Lincoln nos ensinam que fracasso mais perseverança é igual a sucesso! Se eles ainda fossem vivos e pudessem conversar conosco, acredito que definiriam o fracasso a partir do que ele é de fato — um acontecimento, não uma pessoa ou um estilo de vida. No entanto, você pode estar pensando: quando os fracassos se sucedem ao longo dos anos, eles podem sugerir a idéia de que a vida de uma pessoa é um fracasso, certo? Errado! Os fracassos acontecem um de cada vez, e todos têm o potencial de ser o último. Todos precisam ser isolados e analisados para que a pessoa possa aprender com eles. Não constituem um indicativo do valor da pessoa ou do esforço que ela fez. Eles são o que são: algo que não deu certo em determinado momento.

Permita-me dar mais dois exemplos dessa verdade:

O vice-almirante James Stockton, da marinha norte-americana, era um oficial veterano quando foi capturado e transformado em prisioneiro de guerra durante a Guerra do Vietnã. Ele não considerava seu cativeiro como um fracasso. O vice-almirante via aquela prisão como uma oportunidade de continuar fazendo o que fizera durante toda a carreira militar, ou seja, liderar onde estivesse. Foi exatamente isso o que fez na infame prisão conhecida como "Hanói Hilton", no Vietnã do Norte. Depois de ser libertado, Stockton escreveu que os jovens precisam ser ensinados que a vida não é justa, e que o fracasso e a adversidade são coisas que acontecem, e não formas de definir o caráter de uma pessoa.

Ele estava certo! Um jovem que fracassa em um teste de matemática ou age como um bobo não é um fracasso. Ele é apenas uma criança que fracassou em um teste de matemática ou fez uma bobagem. Stockton sobreviveu a sete anos e meio de prisão, quatro deles na solitária, porque repassava em sua mente as lições que aprendera sobre as pessoas que enfrentaram adversidades e foram bem-sucedidas: "A história bíblica de Jó me lembrava que a vida nem sempre é justa. Mesmo os homens honestos e justos podem ser colocados à prova, e precisam estar preparados para lidar com isso".

Minha neta, Amey Fair, e o marido, Nathan, são missionários em tempo integral que trabalham nos Estados Unidos e no exterior. Quase virou motivo de piada para eles a quantidade de coisas que acontecem quando estão às vésperas de uma viagem prolongada. Os carros de ambos quebram, os filhos ficam doentes, a máquina de lavar louça pára de funcionar, o computador trava, os planos que fizeram se complicam, ficam irritados um com o outro, o dinheiro acaba... e assim por diante. Eles aprenderam a rir dessas coisas pelo que elas são: eventos que fugiram ao plano original. Isso não quer dizer que sejam inúteis ou fracassados como missionários.

No caso deles, ambos acreditam que há uma batalha espiritual em andamento, cujo objetivo é tentar impedi-los de alcançar o sucesso na obra de Deus. Mas eles logo aprenderam a se planejar para enfrentar e superar os reveses. No caso dos dois, assim como no nosso, a fé, a paixão e a disposição de aprender e se ajustar nos ajuda a enfrentar qualquer situação.

Mantenha o curso

Se resolvêssemos somar os fracassos que cometemos na vida, não conseguiríamos fazer mais nada. Tal como Lincoln e Washington, homens que falharam na maioria de suas empreitadas, o que vale é ser bem-sucedido nos momentos e nas situações mais importantes da vida. O resto constitui experiências de aprendizado que nos preparam para os eventos decisivos da vida, nos quais o sucesso realmente faz diferença.

No beisebol, Babe Ruth rebateu 1.330 bolas, mas também fez 714 *home runs* (jogada em que a bola sai dos limites do campo e do alcance do adversário). Roger Staubach fez milhares de passes incompletos durante sua carreira na NFL, mas a maioria das pessoas só se lembra dos passes que ele completou e que levaram o Dallas Cowboys à vitória. R. H. Macy fracassou sete vezes antes de sua loja de departamentos na cidade de Nova York finalmente *decolar.*

William Feather afirmou: "Ninguém faz um grande sucesso, a não ser que corra o risco de fracassar". Mas o lendário astro do hóquei Wayne Gretzky ("O Maioral") foi mais além: "Erro 100% das jogadas que nunca faço". O livro que jamais escrevemos nunca entrará na lista de mais vendidos. O excelente produto que criamos nunca chegará ao mercado se não terminarmos de montar o protótipo. O relacionamento jamais será melhorado ou restaurado se não for feito nenhum esforço.

Estou convencido de que o fracasso, além de não ser uma pessoa, também não é nenhum crime. Crime é deixar de fazer o esforço, ou fazê-lo sem levá-lo até o fim.

Desejo terminar este capítulo falando a você sobre uma pessoa que deixou de aprender uma lição e outra que aprendeu.

Em 1846, Elias Howe recebeu a primeira patente norte-americana pela criação do dispositivo de pesponto para a máquina de costura, recém-inventada. Ele tinha certeza de que sua máquina, combinada com outros acessórios, aprimoraria rapidamente o padrão de vida nos mais diversos países. Roupas e produtos têxteis se tornariam mais baratos, além de serem criados novos empregos. Infelizmente, os Estados Unidos pareciam pouco dispostos a concordar com ele. Por alguma razão, Howe não conseguiu despertar interesse na máquina de costura.

Assim, Elias Howe empacotou sua máquina e seguiu para a Europa, confiante que aquela terra de tecidos finos e grandes costureiros se transformaria em uma mina de ouro para ele. Infelizmente, isso não aconteceu. Os europeus não ficaram mais entusiasmados que os norte-americanos com a máquina de costura.

Então, o que ele fez? Àquela altura, ele estava tão desolado e sem dinheiro que vendeu todos os direitos da máquina de costura a um fabricante de guarda-chuvas em troca de uma passagem de volta aos Estados Unidos.

Se Elias Howe vivesse na Europa um século depois e tivesse a oportunidade de conversar com Winston Churchill, ele teria aprendido com o respeitado primeiro-ministro britânico que, "geralmente, o sucesso é nada mais do que passar de um fracasso ao outro sem perder o entusiasmo". Em determinado momento, Elias Howe parou. Seu último fracasso foi demais para ele, que jogou a toalha. Ele fez o esforço, mas fracassou na hora de levá-lo à conclusão.

A história está cheia de relatos sobre pessoas que possuíam alguma coisa de valor, mas desistiram muito cedo. Sim, existem obstáculos reais: falta de dinheiro, falta de interesse das pessoas, falta de experiência. Mas todos esses obstáculos podem ser superados, mesmo quando o projeto precisa ser colocado em segundo plano enquanto a pessoa faz outra coisa para sobreviver. Enquanto houver paixão, há esperança. Quando a paixão morre, geralmente o projeto morre junto.

Elias Howe abandonou seu sonho cedo demais, mas Ben Feldman era um ávido estudante que compreendia como os sonhos crescem com as pessoas. Quando o ramo de seguros de vida ainda estava dando os primeiros passos, a única modalidade disponível era a apólice de seguro total. E em East Liverpool, em Ohio, não havia muita gente disposta a comprar a apólice que Feldman tentava vender, no valor de 5 mil dólares. Ele adorava o mundo dos negócios e acreditava que tinha nas mãos um produto que poderia fazer diferença na vida das pessoas. Ele estava determinado a permanecer no ramo e fazer sucesso.

Certo dia, ocorreu a ele que uma apólice mais ampla poderia ser mais atraente para as pessoas que desejavam proteger suas famílias e seus interesses. Então ele tomou as providências necessárias para começar a comercializar apólices de 50 mil dólares, e descobriu que não era mais difícil (às vezes, era até mais fácil) de vender, em comparação com as de menor valor. E, em termos de comissão, também eram mais vantajosas. Ao perceber que as famílias a quem vendia as apólices mais caras adoraram a novidade, sua visão se expandiu: ele adicionou mais um zero e começou a vender apólices de 500 mil dólares! Para sintetizar a história, com o tempo, Ben Feldman vendeu apólices de seguro de até 25 milhões de dólares.

Para que você não pense que Ben Feldman era um supervendedor que se formou em todos os seminários e treinamentos em vendas de Zig Ziglar, serei mais preciso na informação. Quando ele foi convidado para falar na Associação de Agentes de Seguros de Vida, pediu que uma grande tela fosse colocada entre o púlpito e a platéia. Ele era tão tímido que não conseguia falar a um grande grupo de pessoas olhando nos olhos delas!

Tudo bem, então ele não era um grande orador. Mas era honesto, sincero, trabalhador, criativo, aberto a mudanças e estava sempre disposto a aprender a partir das coisas que não funcionavam. E, acima de tudo, ele era apaixonado pelo que fazia. Ben Feldman estava convencido de que as pessoas precisavam daquele produto e se manteve no curso até descobrir uma maneira de apresentá-lo de uma forma que fizesse sentido para elas. Antes de encerrar sua carreira, ele havia vendido 1,2 bilhões de dólares em seguros de vida! E isso numa época em que esse dinheiro valia muito mais!

Alguém já disse que "o fracasso é a trilha da persistência". Quando você tem um sonho no qual acredita com todo o seu coração, não saia do curso! Às vezes, você precisa seguir uma trilha paralela e fazer outras coisas só para sobreviver. Há casos em que um pouco mais de esforço, um mês de espera ou uma ligação a mais pode fazer a diferença e abrir as portas do sucesso.

Você tem potencial para alcançar a alta performance na área de seus sonhos. Mas isso só acontecerá se você não permitir que fracassos temporários apaguem sua paixão.

9 Hábitos da excelência total

A força da virtude de uma pessoa não deve ser medida por seus esforços especiais, mas por seus hábitos.

Blaise Pascal

O hábito é uma blusa feita de ferro.

Provérbio tcheco

O que depende de nosso poder para ser feito depende de nosso poder para não fazer.

Aristóteles

A liberdade não é o direito de fazer o que quero, mas o poder de fazer o que devo.

Bill Gothard

Acredito que os longos hábitos da virtude exercem um efeito significativo no semblante.

Benjamin Franklin

A melhor maneira de interromper um mau hábito é nunca começá-lo.

J. C. Penney

SE VOCÊ JÁ PASSOU algum tempo perambulando pela cidade de Nova York, provavelmente já viu ou mesmo atravessou o rio Hudson pela ponte George Washington. Trata-se de uma ponte suspensa, ou seja, há duas grandes torres nos dois lados do rio. Sobre a parte mais alta dessas torres correm quatro enormes cabos fixados em concreto e rochas em Ft. Lee, em Nova Jersey, e na parte de Manhattan conhecida como Washington Heights. Desses quatro grandes cabos pendem outros menores que, de fato, sustentam o leito da ponte.

Sem entrar em muitos detalhes técnicos, quero que você guarde alguns números sobre esses quatro cabos maiores. Cada um pesa 28.450 toneladas, e é constituído, na verdade, de um feixe de cabos menores. Para ser exato, cada cabo principal é um feixe composto por 26.474 fios de menos de meio centímetro de diâmetro. (Pense em uma corda grossa, composta de vários fios enrolados um no outro.)

Portanto, a ponte de quase 1,5 quilômetro de extensão é sustentada no ar por um total de 105.896 fios, cada um com menos de meio centímetro de diâmetro.

A engenharia por trás dessa declaração é muito mais complexa do que minha mente pode compreender, mas aqui está a pergunta que desejo fazer: se houvesse possibilidade de começar a arrancar, um a um, todos aqueles fios tão finos que compõem os cabos principais, quantos teriam de ser tirados até que a ponte George Washington caísse dentro do rio Hudson?

Ou, então, sendo mais específico sobre o assunto deste capítulo: se houvesse a possibilidade de começar a construir a ponte com um fio de cada vez, quantos teriam de ser adicionados a cada um dos quatro cabos principais até que o leito da ponte estivesse firme no lugar?

Teoricamente — e aqui entra a Hipótese Ziglar dos Hábitos —, esse ponto seria alcançado a partir do momento que fosse colocado o último fio de menos de meio centímetro de diâmetro para garantir a firmeza da ponte. Pense naquela história da palha que quebrou a corcova do camelo; teoricamente, há um ponto de massa crítica, a partir do qual alguma coisa passa a ser excessiva. Uma palha a mais quebra a corcova do camelo; um fio a mais permite que uma ponte fique suspensa no ar.

E eu acredito — em tese, para efeito de ilustração — que, em determinado momento, ultrapassamos um limite em nossa vida a partir do qual os comportamentos deixam de ser "atos" para se transformar em "hábitos". Com certeza, hábitos são muito mais subjetivos do que os pesos e as medidas de uma ponte e seus cabos. No entanto, assim como fios agrupados são capazes de sustentar uma ponte sobre a água, atos individuais reunidos podem gerar um hábito indestrutível.

Hábitos constituem um dos principais componentes da vida de todas as pessoas. O problema é que os hábitos podem ser bons ou maus, construtivos ou destrutivos, positivos ou negativos, estimulantes ou desestimulantes. Se você deseja viver com excelência total, precisa criar tantos hábitos positivos em sua vida quanto forem possíveis. Pense em sua vida como um daqueles cabos gigantescos da torre George Washington, e cada fio individual como um hábito. Quanto mais hábitos positivos você conseguir agrupar, mais forte será sua vida: ela suportará mais tráfego, mais temporais e poderá prestar mais serviços às pessoas.

Jamais conheci uma pessoa que alcançasse a alta performance sem investir energia suficiente no cultivo de bons hábitos. Repare que eu não falei em "investir energia em se livrar dos maus hábitos". Sabe por quê? Porque, com o cultivo de todos os bons hábitos (por exemplo, descanso adequado durante a noite), um hábito ruim acaba desaparecendo (como sentar-se no sofá para assistir a programas de entrevista na TV até tarde da noite). Foi o acadêmico

Erasmo que afirmou, no século XVI: "Uma unha é arrancada por outra unha; um hábito é superado por outro".

Neste capítulo, vamos analisar vários hábitos que, acredito, são indispensáveis para quem deseja viver com excelência total.

O HÁBITO DE PERMANECER MOTIVADO

A automotivação faz a pessoa seguir em frente, mas o hábito a leva ao lugar certo. Quando você transforma a automotivação em hábito, chega aonde deseja com mais rapidez, além de a viagem ficar muito mais divertida.

A automotivação exerce uma forte influência sobre nossa vida porque sempre precede uma decisão que é, geralmente, emocional. Quando as decisões são precedidas de informações lógicas e inspiradoras, o resultado é um compromisso que produz ação. Para que essa ação seja eficaz, é preciso colocar em prática o tipo certo de treinamento ou instrução. Quando a ação se repete com regularidade durante determinado período, acontece uma mudança em termos de comportamento. A mudança de comportamento leva à formação do hábito, e a formação de hábitos saudáveis significa um aumento radical nas probabilidades de se alcançar a vida de excelência total.

As pessoas costumam me perguntar nos seminários: "Qualquer um pode alcançar esse nível de automotivação?". A resposta é "sim". Quando encontramos pessoas difíceis de serem motivadas, isso significa que ainda não encontramos (ou elas ainda não conhecem) o "botão vermelho", aquele dispositivo emocional ligado aos sonhos, desejos e chamados mais profundos. Quando conseguimos encontrar esse "botão vermelho" e mostrar a essas pessoas como realizar as coisas que lhe são mais importantes, elas se motivam. Uma vez tendo aprendido quais são os benefícios práticos e emocionais de se manter motivadas, elas começarão a se motivar também — geralmente por meio do desenvolvimento dos hábitos sobre os quais falarei neste capítulo.

O HÁBITO DE OUVIR

Durante os anos de administração de Lee Iacocca na Chrysler, minha empresa realizou alguns seminários de treinamento para eles. Enquanto estive lá, aprendi algo de grande valor sobre a importância de saber ouvir.

Várias inovações estavam sendo promovidas na Chrysler naquela época, e muitas pessoas ficavam surpresas ao saber de onde vinham. A administração da Chrysler procurou os homens e as mulheres das linhas de produção — aqueles que, na verdade, montavam os carros — e pediu a eles que dessem sugestões sobre como produzir veículos melhores. E os administradores ouviram um sermão a respeito dos problemas de organização da linha de produção.

Acidentes de trabalho (com afastamento) eram comuns entre os operários da linha de produção porque eles tinham de se inclinar para trabalhar nos veículos. Outros operários, que trabalhavam em fossos embaixo da linha de produção, reclamavam do perigo que corriam de escorregar no chão sempre úmido, o que resultava em quedas (ou seja, mais acidentes com afastamento). Assim, os administradores ouviram tudo... e agiram. Em alguns setores, a linha de produção foi erguida até a altura da cintura, de modo que os operários podiam mexer nos carros sem ter de se inclinar sobre eles. E, em outros setores, a linha chegava à altura da cabeça dos operários que, assim, podiam fazer seu trabalho no fundo dos veículos, eliminando os fossos tão perigosos.

Com isso, o índice de faltas por acidentes de trabalho foi reduzido de maneira radical, e as despesas com hospitalização e cuidados médicos caíram em 90%. A partir do momento que os funcionários deixaram de cair ou de trabalhar com dores nas costas, o moral do grupo aumentou. E quando o moral do grupo aumentou, a automotivação cresceu também. Com isso, a qualidade dos carros que saíam da linha de produção subiu significativamente. A qualidade aumentou, os lucros cresceram e os acionistas ficaram muito felizes. O resultado da iniciativa de ouvir os funcionários não poderia ser outro: a Chrysler passou a produzir carros com excelência total.

Quem poderia imaginar que haveria uma ligação entre a solução dos problemas de coluna dos operários e a felicidade dos acionistas? E tudo isso aconteceu porque a Chrysler dedicou tempo para ouvir as pessoas.

O HÁBITO DE APRENDER

Fred Smith diz que ele tem o direito de não ser formado em uma faculdade, mas não tem o direito de não receber educação. George Eliot afirmou: "Nunca é tarde para se tornar a pessoa que você já poderia ser". E nunca vi essa verdade melhor personificada do que na pessoa de Laurie Magers.

Laurie só completou o Ensino Fundamental. Há 28 anos, ela chegou para trabalhar em nossa empresa como minha secretária. Com o tempo, ela passou a ser minha assistente administrativa, e hoje em dia ela ocupa o cargo de *não-sei-o-que-faria-sem-ela* assistente executiva. Alguns anos atrás, durante uma avaliação de todas as pessoas com cargos estratégicos dentro de nossa empresa (e isso, é claro, incluía Laurie), sua eficiência foi digna de uma nota muito alta. Era como se ela tivesse recebido um título de mestrado.

Ao longo dos anos, Laurie tem assistido a aulas e participado de cursos que a qualificam cada vez mais a receber responsabilidades ainda maiores. Ela se educou para aumentar sua qualificação e, assim, lidar com tarefas que exigiriam anos de educação formal. Francamente, fico impressionado com o que ela é capaz de fazer.

Por exemplo, nenhuma proposta sai de nossa empresa antes de receber a assinatura de Laurie Magers. Ela aprova cada detalhe do material impresso: linguagem, estilo, gramática, clareza e legibilidade. Em seguida, ela confere com a contabilidade e verifica se há algum problema de ordem jurídica. Todo material impresso que envolva as políticas da empresa passa pela mesa de Laurie antes de sair do prédio.

Como uma pessoa que cursou apenas o Ensino Fundamental conseguiu se tornar tão qualificada a ponto de fazer tudo isso? Por causa do hábito de aprender. Laurie Magers transformou o aprendizado em uma parte habitual de seu estilo de vida. Ela lê, estuda, pergunta, participa, critica, investiga. Ela se educa para além das atuais responsabilidades; assim, se torna uma pessoa mais qualificada para receber uma promoção. E seus esforços têm sido recompensados.

Pergunte a Laurie. Ela dirá a você que a questão não é saber de onde se começa. O que faz a diferença é a pessoa saber aonde quer chegar e a disposição que ela tem de trabalhar para alcançar esse objetivo. É fato comprovado que terremotos e furacões ganham mais destaque na imprensa, mas os cupins são responsáveis por mais estragos que os dois juntos. Você também pode experimentar um crescimento radical dando passos pequenos e firmes, tal como Laurie fez.

O hábito de ler

Em 2004, a Bolsa para Incentivo das Artes dos Estados Unidos publicou um estudo, "A leitura em risco", segundo o qual o número de norte-americanos que lê um livro por ano caiu em 10% durante as últimas duas décadas. A faixa etária que demonstrou a maior queda na leitura foi a dos jovens de 18 a 24 anos, dos quais 42,5% dizem que lêem um livro de ficção por ano. Esses índices são de partir o coração.

Nos últimos trinta anos, tenho dedicado, em média, três horas por dia à leitura, buscando informações inspiradoras, instrutivas e edificantes. Assim, posso usar essas mesmas informações para inspirar, instruir e edificar os outros. Se uma pessoa dentro da média (cerca de 220 palavras por minuto) dedicar vinte minutos por dia à leitura, ele (ou ela) lerá 2.200 páginas por ano. Dá para imaginar o quanto isso poderia beneficiar essa pessoa no que diz respeito à eficácia em uma sociedade como a nossa, que valoriza o conhecimento?

Por exemplo, Marie Wachlin, da Universidade de Concordia, orientou uma pesquisa entre os professores das melhores instituições de Ensino Médio da Inglaterra. Ela descobriu que 98% deles acreditavam que a educação bíblica proporcionava aos estudantes certa vantagem em termos pedagógicos. Só o fato de ler a Bíblia (ou seja, receber educação bíblica) já constituía uma vantagem. Isso quer dizer que as pessoas conhecem o significado de expressões como "paciência de Jó", "sabedoria de Salomão" ou "ruas de ouro". Ou seja, essas pessoas são versadas, e estão familiarizadas com o maior *best-seller* da história, o livro que serve como base para a civilização ocidental.

Poucas coisas podem ser mais importantes na formação dos jovens do que serem criados em um lar repleto de bons livros e receberem o estímulo dos pais para a leitura! O amor pela leitura é muito mais assimilado do que ensinado. Se deseja que seus filhos cresçam como bons leitores, então eles precisam ver que você também gosta de ler, freqüenta bibliotecas, recebe vários livros pelo correio e está sempre em livrarias ou sebos à procura de obras interessantes.

Pense nesta verdade: a pessoa que não lê não é melhor do que aquela que não pode ler. Os Estados Unidos se consideram uma nação de leitores, mas como isso é possível, se as pessoas não lêem? As informações surgem com tal rapidez que qualquer pessoa que não lê e se atualiza fica logo para trás.

Lembre-se: quem lê lidera, e quem lidera lê. E ambos sabem o que é viver com excelência total.

O HÁBITO DE APROVEITAR BEM O TEMPO

Atualmente, o norte-americano passa, em média, bem mais de uma hora por dia dentro do carro, indo ou voltando do trabalho. Em algumas áreas metropolitanas, esse tempo pode ultrapassar duas horas. Adicione-se a isso as horas que passamos dentro do carro a cada semana realizando outras tarefas, levando os filhos às atividades, indo à igreja ou cumprindo os demais compromissos. Não é de admirar o fato de ser cada vez menor a diferença entre o que fazemos em casa e o que podemos fazer dentro do carro.

Com o advento dos aparelhos de CD e DVD para a indústria automotiva, não há mais nada que nos impeça de aproveitar melhor essas longas horas passadas dentro do veículo. Você pode ouvir música inspirativa, apreciar uma coleção de livros em áudio ou mesmo assistir a um DVD motivacional ou instrutivo, se o seu carro estiver preso no trânsito. É possível até aprender ou ensinar a seu filho um novo idioma enquanto o leva para a escola.

Eu chamo a isso de "matrícula na Universidade do Automóvel". E além do estímulo intelectual e dos avanços no aprendizado que esse fenômeno permite, há outro benefício: pesquisas demonstram que você tem quatro vezes menos probabilidade de se envolver em um acidente de automóvel com ferimentos se estiver ouvindo conteúdo informativo ou inspirativo do que se estiver falando no celular.

Seja uma pessoa esperta, garanta sua segurança e se motive a buscar a alta performance.

O hábito de fazer o melhor

Por que empresas do país inteiro contratam a minha para motivar seus funcionários? Porque há muita gente que ainda não formou o hábito de fazer o melhor que pode. Em uma economia em franco crescimento (como a dos Estados Unidos, no momento em que eu escrevia este livro) é fácil se tornar uma pessoa complacente, que só faz o mínimo necessário para tocar a vida. Trata-se de uma estratégia perigosa pela seguinte razão: a cada dia que você sai de casa para ir ao trabalho, está determinando o histórico profissional que lhe acompanhará por toda a sua carreira. Se uma pessoa trabalha sem empenho, é isso que o ex-chefe dirá quando alguém ligar pedindo referências para um novo emprego ao qual ela está se candidatando. Se você se torna um (ou uma) profissional medíocre, essa será a avaliação que receberá.

No entanto, se seu trabalho é extraordinário (ou seja, se você faz o melhor que pode), seu chefe vai chorar ao telefone, pensando em como foi tolo em perder uma pessoa como você... em como é difícil encontrar alguém para entrar em seu lugar... e como ele fez o possível para que você não saísse... e em como ele faria tudo o que pudesse para ter você de volta.

Que tipo de relatório você prefere que seu ex-patrão faça sobre seu desempenho? É sempre de seu maior interesse, a longo prazo, se esforçar para fazer o melhor que pode. Assuma o hábito da alta performance. Vou lhe dizer como isso é possível.

1. O plano "véspera das férias"

Digamos que você esteja planejando tirar uma semana de férias, começando na próxima segunda-feira, de modo que o sábado seja seu último dia de trabalho. É quase certo que, na quinta-feira à tarde ou à noite, você prepare uma lista com todas as coisas que precisam ser feitas na sexta-feira anterior à sua semana de férias. É a única maneira de voltar do descanso e não encontrar os colegas de trabalho malucos porque tiveram de resolver vários problemas que você deixou sem solução ou realizar tarefas que ficaram inacabadas. A sexta-feira será um daqueles dias nos quais a alta performance fará a maior diferença, pois você está ansioso por entrar em férias em paz.

A pergunta é: por que não fazemos a mesma coisa todos os dias? O plano "véspera das férias" deve ser nossa maneira de agir diariamente, aceitando as responsabilidades, justificando nosso salário e deixando prontas todas as coisas que estão sob nosso cuidado e nosso poder.

2. O plano "sem alternativas"

Trabalhe como se seu emprego fosse o único disponível, como se a economia estivesse em crise e você não tivesse outra alternativa profissional. Se você trabalhar como se seu emprego e sua vida dependessem disso (e, em certo sentido, não é isso mesmo o que acontece?), se esforçará para fazer o melhor diariamente.

3. O plano "viver e respirar o emprego"

Faça as pequenas coisas que não fazem parte da descrição de suas tarefas. Em outras palavras, faça de conta que você é o dono ou a dona da empresa! Há pouco tempo, joguei golfe em um clube de grande prestígio do qual um dos jogadores era o principal proprietário. Todos percebemos, durante o jogo, como ele se preocupava em pegar todo tipo de lixo que encontrava no chão, por menor que fosse. Um dos jogadores fez o seguinte comentário: "Você tem sempre como identificar quem é o dono".

Quando seu patrão vê que você assume responsabilidades como se fosse o dono ou a dona de empresa, preocupando-se com a imagem, a reputação, os produtos e a lucratividade, seu valor profissional dispara.

4. O plano "não se preocupe, seja feliz"

Levante-se sempre pelo lado certo da cama. Comece e termine o dia com uma mentalidade positiva. Cumprimente seus colegas de trabalho com entusiasmo pela manhã e deseje boa noite na hora de ir embora. Trata-se de um hábito muito fácil de cultivar. (Lembre-se das histórias de excelência total que contei no capítulo 4. É contagioso!)

5. O plano "sou o que sou"

Por fim, viva uma só vida, e não duas. O que você faz em sua vida pessoal, longe da empresa, é tão importante quanto seu comportamento no ambiente de trabalho. Se você está vivendo uma vida dupla, isso logo virá à tona. Se, durante três meses, eu seguisse você desde o momento que sai do trabalho até a manhã seguinte, deveria ver a mesma pessoa nos dois lugares. Seja honesto com você e com seus colegas de trabalho.

O HÁBITO DA SAÚDE

O dr. Kenneth Cooper, médico de Dallas que deu início à revolução aeróbica e da preparação física, escreveu um livro chamado *É melhor acreditar.*[1] Ele fornece evidências claras de que há uma ligação entre as dimensões física, mental e espiritual da vida. Faz coro com ele o dr. Herbert Benson, da Faculdade de Medicina de Harvard, que identificou o que chama de "fator fé" no processo

[1] Rio de Janeiro: Record, 1998.

de cura física e emocional: um forte sistema pessoal de crenças que aceita a importância de cuidar do corpo e a prática da oração e da meditação como parte dessa fé.

Segundo uma matéria da edição de julho e agosto de 1995 da revista *Psychology Today*, um estudo de dez anos entre 2.700 pessoas mostrou que, depois de considerados todos os fatores de risco, apenas um atributo social — a freqüência a igrejas — reduzia as taxas de mortalidade. Outro estudo realizado entre mulheres idosas descobriu que as menos religiosas tinham taxa de mortalidade duas vezes maior que as mais dedicadas à religião.

O dr. Benson relata que pacientes com firmes convicções religiosas ou filosóficas que praticam as disciplinas da oração e da meditação tendem a alcançar mais sucesso na cura de certas doenças, incluindo a hipertensão, dores na cabeça e nas costas e depressão mental.

Considere a possibilidade de assumir como parte habitual de sua vida os seis níveis de pureza (física e espiritual) a seguir:

- *Comida pura:* coma alimentos naturais, saudáveis e frescos.
- *Ar puro:* não fume; faça exercícios aeróbicos com regularidade para aumentar o fluxo de oxigênio.
- *Água pura:* diminua a quantidade de refrigerantes, cafeína e álcool que você ingere; ao mesmo tempo, aumente o consumo de sucos saudáveis de frutas e vegetais.
- *Alma pura:* passe mais tempo com Deus, orando e meditando, lendo a Bíblia.
- *Ambiente puro:* crie espaços saudáveis, edificantes e agradáveis para viver.
- *Corpo puro:* desintoxique-se; faça exercícios com regularidade.

A saúde é holística. Você deve procurar se manter saudável em todas as áreas de sua vida se pretende alcançar a alta performance.

O HÁBITO DE DESCANSAR

O sono, segundo o médico Forest Tennant, um dos mais notáveis especialistas em dependência de drogas dos Estados Unidos, é o único período em que o cérebro produz certas substâncias fundamentais para manter o corpo e a mente equilibrados e saudáveis. Se essas substâncias não forem produzidas e liberadas durante o sono, surgem alguns sintomas que as pessoas tentam aliviar com o uso de drogas, tanto legais quanto ilegais.

A privação do sono compromete a tomada de decisões. Há evidências de que as tragédias ocorridas com a nave Challenger e nas usinas nucleares de Chernobyl e Three Mile Island foram causadas, em parte, por decisões tomadas por pessoas que ocupavam cargos estratégicos e dormiam pouco. Eu mesmo já vi meu desempenho no trabalho cair por não dormir o suficiente. É por essa razão que, para mim, ter uma boa noite de descanso é prioridade absoluta.

Assuma o hábito de desligar a televisão e ler ou ouvir alguma coisa positiva e edificante antes de dormir. E não faça exercícios fortes demais nas três horas que antecedem ao sono, a não ser que deseje ficar olhando para o teto. O mesmo vale para o consumo de álcool.

Hábitos de sono inadequados influenciam outras áreas de nossa vida. Quando estamos cansados, somos mais propensos à irritabilidade, à negligência com a forma física e aos excessos na alimentação. Mas se desenvolvermos um plano que nos permita dormir o suficiente, acordaremos na manhã seguinte cheios de entusiasmo e prontos para encarar um novo dia com uma perspectiva de excelência total. Entregue suas preocupações a Deus antes de se deitar e permita que ele cuide delas enquanto você dorme profundamente.

O HÁBITO DA AUTODISCIPLINA

Quando éramos jovens, nossos pais nos disciplinavam. Isso não quer dizer que eles nos castigavam (embora eles provavelmente também fizessem isso); significa que eles nos treinavam para sermos confiáveis e responsáveis. No entanto, quando ficamos adultos, temos de nos disciplinar (treinar) para alcançarmos a alta performance. Precisamos prestar contas de nossos atos, estabelecer objetivos e até nos recompensar, de vez em quando, por trabalhos bem executados. Essa é a essência da autodisciplina: treinar nos hábitos do sucesso.

Já se sabe há muito tempo que as pessoas desejam bem-estar; elas querem trabalhar, mas não sabem como. Não sabem como ser pontuais, superar obstáculos, depender umas das outras, completar uma tarefa e aparecer no dia seguinte. Falta-lhes as habilidades básicas da vida, que toda criança e todo jovem deve aprender com os pais. Falta também uma compreensão da nobreza que constitui o trabalho: fazer aqueles hambúrgueres apetitosos da lanchonete pode ser um trabalho nobre, se a pessoa o fizer dessa maneira.

Você pode ou não considerar seu trabalho diário como algo nobre. Mas deveria, desde que seja moral e esteja de acordo com a lei! Você pode transformar o emprego mais simples na mais honrada vocação por meio da autodisciplina — o desenvolvimento de hábitos e práticas que lhe proporcionam o melhor daquela ocupação. A alta performance não tem nada a ver com o tipo de emprego, e tem tudo a ver com a pessoa que o executa e a maneira como o realiza.

O hábito de andar a segunda milha

Vou contar a você uma breve história que explica o hábito de andar a segunda milha. Em 12 de junho de 2000, registrei-me em um hotel de Minneapolis por volta das nove da noite e comecei a me preparar para o compromisso que tinha no dia seguinte, quando iria fazer uma palestra. Descobri que, pela segunda vez em toda a minha carreira, eu havia me esquecido de colocar uma gravata na mala.

Em pânico moderado, desci correndo as escadas e cheguei à loja de presentes, que estava fechada. O pessoal do balcão do hotel me informou que não havia lojas abertas àquela hora na vizinhança. Fiquei sem ação, até que um rapaz do balcão do hotel, com a aprovação de seu supervisor, ofereceu-se para ajudar. Jon Snyder morava bem perto do hotel, e se ofereceu para ir à sua casa e voltar com várias gravatas que poderiam me servir, das quais eu escolheria uma para usar na manhã seguinte. Ele voltou logo depois com uma bela seleção de gravatas, uma das quais combinou perfeitamente. Com isso, a crise foi contornada. Jon Snyder salvou minha vida naquela noite. Devolvi a gravata no dia seguinte, e enviei-lhe um belo presente quando voltei para casa.

É preciso dizer mais alguma coisa? Os Jon Snyders deste mundo são aquelas pessoas que estão sempre procurando uma maneira de servir às outras. Por essa razão, elas são recompensadas com oportunidades e progressos. Desenvolva o hábito de andar a segunda milha e você também receberá sua recompensa.

O HÁBITO DE PENSAR EM COISAS PURAS

Existe, sim, esse negócio de pensamento positivo ou negativo, moral ou imoral. O pensamento positivo é quando nos vemos fazendo alguma coisa boa, nobre e com potencial de sucesso. O pensamento negativo é planejar se vingar de alguém que fez alguma coisa que nos prejudicou. O pensamento moral é quando um jovem empreendedor planeja maneiras de estabelecer padrões mais elevados de honestidade e integridade em seu ramo. O pensamento imoral é... preciso mesmo dar exemplos de pensamentos imorais?

Quando se trata de confrontos entre a imaginação e a força de vontade, a segunda quase sempre vence. Se você está tentando quebrar um mau hábito (fumar, beber, pensar em coisas impuras, comer demais) e se coloca em um ambiente que alimenta sua imaginação, é provável que sucumba ao impulso emocional de seus pensamentos. Os comerciais de bebida e de jogos sempre apresentam o lado supostamente bom desses empreendimentos, nunca o lado ruim. No entanto, o lado ruim é a realidade. Se você alimenta sua imaginação com essas imagens falsas, sua força de vontade se esvairá como se fosse o ar de uma bola de gás que alguém estoura.

O dr. John Maxwell afirma: "Você pode viver da maneira que quiser, mas só pode fazê-lo uma vez". E Carl Bard dizia: "Embora ninguém possa voltar no tempo e começar de novo, qualquer pessoa é capaz de começar do ponto em que está e garantir um novo futuro". Lembre-se: ninguém decide se tornar viciado em nicotina, drogas, álcool, sexo ou jogo. O vício surge por causa do poder do pensamento negativo ou imoral. A única maneira de vencer esse poder é enchendo sua mente com pensamentos positivos e morais. Se isso acontecer de modo regular, esses pensamentos, com o tempo, se transformarão em hábitos. Como uma pessoa muito chegada me disse quando tentava largar o vício do cigarro, "não distraia o pensamento". Onze anos depois de parar, ela continua não distraindo o pensamento.

Estou absolutamente convencido de que, se desenvolvermos o hábito de controlar nossa imaginação e a limitarmos às coisas boas, puras, limpas, poderosas e positivas, encarnaremos aquilo que meu mentor Fred Smith diz que todos desejam: não apenas viveremos bem, como também morreremos bem.

Hábitos a serem evitados

Em vez de oferecer a você uma lista de práticas que devem ser evitadas (você provavelmente imagina qual seja a maioria delas), permita-me propor algumas perguntas que as pessoas devem fazer a si mesmas em relação a quaisquer práticas negativas que possam se tornar hábitos na vida.

- O dr. Forest Tennant diz que uma em cada doze pessoas que bebem de maneira casual se tornará um alcoólico. Você tem certeza de que não é essa pessoa?
- O dr. Tennant afirma que o fumo é a droga que leva muitas pessoas a um estilo de vida dependente e destrutivo, baseado no uso de drogas. Você tem certeza de que isso não acontecerá com você?
- Será que eu gostaria de ver meu comportamento hoje virando manchete dos jornais amanhã?
- Será que eu desejo que meus pais saibam sobre meu envolvimento com essa prática?
- Planejo contar a meu cônjuge sobre essa prática casual? Se não planejo, qual é a razão?
- Estou me enganando ao acreditar que "isso nunca se tornará um mau hábito para mim"?

Quando eu era jovem, gostava não apenas do sabor do álcool, mas também da sensação que ele me proporcionava. Eu voltava dirigindo para casa, depois de passar uma semana na estrada, quando percebi que estivera dentro de um bar nas últimas sete noites. De fato, aquilo me assustou, e decidi, naquela noite, que o álcool não era para mim.

Felizmente, o álcool nunca se tornou um problema para mim, e desde 26 de novembro de 1972 não tomo nem mesmo um drinque. Foi nesse dia que percebi com clareza a importância do exemplo que eu estava oferecendo. As drogas e o álcool exigem um preço alto na vida de pessoas, assim como prejudicam o país.

Minha esperança para você é que comece a formar em sua vida os hábitos positivos que, no tempo certo, substituirão os negativos; que tome a decisão por uma vida de alta performance; que deixe para trás esses hábitos que não fazem nada além de impedir você de alcançar as coisas elevadas que Deus criou. Ao fazer isso, a vida de excelência total será sua, e por merecimento!

10 O poder da determinação

Não consigo dizer que poder é esse; tudo quanto sei é que ele existe e só está disponível quando um homem está naquele estado de espírito no qual sabe muito bem o que deseja e está totalmente determinado a não desistir até realizar o seu intento.

Alexander Graham Bell

O segredo do sucesso é persegui-lo sem parar.

Harry F. Banks

Com determinação genuína, você persiste até ter um vislumbre de seu potencial. É nesse momento que nasce a paixão.

Fred Smith

A maioria das coisas importantes no mundo foi alcançada por pessoas que continuaram tentando quando parecia não haver mais esperança alguma.

Dale Carnegie

Não pare. Nada no mundo pode substituir a persistência.

Ray A. Kroc

Nunca desista, nunca desista, nunca, nunca, nunca, nunca — em nada, seja grande ou pequeno, imenso ou insignificante —, nunca desista, a não ser por convicções de honra e bom senso.

Winston Churchill

Meu sonho de me tornar um orador nasceu em 1952, quando ouvi Bob Bales falando em Florence, Carolina do Súl. Ele me deu orientações valiosas, e eu as segui. No entanto, só a partir de 1970 consegui dedicar tempo integral a essa atividade. Minha carreira como orador começou a decolar mesmo de 1972 em diante. Nesse intervalo, li muitos livros excelentes e assisti a palestras de oradores formidáveis conforme viajava pelo país afora, falando de graça. Também reuni exemplos, ilustrações e histórias que coletei em inúmeros eventos.

Falei a platéias de todos os tipos e tamanhos. Fui a clubes cívicos, ao Lions, aos Jaycees, aos Rotaries, a escolas, centros de reabilitação, presídios, igrejas, enfim, praticamente todos os grupos que me permitiam falar. Eu pedia aos colegas mais experientes nessa área e com quem eu tinha mais afinidade que avaliassem meu desempenho. Nesses anos todos, passei por alguns momentos desalentadores, quando parecia que nada estava acontecendo. Acontece que não era eu apenas quem tinha um sonho — o sonho tomava conta de mim também.

Durante essa jornada, eu me convenci de que tinha algo importante a dizer e que poderia fazer diferença na vida das pessoas. Posso dizer, com toda a honestidade, que por mais de uma vez pensei em abandonar a idéia de ser um orador profissional em tempo integral. Nesse período, eu continuava trabalhando com vendas porque, com uma esposa e quatro filhos, minha primeira prioridade era garantir-lhes o sustento.

Olhando para trás, percebo que a demora em assumir de vez a condição de orador profissional foi, em grande medida, responsável por boa parte do sucesso que conquistei ao longo dos últimos 33 anos. Eu estava aplicando os princípios diariamente e em situações reais de minha carreira como vendedor, assim como na vida das pessoas cujas carreiras eu estava orientando.

Logo descobri que os princípios iam muito além do mundo das vendas. Essa revelação gerou o desejo de descobrir mais para ter mais a compartilhar. Durante essa jornada, compreendi que, quanto mais informações eu tinha sobre meu tema, mais criativo eu podia ser em minhas apresentações. Quanto mais idéias novas eu aprendia com outras pessoas, mais úteis se tornavam as minhas, pois a verdade cria sinergia. Eu tomava cuidado, buscando a verdade e princípios éticos durante a formação de minha carreira.

Acredito que, seja qual for a profissão que você tenha escolhido, se assumir um compromisso sólido e tiver um desejo muito forte em seu coração — combinado com a convicção de que pode fazer uma diferença —, a persistência e a determinação oferecerão a você a melhor garantia do sucesso. Lembre-se de que a persistência capacita a pessoa a desenvolver outras habilidades conforme prossegue a jornada, desde que ela esteja sempre em processo de crescimento e tenha uma paixão genuína por beneficiar as pessoas com quem lida.

Determinação: a história de Charles Goodyear

Da próxima vez que comprar pneus para seu carro, espero que a história a seguir acenda uma luzinha em sua mente e você se sinta impelido a continuar, terminar, recomeçar ou levar adiante seus sonhos. Pode ser que nem queira comprar os pneus fabricados pela empresa Goodyear, mas é provável que os veja na loja; e quando isso acontecer, quero que você se lembre de Charles Goodyear...

O melhor relato da vida e da jornada de Charles Goodyear se chama *Noble Obsession* [Nobre obsessão], escrito por Charles Slack. Digo isso logo de cara para fazer um comentário sobre o título. Normalmente, pensamos na obsessão em termos negativos; o dicionário *Houaiss* a define, entre outras, desta maneira:

"Apego exagerado a um sentimento ou a uma idéia desarrazoada". E Charles Goodyear tinha um apego exagerado, compulsivo ao que imaginava ser a jornada de sua vida.

No entanto, Charles Slack classifica a busca de Goodyear como uma "nobre" obsessão por um motivo: Goodyear acreditava que tinha um chamado divino para resolver um problema científico específico. Em outras palavras, Charles Goodyear não era um louco (embora tivesse sido acusado disso). Ele era apenas um homem que nutria uma enorme paixão por aquilo que acreditava ser seu propósito na vida. Por essa razão, acredito que há muito mais o que aprender com essa história.

"Goodyear" é, naturalmente, a Goodyear Tire and Rubber Company, fundada e sediada até hoje em Akron, Ohio. Mas Charles Goodyear não fundou a empresa que leva seu nome. Na verdade, ele nem mesmo descobriu a borracha como produto natural. Os colonizadores europeus do Novo Mundo — Colombo, Cortez e outros — encontraram os nativos trabalhando com uma substância viscosa retirada das árvores.

Mas Charles Goodyear foi o ponto de ligação entre aquele material rude, inútil e pegajoso e os pneus de seu carro, a sola de seu tênis, o limpador de seu pára-brisa e os elásticos que você usa no escritório.

Quando os empresários europeus descobriram que a borracha podia ser usada como agente impermeabilizante e moldada para se transformar em outros produtos impermeáveis, como botas e bóias, eles investiram pesado — até o tempo mudar e a borracha voltar a ficar mole, gosmenta e disforme. A febre da borracha dos anos 1830 terminou tão rápido quanto começou. Várias empresas especializadas no produto quebraram, e os investidores perderam milhões. Eles chegaram à seguinte conclusão: a borracha não serve para nada.

Charles Goodyear não concordava com isso. Ex-inventor, gostava de mexer com coisas diferentes, e ficou curioso ao ver como a borracha era incapaz de manter sua forma e resistir ao calor. Assim, em 1834, ele deu início a uma odisséia que consumiu o resto de sua vida. Ele gastou cada centavo que tinha em milhares de experimentos fracassados. Ele vendeu os móveis e o aparelho de jantar da família para levantar recursos. Foi preso muitas vezes por não pagar as dívidas que contraía. Mas nunca desistiu.

Então, no inverno de 1839, Charles Goodyear fez uma descoberta muito importante. Ele havia misturado borracha bruta com alvaiade e enxofre, e viu que o enxofre fazia que a borracha mantivesse sua forma, mesmo quanto exposta a altas temperaturas. Goodyear havia acabado de descobrir o processo hoje conhecido como vulcanização, a base da indústria moderna da borracha.

Mas a fama e a fortuna ainda lhe fugiam. Goodyear passou muitos outros anos tentando aperfeiçoar o processo, enquanto se envolvia o tempo todo em ações judiciais contra pessoas que mentiam, garantindo ter inventado a combinação entre a borracha e o enxofre. Ele e a família enfrentaram por várias vezes o risco de falência, até a morte de Goodyear, em 1860. Mesmo cinco anos depois, a patente que ele havia tirado expirou, e sua descoberta passou para domínio público.

Em 1898, Frank e Charles Seiberling abriram uma empresa de fabricação de borracha em Akron, Ohio, e a batizaram como Goodyear Tire and Rubber Company em homenagem ao descobridor. Eles usaram aquela descoberta e começaram a fabricar pneus para bicicletas e para a crescente indústria automotiva.

A história de Charles Goodyear é poderosa (o sujeito era a própria determinação em carne e osso) por ser um exemplo de forte determinação. No entanto, é ainda mais inspirativa para os leitores deste livro por causa de sua relação com propósito e paixão. Goodyear era um ávido estudioso da Bíblia e membro fiel de sua igreja. Ele acreditava que sua "nobre obsessão" era um chamado de Deus. Nada o faria desistir de seus intentos, pois ele cria que, se assim procedesse, estaria sendo infiel ao propósito divino para sua vida. É preciso ter esse tipo de paixão e propósito para alcançar os níveis de alta performance dos quais falo neste livro.

Destino e determinação

Em *Noble Obsession*, Charles Slack fez esta observação:

> A única coisa descomplicada na vida de Charles Goodyear era a clareza de sua missão. Ele nunca vacilou, jamais pensou a sério na possibilidade de desistir. Quanto pior ficava a situação, mais forte era sua determinação. Ele nunca quis ser pobre, mas também jamais se envergonhou por causa disso. Ele explicou, em suas memórias, que Deus o havia escolhido para resolver o mistério da borracha, e que ele, Goodyear, era apenas "instrumento nas mãos do Criador".

A certeza disso, segundo Slack, "proporcionou a ele uma força rara e impressionante".

Mais além, neste livro, vou me aprofundar no poder do propósito (e, especificamente, um senso de propósito divino) em nossa vida e sua capacidade de nos levar além daquilo que pensávamos ser capazes. Mas no que se refere especificamente ao tema da determinação, nada pode nos tornar mais determinados a alcançar a alta performance do que um senso de propósito.

Meu coração se estilhaça quando penso em tantas pessoas que acordam e vão para o trabalho todos os dias sem um senso de propósito. Elas se vêem apenas como mais uma engrenagem de uma máquina, facilmente substituíveis por outra engrenagem, caso deixem de funcionar direito. Não estão determinadas a dar o melhor de si ou realizar seus sonhos porque não conseguem distinguir um propósito final, maior que elas, naquilo que fazem. Se, porém, a pessoa acredita em um destino pessoal, então a determinação substitui a apatia e a sensação de insignificância.

Foi o senso de propósito que levou Charles Goodyear a perseguir seus sonhos de transformar a borracha em um produto valioso para o mundo. Muita gente talvez tenha compreendido essa ligação, mas são as palavras de Martin Luther King Jr. que começo evocando: "Se um homem não descobre algo pelo que deve morrer, ele não está apto a viver".

Crítica e determinação

Certa vez, quando o cunhado rico de Charles Goodyear disse a ele que a borracha era um caso perdido e que deveria desistir de seu intento, recebeu a seguinte resposta: "Sou o homem que vai recuperar esse caso perdido". Charles Goodyear não se deixava influenciar pelas críticas; ele se recusava a acreditar (1) que a borracha não tinha nenhum valor prático e (2) que ele não era o homem que faria a descoberta.

Sejamos honestos sobre essa questão de crítica e determinação: é possível que a determinação se transforme em obstinação, em teimosia. No livro bíblico de Provérbios aquele que se recusa a ouvir conselhos é chamado de "insensato" (Pv 12:15; 15:5). O desafio que todos enfrentamos é este: como posso saber quando minha determinação pelo sucesso ultrapassou a simples persistência saudável e passou a ser uma obstinação estúpida e doentia? Não posso responder a essa pergunta por você nem por ninguém. Há muitas outras variáveis envolvidas em cada situação. Não podemos reduzir a determinação a uma fórmula.

Mas de uma coisa eu sei: o mundo está cheio de gente pessimista e *do contra*. Nossa determinação não deveria se deixar abater com aqueles que nos criticam porque acreditam serem os donos da verdade. À medida que as opiniões dessas pessoas estejam respaldadas em grande sabedoria baseada em experiência, fatos, evidências ou correções de rota, elas ganham credibilidade. Depende de cada pessoa considerar a fonte e o peso das críticas recebidas.

Mas não é a crítica baseada em evidências que considero a mais destrutiva, e sim a emocional. Vamos encarar os fatos: nenhum de nós gosta de ser chamado de idiota das mais diversas maneiras. Nosso ego é frágil (infelizmente) e pode constituir o elo mais frágil na cadeia que forma nossa determinação. Quando o ego sofre um impacto, a determinação pode perder sua força. Nosso sistema interno de envio de mensagens de auto-estima avisa na mesma hora: "Você foi rejeitado pelos outros por causa de sua determinação obstinada de ver esse projeto funcionando. Desista dele e voltará a receber a aprovação das pessoas".

Já ouviu essa voz antes? É claro que sim, assim como eu. É nesse ponto que um pouco de introspecção (ou de conversa com uma pessoa em quem você confia, como um mentor ou um amigo) é importante para ouvir a outra voz, que diz: "Não desista". Por três vezes, no livro de Salmos, encontramos o salmista envolvido nesse tipo de introspecção: "Por que você está assim tão triste, ó minha alma? Por que está assim tão perturbada dentro de mim?" (Salmos 42:5,11; 43:5). Ele encontrou consolo diante da realidade de sua situação e chegou à conclusão de que os fatos não justificavam o desepero.

Em um artigo publicado em dezembro de 2005 na revista *Psychology Today*, Peter Doskoch fala sobre um dos ambientes mais pesados que existem: as "Barracas da Besta", período de preparação dos cadetes da Academia Militar de West Point, nos Estados Unidos. Há vários objetivos a serem cumpridos durante o verão que precede o primeiro ano de estudos em West Point, começando pela eliminação daqueles que não são mentalmente fortes para suportar os quatro anos de disciplina rigorosa. Por essa razão, tudo é criticado: a aparência da pessoa, sua atitude, suas habilidades, sua capacidade física, sua perspicácia e a firmeza emocional.

O resultado disso é que, todo ano, cerca de 5% dos calouros fazem as malas e voltam para casa antes mesmo de o ano letivo começar. Doskoch enfatiza esse fato: "Um questionário sobre a questão da determinação, preenchido por todos os 1.233 cadetes que entraram na turma de 2008 mostrou que a determinação é a melhor referência para se prever quem sobreviverá às primeiras semanas da academia, que são muito difíceis".

Os cadetes que sobrevivem às "Barracas da Besta" só conseguem essa façanha porque estão determinados a não se deixar derrotar pelas críticas que recebem de seus superiores. Você pode sobreviver à sua versão das "Barracas da Besta" se assumir a seguinte postura: "Nada disso é pessoal; a 'vida' está tentando me colocar à prova para ver se eu sigo em frente ou desisto. Por isso, vou provar do que sou capaz, apesar das críticas e dos ataques que possam aparecer no caminho".

Criatividade e determinação

Como já mencionei, Charles Goodyear não era um cientista nem fazia experiências em laboratório. Em outras palavras ele não tinha nenhum talento "inato" ou treinamento especial que permitisse antever se ele seria ou não bem-sucedido em seus objetivos. Se, como creio, a determinação é a base do sucesso, isso não deveria nos surpreender. Da mesma forma, não deveríamos ficar admirados com os resultados de pesquisas recentes que indicam o seguinte: meros 25% das diferenças entre as pessoas, em termos de desempenho profissional, podem ser atribuídos ao quociente de inteligência (QI). A inteligência responde por apenas uma fração da razão do sucesso. A determinação tem valor para as pessoas em todos os níveis de capacidade.

Isso vale até quando se trata de gênios. Os diários de Mozart, por exemplo, contêm um texto sobre a vida familiar no qual ele afirma que uma sinfonia inteira surgiu em sua mente. Ninguém, porém, fala a respeito do parágrafo seguinte, no qual ele comenta que levou muitos meses para refinar sua obra.

No entanto, embora diversos estudos realizados entre grandes empreendedores em vários campos de atividade demonstrem que a característica comum de seu sucesso foi a tenacidade, essas mesmas pesquisas sugerem que a determinação motiva as pessoas a realizar grandes façanhas, em termos de criatividade.

A tenacidade de Goodyear o motivou a não apenas tentar descobrir uma maneira de fazer a borracha manter sua forma quando aquecida, como também o serviu em outras áreas. Ele se valeu de vários modos de levantar recursos financeiros: empréstimos, participação em lucros, sociedades, captação de investimentos. Não havia nada que ele não estivesse disposto a fazer para manter vivo seu sonho. Nunca conheci uma pessoa de alta performance que não tivesse uma convicção sólida sobre as maneiras de se contornar, enfrentar, superar ou evitar um obstáculo que surgisse em sua trilha rumo ao sucesso.

Barbara Corcoran vendeu sua empresa imobiliária em Nova York, em 2001, por 70 milhões de dólares. Nada mau, considerando que ela começou, 25 anos antes, com um empréstimo de mil dólares. Mas ela correu sério risco de perder tudo na época da quebra das bolsas de valores, em 1987. Barbara devia 300 mil dólares e já estava escrevendo um discurso de despedida para os funcionários quando se lembrou de algo que havia aprendido na infância. A vizinha da avó tinha uma ninhada de quatro filhotinhos de cachorro para vender e convidou vários potenciais compradores para visitá-la em determinado horário e ver os animais. O conceito de oferta e demanda entrou em ação. Considerando que havia apenas quatro filhotes e o triplo de pessoas interessadas em comprá-los, todos foram vendidos.

Corcoran colocou a mensagem de despedida do lado, somou os valores dos 88 tipos diferentes de apartamento que a empresa tinha para vender em sete prédios distintos, dividiu o total por 88 e lhes atribuiu o mesmo preço, independentemente do tamanho ou do estilo. Em seguida, colocou um anúncio do tipo "oportunidade imperdível". Centenas de pessoas fizeram fila para comprar um dos apartamentos, e ela levantou mais de 1 milhão de dólares de receita em apenas um fim de semana. "Abri mais dois escritórios em plena recessão. As horas mais difíceis se transformaram nas melhores simplesmente por causa da persistência", ela disse.

Ainda falando sobre o artigo de Peter Doskoch na *Psychology Today*, a persistência que Barbara Corcoran demonstrou foi fundamental para seu sucesso, mas não teria ajudado muito se não fosse o lampejo de criatividade que salvou seus negócios.

A maioria das grandes realizações na vida não ocorrem "de dentro para fora". Quando Jeff Bezos fundou a Amazon.com, ele atraiu hordas de compradores por meio de inovações criativas. E essa criatividade nunca parou de funcionar: compras a um clique no mouse, análises de produtos por parte dos clientes, possibilidade de adquirir um livro usado ou um CD mais barato do que um novo e assim por diante.

Saia da redoma em sua jornada. Só então poderá descobrir as idéias criativas das quais precisa para o progresso que tanto busca.

Tempo e determinação

Quando Charles Goodyear se dispôs a resolver o problema da borracha, ele não estabeleceu limites para sua empreitada. Como já mencionei, ele acreditava que Deus o havia convocado para essa tarefa; por isso, Goodyear a enxergava como um compromisso para toda a vida. Por conta dessa determinação, apesar de a descoberta do processo que, por fim, receberia o nome de vulcanização ter levado apenas cinco anos, ele passou o resto da vida tentando aperfeiçoá-lo e torná-lo comercial.

Será que os sonhos sem data de validade são mais nobres que os sonhos com prazo determinado? De maneira alguma. Você pode estabelecer um objetivo de perder determinado peso em um ano, ou fazer um doutorado em cinco anos, ou economizar 10 mil dólares para começar um novo negócio em 24 meses. Um exemplo clássico de objetivo com prazo fechado foi o anúncio que o presidente John F. Kennedy fez ao Congresso em 25 de maio de 1961: até o fim daquela década, os Estados Unidos levariam um homem à Lua. Esse objetivo foi alcançado em 20 de julho de 1969, quando o comandante Neil Armstrong, da Apollo 11, pisou em solo lunar.

Mas alguns sonhos e objetivos não combinam muito bem com cronogramas. Veja o exemplo do matemático Andrew Wiles, da Universidade de Princeton, e sua jornada para resolver o mistério do último teorema de Fermat, um problema que durava 350 anos. Ele tinha dez anos de idade quando deparou pela primeira vez com o enigma matemático e decidiu que seria a pessoa a resolvê-lo. Durante a juventude, ele trabalhou sobre o problema. Continuou a perseguir enquanto trabalhava como professor de matemática — sempre, é claro, que as responsabilidades que tinha como acadêmico lhe permitiam. Sete anos e quinze mil horas de intensa pesquisa depois, o teorema estava resolvido. "Eu estava a ponto de desistir. Era apenas uma questão de escolher qual método daria certo", afirmou o tímido matemático.

Peter Doskoch menciona o que os especialistas chamam de "regra da década", ou seja:

> Leva, pelo menos, uma década de trabalho duro ou treinamento para uma pessoa se tornar altamente bem-sucedida na maioria dos empreendimentos, de gerenciamento de uma loja de ferramentas a redação de roteiros de novelas. E a capacidade de persistir diante dos obstáculos é quase sempre um ingrediente essencial na maioria das realizações.

O mais interessante no que concerne à "regra da década" é o seguinte: olhando para frente, dez anos parecem uma eternidade; olhando para trás, a impressão é a de que não durou mais do que uma piscada de olhos. Portanto, não permita que o "longo caminho pela frente" intimide sua disposição de alcançar o objetivo. Quando chegar lá, você pouco se lembrará do sangue, do suor e das lágrimas que derramou e passará a respirar o ar puro do sucesso, desde que continue firme na jornada rumo à alta performance.

Permissão e determinação

Charles Goodyear não pediu a permissão de ninguém para resolver o problema do enrijecimento da borracha. Quem no mundo seria o "dono da borracha"? Com certeza, há momentos em que pode ser necessário pedir permissão, se seu objetivo invade a vida ou o direito dos outros. No entanto, mesmo nesses casos, aqui está meu conselho definitivo, inspirado na vida de Charles Goodyear: não aceite um "não" como resposta. Na grande maioria dos casos da vida, o botão que aciona a realização dos grandes objetivos da vida só depende de uma pessoa para ser acionado: você. Enquanto você não desligar esse botão (ou seja, enquanto se negar a desistir), ele continuará acionado, e sua jornada prosseguirá.

Meu amigo, minha amiga, há poder na determinação. Da próxima vez que você sair para comprar pneus novos ou calibrar os que estão em seu carro, lembre-se de Charles Goodyear. Aquele inventor improvável descobriu algo que mudou o mundo na virada do século XX, pois se recusou a desistir de seu sonho.

Paixão sem determinação só colhe as pepitas que estão na superfície. Se você espera descobrir outras coisas mais valiosas, é necessário unir a paixão à determinação. Ninguém vive uma vida de excelência total sem buscá-la de maneira determinada. Deus nos deu essa capacidade. Portanto, comece hoje mesmo e não pare enquanto não tiver chegado a seu destino.

11 Uma redefinição do sucesso

Seja qual for o lugar onde estivermos por obra da Providência, é um posto de honra e dever. Deus nos considera não pela posição que recebemos, mas pela maneira como a ocupamos.

Tryon Edwards

Deus não deseja que façamos coisas extraordinárias. Ele quer que façamos as coisas comuns, mas de maneira extraordinária.

Bispo Gore

Se você alcançar sucesso na primeira tentativa, procure esconder seu espanto.

Harry F. Banks

Se você não alcançar sucesso na primeira tentativa, tente se empenhar mais [...] O sucesso parece mais uma questão de prosseguir onde os outros desistem [...] Não há muita emoção no sucesso, a não ser que a pessoa tenha primeiro sentido o peso do fracasso.

William Feather

Em 1950, eu, a Ruiva e nossa filha Suzan vivíamos em Florence, na Carolina do Sul, onde trabalhei para a Wearever Aluminum Company. Eu estava na área de venda direta, fazendo demonstrações de panelas de casa em casa, toda tarde, para grupos de casais.

Minha esposa comprou ingressos para assistirmos a uma palestra de um orador motivacional chamado Bob Bales — um acontecimento que se revelou transformador para minha vida. Ele estava fazendo o que faço agora: viajando pelo país para encorajar e inspirar pessoas a alcançar seu potencial máximo. Nunca tinha visto ninguém tão divertido e, ao mesmo tempo, fazer tanto bem e (pensei) ganhar tanto dinheiro; as três coisas mexeram comigo. Assim, eu e a Ruiva convencemos o sr. Bales a jantar conosco naquela noite. Durante o jantar, perguntei o que precisava fazer para me tornar um orador tão bem-sucedido quanto ele.

Eu tinha apenas 25 anos naquela época — um pouco jovem demais, pensou o sr. Bales, para que as pessoas me levassem a sério. Assim, seu primeiro conselho foi para que eu esperasse mais alguns anos. Segundo, ele sugeriu que eu estabelecesse alguns recordes de vendas para ganhar credibilidade no mercado. Por fim, foi ele quem me incentivou a trabalhar no Instituto Dale Carnegie para ganhar mais experiência e credibilidade no campo de atuação que eu havia escolhido.

Tudo quanto ele me disse fez sentido, por isso resolvi seguir as três sugestões. Não havia nada que eu pudesse fazer quanto à passagem dos anos, por isso me concentrei primeiro em minhas vendas. Eu já havia me saído muito bem, mas redobrei meus esforços como vendedor e gerente de vendas com o objetivo de estabelecer novos recordes dentro da empresa. E foi o que fiz. Cinco anos depois, quando escrevi para o Instituto Dale Carnegie, descrevi, em palavras entusiasmadas, as marcas que havia alcançado em vendas, e eles me ofereceram um emprego.

Aceitei a oferta e mudei-me imediatamente com a família para a cidade de Nova York.

QUAL É O PREÇO DO SUCESSO?

A transição de minha infância na cidade de Yazoo, no Mississippi, para meu novo ambiente de trabalho em Nova York constituiu um choque cultural. Mas eu adorava meu emprego — promotor do programa de vendas da empresa — e sentia que estava oferecendo uma contribuição significativa. (Durante anos, depois que saí de lá, eles continuaram usando algumas estratégias que criei enquanto trabalhava naquela empresa.)

Mas havia um lado ruim no sucesso que eu estava fazendo em Nova York. Eu saía de casa todas as manhãs enquanto minha esposa e minhas filhas ainda estavam dormindo, e não voltava para casa a tempo de vê-las acordadas! Era algo com que eu não contava, e violava uma prioridade sincera de minha vida: passar tempo de qualidade com minha esposa e meus filhos. Cheguei à conclusão de que, se fazer sucesso em Nova York exigia aquele tipo de sacrifício, eu não estava disposto a pagar aquele preço.

Depois desses anos todos, até hoje rio quando me lembro de uma das evidências de que era hora de sair da empresa: as noites de sexta-feira eram as únicas da semana em que eu não tinha turmas para dar treinamento. Depois de três meses em Nova York, voltei para casa em uma sexta-feira e descobri que havíamos sido convidados pelos vizinhos para um jantar ao ar livre. Quando chegou a hora de voltar para casa, já tarde da noite, minha filha mais velha, que tinha cinco anos na época, virou-se para os vizinhos e gritou: "A gente se vê depois, *compadres*!". Quando ouvi aquilo, falei para a Ruiva: "Faça nossas malas, *mãe*. Vamos voltar para casa". Minhas raízes sulistas não suportaram a idéia de minhas filhas perderem seu charmoso sotaque em uma idade tão tenra! Por isso, apenas três meses depois de chegarmos a Nova York, já estávamos voltando para a Carolina do Sul.

Mesmo assim, o período que passamos em Nova York e minha experiência no Instituto Dale Carnegie foram valiosos em vários sentidos. Sinto que as coisas aprendidas com os especialistas daquela empresa contribuíram de maneira decisiva para o sucesso de minha carreira. E a experiência ajudou-me a solidificar, ainda jovem, a ordem de minhas prioridades na vida — e minha família estava no topo da lista. Desde então, tentei tomar cuidado para não me empenhar demais em alcançar um grau de sucesso que me obrigasse a pagar um preço alto demais. Quando me tornei um cristão, em 4 de julho de 1972, minha primeira prioridade passou a ser meu relacionamento com Cristo, em seguida minha família e, por fim, minha carreira. Desde aquela época, minha vida mudou para melhor em todos os sentidos.

O preço do sucesso pode ser alto demais. Aprendi que, para alcançar o sucesso, é preciso ter paciência e persistência; ele não chega da noite para o dia. Também aprendi que há alguns níveis de sucesso pessoal nos quais não tenho o menor interesse; são aqueles que prejudicam meu relacionamento com Deus ou com minha família. Para mim, o verdadeiro sucesso é agradar a Deus e saber que minha família está feliz e segura. Nada que menciono neste livro poderia ser considerado um sucesso sem essas duas realidades.

Sucesso e limitações

John e Randy Davis usaram cadeira de rodas durante quase a metade da vida por causa de distrofia muscular. O diagnóstico de John saiu quando ele tinha dois anos, e o de Randy, aos cinco. Apesar da doença, os dois estavam determinados a viver com intensidade — e, principalmente, se tornarem escoteiros nível "águia".

Para conquistar a graduação "águia" no programa dos escoteiros, é preciso receber 21 medalhas de mérito em campos muito variados. O grupo escoteiro dos Estados Unidos possui um programa para jovens com necessidades especiais, que os permite trabalhar por tipos alternativos de medalhas de mérito, adequados às suas limitações físicas. Mas John e Randy optaram por não se inscrever no programa alternativo. "Queríamos ver até onde conseguíamos ir sem isso", disse Randy. Paul Schieffer, mestre-escoteiro da Tropa 1103, em Dallas (formada por escoteiros com necessidades especiais), contou que os irmãos trabalharam, a princípio, para conquistar os mesmos tipos de medalha de mérito. No entanto, conforme cresceram e seus interesses mudaram, eles seguiram caminhos diferentes.

Sete anos depois de participar de seu primeiro encontro, John se tornou o primeiro membro da Tropa 1103 a ganhar a graduação "águia". Um ano depois, Randy foi o segundo. "Talvez isso sirva de inspiração aos outros garotos", disse John. "Mesmo que você não chegue lá, vale a pena fazer a jornada." Moral da história: John e Randy tinham limitações físicas, mas elas não os impediram de realizar seu sonho.

Posso imaginar que, durante os sete ou oito anos necessários para os garotos cumprirem seu objetivo, eles ficaram exaustos. Tal realização me faz pensar no que afirmou Robert Strauss: "O sucesso é um pouco como lutar contra um gorila: você não desiste quando se cansa, mas quando ele se cansa".

O problema com essa questão de perseguir objetivos é que eles nunca se cansam. Continuam bem ali, no horizonte, para sempre, esperando que os cumpramos. Por essa razão, nosso desafio é o de não desistir de perseguir o sucesso. Se nos cansamos e desistimos, o objetivo continua lá, e outra pessoa o realizará. John e Randy são exemplos extraordinários do que é necessário para qualquer pessoa alcançar o sucesso.

Além disso, quem de nós não tem algum tipo de deficiência, mesmo que não seja de ordem física? Não conheço nenhuma pessoa perfeita, especialmente aquela que vejo no espelho toda manhã. Posso até não ter uma limitação física como a dos irmãos Davis, mas tenho muitas outras nas dimensões mental, espiritual e emocional da vida. E você também! Portanto, o que os irmãos Davis fizeram — alcançar o sucesso, apesar das grandes limitações físicas — é exatamente o que todos temos de fazer: realizar nosso sonho, por maiores que sejam nossas dificuldades e limitações.

De alguma maneira, achamos fantástico quando pessoas como John e Randy alcançam o sucesso — como se fosse exatamente isso que todas as pessoas com deficiências físicas deveriam fazer, ou seja, superar as limitações. Lemos sobre gente assim nas revistas ou vemos as histórias na televisão e ficamos maravilhados com sua determinação. Achamos que ter uma deficiência faz delas pessoas mais fortes. Por favor, depois de ler as histórias, não pense que elas são especiais, a não ser no seguinte sentido: quanto maior a limitação física de uma pessoa, mais admiramos seu sucesso. Olhe para elas como modelos para todas as pessoas portadoras de limitações... ou seja, todos nós. Elas apenas fizeram o que todas as pessoas bem-sucedidas devem fazer — perseverar e perseguir seu sonho até realizá-lo e não permitir que limitações de quaisquer espécies as impeçam. É esse o procedimento adequado para quem deseja uma vida de excelência total.

Sucesso e crítica

Li que as pessoas, na média, acreditam ter o dobro de probabilidade de obedecer aos Dez Mandamentos em comparação a outras. E isso não me surpreende de forma alguma. Há uma incrível tendência à superestimação inserida em nossa psique. Todos se consideram maravilhosos! A verdade, porém, é que essa inclinação é um grande impedimento para a maturidade genuína. Devemos levar mais a sério o conselho de Sócrates: "Conhece a ti mesmo".

Quando temos uma visão tão elevada a respeito de nós mesmos, fica difícil fazer uma autocrítica saudável ou receber as críticas externas. E como disse Sócrates (ele, de novo), "a vida sem ponderação não vale ser vivida". Ainda que isso possa ser considerado um exagero, é um ponto importante — e concordo com ele. Como seremos capazes de corrigir algum problema na vida (um obstáculo ao nosso sucesso) se não sabemos que ele existe? Provérbios 29:23, no Antigo Testamento, afirma: "O orgulho do homem o humilha, mas o de espírito humilde obtém honra". Quando a pessoa é orgulhosa demais (quando se superestima) para reconhecer os próprios erros, é pouco provável que, um dia, ela possa alcançar altos níveis de performance.

Outras pessoas, por sua vez, parecem ter como única missão na vida a crítica — não a autocrítica, mas em relação a outras pessoas! Elas procuram erros como se fossem uma espécie de recompensa. O jornal *Beaumont Enterprise*, do Texas, publicou uma matéria, em sua edição de 17 de maio de 2005, que constitui um exemplo clássico de como as pessoas bem-sucedidas aprendem a ignorar as críticas destrutivas.

Kim Mulkey-Robertson se tornou a principal treinadora de basquete feminino na Universidade Baylor, em 2000. No ano anterior à sua chegada, o time só havia vencido sete jogos. Em 2005, porém, Kim levou o Lady Bears a um recorde de 33 vitórias e três derrotas, vencendo três equipes de primeira linha em suas respectivas divisões para chegar ao campeonato nacional. Mesmo depois de alcançar esse recorde, em 2005, ela recebeu mensagens eletrônicas com críticas. Um pretenso crítico a acusou de deixar de selecionar uma jogadora em particular alguns anos antes. "Se você tivesse contratado aquela garota há dois anos, teria terminado o campeonato invicta."

Não há como agradar todo mundo o tempo todo. A crítica é uma realidade da vida. Pessoas de sucesso encontram o equilíbrio entre ignorar e aceitar a crítica. Tento seguir o conselho de minha mãe nessa área: analise a fonte. Se a crítica vem de uma fonte que você respeita, receba-a e leve em consideração. Não tenha receio de concordar com essa pessoa e faça as mudanças que ela sugerir. Mas se a crítica é negativa, destrutiva e arrogante, tire-a da cabeça e siga em frente. Dê ouvidos àqueles que oferecem incentivo, e não aos críticos injustos e irracionais deste mundo. As pessoas interessadas em que você viva com excelência total podem ser seus melhores amigos; por isso, aceite o que eles têm a dizer. Quanto aos que sentem ciúmes de seu sucesso ou se apegam a mesquinharias... esqueça-os e siga em frente.

Há uma Pessoa cujas análises eu desejo mais do que qualquer outra. Quero ouvir Deus dizer: "Muito bem, servo bom e fiel!" (Mt 25:21). Por saber que ele me ama e quer o melhor para mim, ouvirei tudo quanto ele tiver para me dizer.

Caráter e sucesso

Permita-me repetir uma pergunta que propus pela primeira vez em meu livro *Além do topo*:[1] como é possível um lugar com população total de 3 milhões de pessoas conseguir produzir gente como George Washington, James Madison, Benjamin Franklin, John Adams, Thomas Jefferson e muitos outros luminares com capacidade moral e mental de elaborar planos para o maior país do mundo? Acredito que o crédito não deva ser dado a essas pessoas, mas ao caráter da população como um todo. Em outras palavras, os fundadores dos Estados Unidos eram um reflexo do povo entre o qual se destacaram.

[1] Rio de Janeiro: Record, 2005.

E qual era a fonte de tanto caráter? Havia duas fontes primárias: a Bíblia e o *New England Primer*,[2] que foi usado nas escolas dos Estados Unidos por mais de dois séculos. Com o *New England Primer*, as crianças aprendiam as grandes palavras, com quatro, cinco e até seis sílabas. Olhando o *Primer*, vejo palavras como "gratificação", "edificação", "abominável", "reverência" e "benéfico" — termos que eram associados ao caráter, tanto bom quanto ruim.

No *Primer*, as lições eram identificadas com a Bíblia. Por exemplo, as letras eram aprendidas a partir da memorização de rimas inspiradas nas Escrituras:

A: Quando Adão caiu, o pecado nos destruiu.
B: Bíblia na mente e o céu lá na frente.

A base bíblica para a formação do caráter era ensinada a todas as crianças que aprendiam a ler e escrever. A Bíblia e o *New England Primer* eram duas ferramentas indispensáveis na educação da juventude daquele jovem país chamado Estados Unidos. Na verdade, o Congresso Continental adquiriu 20 mil bíblias para distribuir aos cidadãos que não dispunham de nenhuma.

Segundo o Instituto de Pesquisa Thomas Jefferson, nos primeiros dois séculos da história dos Estados Unidos, mais de 90% do impulso educacional era de natureza religiosa, moral e ética. Por volta de 1950, o conteúdo religioso, moral e ético do currículo das escolas públicas era tão restrito que sequer podia ser mensurado. Cerca de dez anos depois, nos tornamos anticristãos, principalmente na mídia e em muitas instituições pedagógicas. A

[2] Misto de cartilha e devocional, publicado a partir do século XVII e usado tanto para alfabetização quanto para formação cristã das famílias puritanas. (N. do T.)

tolerância foi elevada à condição de nova religião do país. Hoje em dia, toleramos tudo, menos os cristãos e o cristianismo.

Sem a referência bíblica, o conceito de caráter mudou muito nos Estados Unidos ao longo dos últimos cinqüenta anos. O cenário empresarial e governamental do país foi maculado pelas falhas morais e éticas de seus líderes, nos últimos anos. Não acredito ser possível alcançar o verdadeiro sucesso sem caráter moral e valores coerentes com as tradições bíblicas.

Os fundadores dos Estados Unidos tinham isso em mente quando construíram o país sobre o fundamento sólido da Palavra de Deus.

Tolerância e sucesso

Um dos maiores desastres de nosso tempo é a aceitação universal da *tolerância* como uma grande virtude. O cinema, a televisão e a imprensa escrita defendem com veemência: não devemos julgar os outros; precisamos ser tolerantes com as pessoas e seus pontos de vista.

A realidade é que todos nós somos intolerantes com várias coisas. Por exemplo, será que alguém deveria ser tolerante com o sujeito que abusa dos filhos e da esposa ou com os conceitos da Ku Klux Klan? Será que deveríamos ser tolerantes com o direito das pessoas a ponto de fazer qualquer coisa que elas acreditam ser correto? Devemos ser tolerantes com o jeito de pensar dos nazistas, dos comunistas ou daqueles que acreditam que "cada um deve fazer o que acha certo", independentemente do prejuízo que possa causar aos outros? Certa vez, recebi uma carta de um cavalheiro que me criticava por minha falta de tolerância em relação a determinado tema. A crítica que ele fazia revelava sua própria intolerância.

O dr. William Bennett escreveu um livro chamado *The Death of Outrage* [A morte da indignação], no qual perguntava por que não estamos falando, alto e bom som, sobre a deterioração dos valores ensinados em nossa sociedade. Por que não nos indignamos mais com o abuso de crianças, com a violência contra as mulheres, com os bêbados ao volante e outros tantos males sociais? Por que não nos levantamos mais para expressar indignação e revolta contra essas coisas? Por que não nos sentimos motivados a incentivar os outros a partir para a ação em casos como esses, que estão destruindo a sociedade? O dr. Martin Luther King Jr., líder do movimento pelos direitos civis assassinado em 1968, afirmou: "Nossa vida começa a acabar a partir do momento que nos silenciamos diante das coisas que realmente importam".

Acredito que o problema é a confusão que fazemos entre "tolerância" e "mente aberta". Tenho uma mente aberta no que diz respeito à aceitação das pessoas e idéias, desde que fique óbvio que tais idéias não são ilegais, imorais ou antiéticas. Por exemplo, eu não defenderia os direitos de um pedófilo, e espero (e acredito) que sua tolerância quanto a isso também seja zero. Eu seria tolerante quanto a um julgamento justo para o pedófilo, mas intolerante em relação ao direito de ele continuar abusando de crianças.

A mensagem é esta: mantenha sua mente aberta, seja tolerante quanto aos direitos das pessoas de crer no que quiserem, mas se aquilo em que elas acreditam viola as leis de Deus ou dos homens, eu encorajo você a ser intolerante. Quando as leis dos homens vão de encontro às leis de Deus, temos deixado de ser tolerantes e passamos a ser pecadores. E precisamos saber a diferença. Tolerar um comportamento que resulta de um caráter pecaminoso cria um precedente que leva à deterioração moral.

O que tem a tolerância a ver com seu sucesso a longo prazo? A tolerância é um reflexo do caráter. Quando toleramos as coisas erradas, isso é uma indicação de falha de caráter. E nenhuma estrutura estabelecida sobre uma fundação malfeita resiste ao tempo. Se desejamos colher o melhor da vida, é preciso plantar o melhor também. A Lei da Colheita consiste no seguinte: colhemos o que plantamos. Se plantamos ações baseadas no caráter moral e ético, colhemos frutos baseados nos mesmos parâmetros. E o caráter é sempre duradouro. Ele resiste ao tempo e continua firme. Como a casa sobre a qual Jesus ensinou nos evangelhos — aquela construída sobre rocha sólida, que resiste às tempestades, enquanto a que foi construída sobre a areia não consegue ficar de pé (cf. Mt 7:24-27).

Em março de 2005, tive uma experiência maravilhosa quando ministrei seminários na Índia ao lado de Krish Dhanam, que faz parte de minha equipe. Eu estava preocupado, pois achava que muitas figuras de linguagem ocidentais que utilizo poderiam não ser bem traduzidas para as platéias do país — especialmente minhas referências bíblicas, considerando que a maior parte dos participantes eram hindus, budistas, judeus, ateus ou muçulmanos. A reação verbal foi zero. Mas quando os jornais locais começaram a publicar matérias sobre os seminários, foram muito elogiosas. Só depois de voltar para casa é que entendi o motivo: eu havia ensinado princípios bíblicos, e a Palavra de Deus nunca volta vazia, não importa qual seja a crença ou falta de crença de quem a ouve. A Bíblia é o fundamento da civilização ocidental, da legislação britânica e da maioria das grandes reformas morais e sociais da história ocidental.

Quando E. D. Hirsch Jr., Joseph Kett e James Trefil publicaram *The Dictionary of Cultural Literacy — What Every American Needs to Know* [Dicionário de cultura básica — O que todo norte-americano precisa saber], em 1988, as primeiras 26 páginas dessa obra de referência foram dedicadas à Bíblia. Infelizmente, a cultura básica muda, e não tenho certeza se a Bíblia continua sendo uma referência para a cultura dos norte-americanos. Se ela perder o lugar que lhe é devido, nossa cultura sairá perdendo, pois deixaremos de contar com a influência divina e com as referências morais e éticas pelas quais a sociedade do país tem sido avaliada desde a chegada dos peregrinos, em 1620.

Eu incentivo você a ser uma das pessoas que garantirá um futuro bem-sucedido para a sociedade. Para isso, é necessário manter a moralidade e os valores bíblicos no cerne de sua jornada rumo ao sucesso.

Família, amigos e sucesso

Meu pai morreu quando eu tinha apenas cinco anos. Mas meu Pai celestial sempre esteve presente para ajudar minha mãe, que não tinha sequer o Ensino Fundamental completo. Dos doze filhos, seis não tinham idade suficiente para trabalhar.

Graças à bondade do sr. John R. Anderson, dono de uma mercearia local, eu e meu irmão mais novo começamos a trabalhar antes mesmo de podermos ser úteis em alguma coisa. Ele era um empresário bem-sucedido, de caráter impecável, e exerceu uma influência positiva tão forte sobre mim que batizei meu primeiro filho com o nome dele. Quando falo em "bem-sucedido", não me refiro apenas à questão material. Quero dizer que ele era o tipo de homem que poderia servir de modelo a qualquer rapaz.

O sr. Anderson e o gerente de seu açougue, o sr. Walton Haining, eram ambos homens retos de coração que me mostraram o que significa ser uma pessoa de caráter: honesta, responsável e hábil. Deus providenciou esses homens em minha vida em um tempo em que meu modelo pessoal, que era meu pai, já havia falecido. Não sei como teria sido minha vida se aqueles dois homens não a tivessem influenciado tão profundamente durante minha juventude.

Uma das principais responsabilidades das pessoas mais velhas é a de influenciar as gerações seguintes, servindo como modelo de integridade — estar presente para ensinar, apoiar e dar assistência à geração que está surgindo para que alcance o máximo de seu potencial. O mundo inteiro viu um exemplo comovente dessa realidade durante os Jogos Olímpicos de 1992 em Barcelona, na Espanha.

Derrick Redman estava correndo os 400 metros pela Grã-Bretanha quando distendeu um músculo do tendão da perna na hora da largada. Já li que essa é uma das contusões mais dolorosas que podem ocorrer com um corredor. De fato, Derrick Redman caiu no chão na mesma hora. Ele se levantou e começou a mancar, praticamente se apoiando apenas em uma perna, na direção da linha de chegada. O pai de Derrick, Jim, estava assistindo à corrida de um lugar perto da largada. Ele pulou por cima de uma cerca, correu na direção do filho, o abraçou e, juntos, os dois caminharam até cruzar a linha de chegada. A imagem do pai ajudando o filho a completar a corrida se tornou um ícone das Olimpíadas.

Enquanto aquela imagem mostra como os pais terrenos ajudam os filhos, para mim ela tem um significado ainda mais amplo. Ela me revela como meu Pai celestial entrou em minha vida quando eu era ainda jovem, ferido pela perda de meu pai terreno. Deus providenciou dois homens retos de coração para que fossem modelos de caráter e de sucesso para minha vida. Ainda que, na época, eu não conseguisse perceber a influência que exerciam sobre mim, hoje olho para trás e vejo como foram importantes em minha jornada. Psicólogos infantis nos dizem que a maior parte da formação da personalidade e do caráter acontece nos primeiros seis anos de vida. Como sou grato por aqueles dois homens que ocuparam o espaço deixado por meu pai, ajudando-me a manter a vida no rumo certo.

Eu também queria que minha vida fizesse diferença. Por meio de minhas palestras, meus livros e meu estilo de vida, sempre tive a esperança de ser um modelo de caráter, capaz de incentivar outras pessoas a seguir na direção do sucesso e da retidão. Sou grato por ter ouvido várias pessoas me dizerem que foram influenciadas positivamente por alguma coisa que falei ou ensinei, ou apenas por verem meu jeito de viver. Para mim, isso faz parte de uma vida de sucesso: ser um modelo para as gerações seguintes.

Não deixe de incluir a vida modelar como uma das marcas de seu sucesso, a começar com seus filhos. Nenhum de nós é perfeito, mas precisamos nos esforçar para isso e aprender a pedir perdão quando deixamos de ser bons modelos. Toda vida que busca a excelência total instila esse mesmo desejo na vida dos outros.

O SUCESSO EM PESSOA

Booker T. Washington nasceu escravo em uma plantação do sul dos Estados Unidos, mas foi criado para se tornar um dos homens mais respeitados de sua época e um dos maiores educadores de todos os tempos. Como fundador, primeiro professor e presidente do Instituto Tuskegee, no Alabama, ele fez mais do que qualquer outra pessoa daquele período para ajudar os negos a superar os efeitos devastadores da escravidão e resgatar a esperança no futuro.

A postura do dr. Washington no que dizia respeito à escravidão era notável: ele acreditava que a adversidade aumentava a capacidade de uma pessoa se concentrar e cumprir os objetivos desejados. Ele dizia: "Aprendi que o sucesso não deve ser medido tanto pela posição que a pessoa conquistou na vida quanto pelos obstáculos que ela superou enquanto buscava esse sucesso". Ele cria que reclamar da situação, da injustiça ou da falta de oportunidade era um modo garantido de continuar triste e pobre.

Washington se sentia motivado a inspirar estudantes negros a olhar além das circunstâncias e ver como o sucesso era possível.

Aqui está a filosofia de Booker T. Washington, em suas próprias palavras (do excelente livro *Up from Slavery: An Autobiography* [Livre da escravidão: uma autobiografia]):

> Tento o tempo todo gravar ma mente de nossos estudantes em Tuskegee e das pessoas do país a quem consigo alcançar com minha voz que todo homem, independentemente da cor de sua pele, será reconhecido e recompensado na mesma proporção em que aprende a fazer bem alguma coisa, melhor do que os outros conseguem fazer, por mais humilde que seja essa atividade. Como eu disse, acredito que minha raça alcançará o sucesso na proporção em que aprender a fazer as coisas mais banais de uma maneira extraordinária; quando aprender a fazer algo de modo tão pleno que ninguém será capaz de aprimorar aquele trabalho; quando aprender a fazer coisas de valor e indispensáveis.

O dr. Washington enfatizava a importância de as pessoas darem o melhor de si onde quer que estivessem. Em alguns momentos, isso é necessário para a sobrevivência; naquele período da história dos Estados Unidos, certamente era necessário para ele e para as pessoas a quem ensinava. Mas tendo consolidado nossa posição por meio do trabalho duro e de uma atitude positiva, sem reclamações, podemos começar a vislumbrar o próximo passo na escada. Crescer significa mais que sobreviver: significa sucesso. E a relevância o acompanha.

Washington acreditava que todas as pessoas desejam uma oportunidade de alcançar o sucesso, e a vida é governada por leis divinas imutáveis que garantem o sucesso àqueles que são diligentes. Para ele, não existe o risco de uma pessoa que agrega alguma coisa ao bem-estar material, intelectual e moral do lugar em que vive ficar sem receber a recompensa devida. Trata-se de uma grande lei espiritual, a do plantio e colheita, que jamais pode ser anulada.

Ele também ensinou que, quando nos entregamos totalmente à obra de uma vida — algo maior que nós —, esquecemos de perseguir a felicidade por motivos egoístas. Percebemos que, na verdade, nos sentimos felizes e nos contentamos com a contribuição que estamos oferecendo a alguma coisa realmente relevante. Conforme a pessoa se entrega dessa maneira, ela conquista a maior felicidade que essa obra pode lhe proporcionar.

A melhor causa à qual o ser humano pode se entregar é a glória de Deus. Quando buscamos fazer aquilo que o agrada, ele promete nos abençoar. Não consigo pensar em melhor definição para uma vida de excelência total e sucesso do que uma vida abençoada por Deus.

PARTE 3

O PROPÓSITO DA VIDA COM EXCELÊNCIA TOTAL

12 Qual é o propósito da vida?

Receba de Deus o padrão para sua vida; em seguida, faça seu trabalho e seja você mesmo.

Phillips Brooks

O propósito é o lugar onde sua alegria mais profunda se encontra com as necessidades do mundo.

Frederick Buechner

Aquele que tem Deus e todas as outras coisas não possui mais do que aquele que só tem Deus.

C. S. Lewis

Por uma pequena recompensa, o ser humano é capaz de fazer uma longa jornada; pela vida eterna, muitos são incapazes de dar um passo sequer.

Thomas Á Kempis

A finalidade definitiva do ser humano é glorificar a Deus e se alegrar nele para sempre.

Catecismo menor (1646)

Grande é a arte de começar, mas ainda maior é a arte de terminar.

Henry Wadsworth Longfellow

Em novembro de 2005, você deve ter visto e ouvido a cobertura da imprensa sobre a questão do "*design* inteligente" (ou "projeto inteligente") quando esse tema mobilizou dois estados norte-americanos e as eleições locais; Kansas era "a favor"; uma cidade da Pensilvânia era "contra". Mesmo que você não tenha acompanhado o caso, é provável que já tenha ouvido muita coisa a respeito do assunto.

Quero destacar algo muito interessante sobre o argumento do *design* inteligente que tem relação direta com aquilo que creio em relação ao propósito da vida. Em primeiro lugar, para resumir, o movimento de defesa da teoria do *design* inteligente cresceu a partir dos esforços de parte da comunidade científica na busca de uma evidência natural de que "Alguém" ou "Algo" projetou nosso universo. Em outras palavras, as pessoas que propõem o *design* inteligente não acreditam na evolução — a teoria segundo a qual a vida começou por acidente, e que o universo (incluindo nosso planeta) continua a se desenvolver de maneira aleatória, não dirigida.

Um dos principais porta-vozes do movimento a favor do *design* inteligente é um cientista chamado Michael Behe, PhD em bioquímica pela Universidade Lehigh, na Pensilvânia. Em seu livro *A caixa preta de Darwin: o desafio da bioquímica à teoria da evolução*,[1] ele pede que reflitamos a respeito de uma ratoeira tradicional. Trata-se de um mecanismo simples: uma base de madeira, uma presilha de metal sob tensão, uma mola bem forte, uma haste que libera a presilha de metal e uma barra que segura essa presilha enquanto está em tensão até que seja liberada pelo movimento da haste. Percebeu? Praticamente todo mundo já usou um mecanismo simples como esse para pegar um rato ou camundongo (e, provavelmente, para prender um dedo na hora de armar).

[1] Rio de Janeiro: J. Zahar, 1997.

Todas as partes da ratoeira possuem um propósito. Na verdade, se você tirar uma parte qualquer do mecanismo, a ratoeira pára de funcionar. Da mesma maneira, se você dividir a ratoeira por suas partes individuais e espalhá-las pelo quintal, não conseguirá pegar nenhum camundongo ou rato. (Quando isoladas, as partes são inúteis para se pegar um deles.) Pelo fato de cada parte ter um propósito, todas precisam trabalhar juntas para que a ratoeira funcione.

Bem, aqui está a pergunta que o movimento do *design* inteligente propõe: como as partes da ratoeira se juntaram para formar o mecanismo que cumpre seu propósito? Os evolucionistas diriam que elas se uniram por acidente ou coincidência; os adeptos da teoria do *design* inteligente afirmam que a existência de partes trabalhando juntas em um todo pressupõe a presença de um "*Designer*" que as reuniu.

Ratoeiras constituem apenas um tipo de ilustração — é claro que o projeto da ratoeira é obra de um ser humano, assim como outros mecanismos que existem no mundo. Mas Behe usa a ilustração da ratoeira para sugerir que os *mecanismos* químicos e biológicos infinitamente mais complexos presentes na natureza (coisas como o nível molecular que Charles Darwin não pôde ver com microscópios eletrônicos — jamais se uniriam para cumprir seu propósito de sustentar a vida biológica se não houvesse um *Designer*, um Projetista.

Esta é a conclusão: a própria existência de tantas criações biológicas que funcionam de modo maravilhoso em nosso mundo é, para mim, uma evidência de seu propósito! E nisso incluo você e eu mesmo na lista de criações com propósito. Minha mente simplesmente não consegue compreender como uma coisa tão singular e deliberada quanto os aspectos de nossa criação pudesse ter apenas "acontecido" sem mais nem menos. E, se todas as partes que nos compõem possuem propósitos, isso sugere um propósito geral, dando sentido à minha e à sua vida.

A ilustração da ratoeira usada por Behe faz bastante sentido para minha mente que não foi treinada em termos científicos, e parece muito coerente com algo que leio na Bíblia sobre minha vida: Deus me criou, parte por parte, para cumprir um propósito nesta vida. Tome nota das palavras do salmista:

> Tu criaste o íntimo do meu ser
> e me teceste no ventre de minha mãe.
> Eu te louvo porque me fizeste de modo especial e admirável.
> Tuas obras são maravilhosas!
> Digo isso com convicção.
> Meus ossos não estavam escondidos de ti
> quando em secreto fui formado
> e entretecido como nas profundezas da terra.
> Os teus olhos viram o meu embrião;
> todos os dias determinados *para mim*
> foram escritos no teu livro
> antes de qualquer deles existir.
>
> Salmos 139:13-16, grifos do autor

Se é necessária a existência de um *designer* humano para criar as partes de uma ratoeira ao mesmo tempo e uni-las para realizar um propósito, por que não seria mais razoável pensar que a perspectiva do salmista é precisa em relação aos seres humanos? Uma ratoeira possui meia dúzia de partes, enquanto meu corpo tem trilhões de células vivas, milhões das quais morrerão e serão substituídas enquanto você lê este capítulo. Dentro desses trilhões de células, há inúmeros processos químicos em andamento a cada segundo de cada hora de cada dia.

Quando penso sobre os mecanismos em pleno funcionamento dentro de meu corpo neste exato segundo, sou obrigado a concordar com a conclusão a que o salmista chega em seguida

> Como são preciosos para mim os teus pensamentos, ó Deus! Como é grande a soma deles! Se eu os contasse, seriam mais do que os grãos de areia. Se terminasse de contá-los, eu ainda estaria contigo.
>
> Salmos 139:17-18

Sou obrigado a concluir que há um *Designer* Supremo que criou todas as pessoas; que juntou todas as partes em um modelo comum para todos os seres humanos, e os dotou de tal singularidade que não há duas pessoas iguais no mundo. Já me disseram que o mundo não conseguiria lidar com dois Zig Ziglars — e isso é bom, já que não existe outro Zig! Assim como você também é singular!

E se cada parte de meu corpo possui um propósito (sim, até mesmo nossa amídala ou o apêndice), então é razoável que Deus nos tenha criado para um propósito. E é esse propósito que toda pessoa precisa descobrir

Paixão, alta performance e propósito

Tenho falado neste livro sobre a vida de excelência total. Até agora, abordamos os primeiros dois componentes desse estilo de vida: a paixão e a alta performance. E se você se identificou com o que eu falei a respeito dos dois "P" anteriores, então já está prontinho. Só falta saber para onde está indo! É aí que entra o propósito — o terceiro "P". Sem propósito na vida, somos como um tolo que se veste todo, mas não tem lugar nenhum para ir. Tudo funciona muito bem, com a máxima eficiência, mas ficamos andando em círculos.

A paixão provê a energia e o impulso; a alta performance é resultado da aplicação dessa paixão. Sem propósito, porém, a alta performance vira só um tiro no escuro. Com isso, quero dizer que a maioria das pessoas poderia encontrar várias atividades nas quais se sairia muito bem. Na verdade, muita gente consegue alcançar níveis aceitáveis (ou mesmo altos) de desempenho nos empregos e vocações que perseguem hoje em dia.

Mas, em minha opinião, a alta performance na vida só é alcançada quando exercito minha paixão para realizar aquilo que acredito ser meu propósito na vida. E de acordo com essa definição, acredito que muita gente nunca sentiu o gostinho da alta performance. Por que isso acontece? Porque elas ainda não buscaram e muito menos encontraram seu propósito. Isso pode ser porque elas nunca souberam (ou optaram por não crer) que *há* um propósito na vida! E é isso que espero mudar em seu raciocínio nesta terceira parte do livro: quero motivar você a crer que tem um propósito na vida.

"Espere um pouco, Zig", você pode dizer, "eu ganho bônus todo ano, fui promovido várias vezes e recebo vários elogios nos relatórios. Até gosto de quase tudo em meu trabalho. Por que não considerar tudo isso um exemplo de alta performance?".

Permita-me responder a essa pergunta com algumas perguntas também. Você ficaria desesperado amanhã se lhe dissessem que não pode mais trabalhar em seu emprego atual? Continuaria fazendo o que faz por metade do salário? Continuará fazendo o que faz porque precisa (em termos financeiros) ou porque deseja (não consegue se ver fazendo outra coisa)? Independentemente de quão bem você faça seu trabalho, será que há alguma coisa completamente diferente que você sonha fazer — algo que espera fazer quando se aposentar?

A maneira como você responde a essas perguntas tem muito a ver com seu nível de desempenho, pois está relacionada à seguinte questão: você acredita ou não que esteja cumprindo um propósito divino para sua vida?

Veja estes diagramas para ter uma idéia visual do que estou dizendo a respeito de paixão, alta performance e propósito.

A MANEIRA COMO MUITA GENTE VIVE

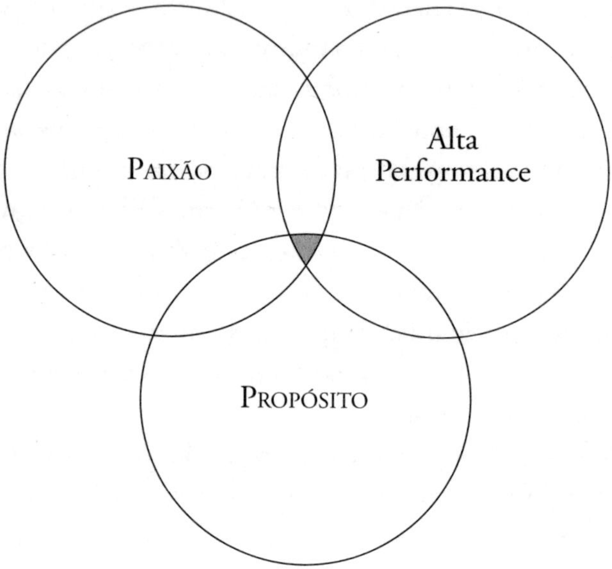

Há apenas uma pequena área de intercessão entre a paixão, a alta performance e o propósito.

A MANEIRA COMO TODOS DEVERIAM VIVER

Obviamente, usei os extremos do espectro para ilustrar meu ponto de vista: provavelmente há mais interseção entre a paixão, a alta performance e o propósito na vida da maioria das pessoas do que aparece no primeiro diagrama. Uma unidade total das três dinâmicas, como representado no segundo diagrama, pode ser um objetivo inalcançável nesta vida. *Mas 100% de interseção (sobreposição) dos três ainda é o objetivo pelo qual devemos nos esforçar.*

Imagine um número infinito de diagramas entre esses, que demonstrem uma interseção cada vez maior das três áreas conforme a vida vai passando. Felizmente, é isso que acontece a cada pessoa à medida que ela se aproxima da alta performance naquilo que representa seu verdadeiro propósito.

No espaço em branco a seguir, desenhe três círculos representando sua vida. Posicione-os de maneira que a sobreposição reflita como você se vê neste momento. (Use um lápis.) Até que ponto a paixão, a alta performance e o propósito estão se encaminhando para formar uma unidade, em vez de três dinâmicas distintas?

PAIXÃO, ALTA PERFORMANCE E PROPÓSITO:
COMO VEJO MINHA VIDA

____

(Data de hoje)

Você deve voltar a esse diagrama daqui a uns dois anos e apagar os círculos que desenhou para formar outros três que mostrem seu progresso (ou retrocesso).

A vida é uma jornada rumo à plenitude... rumo à paixão... rumo à alta performance... rumo ao propósito. Conforme você muda e se ajusta ao longo dos anos e essas três dinâmicas se aproximam, a excelência total é uma realidade cada vez mais presente em sua vida.

O PODER DE UM

Quando falo a uma platéia de milhares de homens e mulheres ao mesmo tempo, sempre fico empolgado com esse conceito de propósito. O próprio fato de as pessoas dedicarem metade do dia (ou mesmo o dia inteiro) de trabalho e investir o dinheiro que ganham com esforço para comparecer às palestras e ouvir o que eu e outros temos a falar sobre propósito, automotivação, potencial, sucesso e vários outros assuntos me revela uma coisa: as pessoas se importam com isso!

Em algum lugar dentro de nosso coração, há uma expectativa pela excelência, uma vontade de fazer melhor, de cumprir nossos objetivos, de realizar coisas importantes e de chegar à alta performance. Ninguém obriga as pessoas a participar desses seminários, assim como ninguém é forçado a comprar este livro. Mas você é bem igual a mim: deseja alcançar o melhor de seu potencial. Se não fosse assim, não se preocuparia com isso e se limitaria a vagar por aí a vida inteira, sem desejo algum de acelerar sua vida. Acho que há outras pessoas por aí que também são assim (afinal de contas, nem todos vão a meus seminários!). Mas eu acredito que alguma coisa aconteceu com elas no meio do percurso. De alguma maneira, a chama do propósito, que arde no coração de todas as pessoas, extinguiu-se por causa de uma dose letal de negativismo, crítica ou falta de incentivo. Em algum lugar, durante o percurso, elas desistiram, jogaram a toalha e disseram: "Por que me importar?".

Posso fazer uma pergunta pessoal? Seria possível você estar nessa situação — lendo este livro como se fosse uma espécie de "último suspiro"? Se estivéssemos sentados juntos em uma cafeteria conversando, eu pediria que me contasse se é assim que está se sentindo. E posso garantir que você não teria de ouvir uma palestra por causa disso. Na verdade, eu faria o contrário. Você me ouviria dizer: "Amém, irmão"; ou "Amém, irmã", pois sei como é esse sentimento. Sei que é possível chegar a tal nível de desânimo a ponto de questionar se um dia conseguirá mesmo ser e fazer o que deseja.

Houve um tempo em minha vida no qual eu me perguntava se um dia seria capaz de colocar a cabeça em ordem. E se eu não tivesse conhecido Deus de um modo pessoal, reorientando meu jeito de pensar em relação às Escrituras, não teria conseguido. E se ele não tivesse me concedido a Ruiva para interceder por mim e me incentivar em cada passo do caminho, eu não teria realizado nada. Por isso, conheço o sentimento de desânimo que pode atravessar seu caminho nesta vida.

Mas eu tenho uma coisa para dizer: se não fosse possível ser e fazer aquilo para que você veio a este mundo, não haveria nenhum remorso! Você nem se importaria com isso! O próprio fato de conversarmos sobre seu propósito na vida é uma evidência de que você sabe a diferença entre ser e não ser bem-sucedido. Estar em algum lugar neste momento para pensar onde foi que você errou já é um sinal positivo! Isso significa que você sabe a diferença entre vencer e perder. E por saber a diferença, é grande a possibilidade de você transformar seu fracasso em um sucesso, de encontrar seu propósito na vida e assumi-lo. Não se trata de jogo de palavras, meu amigo e minha amiga; é a pura verdade! Você é uma pessoa entre tantas neste mundo imenso, mas foi criada para ocupar um espaço único, singular. Neste momento, sua cadeira está ocupada porque você está lutando para saber se vale a pena tentar ocupá-la. Mas ninguém pode, assim como ninguém o fará. Se você não se agarrar com firmeza ao propósito para o qual Deus criou sua vida, isso será uma tragédia! As outras pessoas precisam que você cumpra seu propósito divino.

Aqui está outra coisa que sei que acontece em meus seminários (sei porque as pessoas me contam). Invariavelmente, dentro de uma multidão de milhares de pessoas, haverá algumas que olharão em volta, verão todos os *puros-sangues* reunidos na sala e dirá: "Meu amigo, sou a velha égua cinza ou o garanhão cansado desse grupo. Que chance tenho eu de fazer sucesso contra esse tipo de energia?". E quem me notaria se eu simplesmente gostasse da conversa de Zig e decidisse não seguir adiante?

Há um poder impressionante em cada pessoa criada à imagem de Deus. Se você não pensa assim, olhe para a diferença que uma pessoa fez em diversos momentos da História.

- Em 1645, um voto deu a Oliver Cromwell o controle da Inglaterra.
- Em 1776, um voto confirmou o uso da língua inglesa nos Estados Unidos, em vez do alemão.
- Em 1845, um voto agregou o estado do Texas à União.
- Em 1868, um voto salvou o presidente Andrew Johnson do *impeachment*.
- Em 1875, na França, um voto mudou o regime da monarquia para a república.
- Em 1945, um voto salvou o sistema de alistamento militar dos Estados Unidos apenas doze semanas antes do ataque à base em Pearl Harbor.

- E, infelizmente, em 1923, um voto concedeu a Adolph Hitler o controle do Partido Nazista na Alemanha.

Esses são apenas alguns exemplos nos quais uma pessoa fez uma enorme, inestimável diferença, para o bem ou para o mal, em questões importantes para um país ou para o mundo todo. Na época em que as pessoas computaram esses votos, provavelmente não tinham idéia das implicações daquilo que estavam fazendo. É raro termos esse tipo de noção quando fazemos alguma coisa. Mas, olhando pela perspectiva histórica, nossas ações produzem conseqüências inacreditáveis. Não temos o poder de antever o futuro, mas podemos ter a certeza de que nossos atos são significativos e relevantes, e precisamos assumir essa responsabilidade que Deus nos dá. Lembre-se das palavras do salmista: "Os teus olhos viram o meu embrião; todos os dias determinados para mim foram escritos no teu livro antes de qualquer deles existir" (Sl 139:16).

Deus vê tudo de uma só vez, e conhece a vocação de cada pessoa. Nossa parte é não *brincar* de Deus, mas *confiar* nele — crer que uma só vida, como a nossa, pode fazer uma grande diferença.

Christopher Wren, que projetou a magnífica Catedral de São Paulo, em Londres, foi um dos maiores arquitetos ingleses. Certo dia, depois do início das obras de sua catedral, Wren circulou incógnito entre os artesãos e operários.

— O que você está fazendo? — perguntou a um dos trabalhadores.

— Estou cortando um pedaço de pedra — respondeu o homem.

Ele fez a mesma pergunta a outro operário.

— Estou ganhando cinco *shillings* e dois *pence* por dia — disse o sujeito.

Ele perguntou a mesma coisa a uma terceira pessoa, e a resposta foi esta:

— Estou ajudando Sir Christopher Wren a construir uma catedral magnífica para a glória de Deus.

O terceiro operário tinha um propósito! Ele conseguia enxergar além do corte da pedra, além do pagamento da diária por sua mão-de-obra e até mesmo além de um simples trabalho de arte. Pelos olhos da fé e beneficiado pela perspectiva, confiante em seu chamado, ele viu uma grande catedral em processo de construção. Sua capacidade de antever as coisas é o que há de mais louvável, considerando que a construção levou trinta anos para ficar pronta. É possível que aquele operário nunca tenha visto o prédio concluído, mas o que viu a partir da perspectiva do propósito era tudo quanto precisava para tratar sua tarefa como uma grande vocação, não apenas um emprego.

Você não é "apenas" uma pessoa; sua vida é relevante, e há um propósito importante a ser realizado por seu intermédio.

Propósito e permissão

Se acontecer de, um dia, um jovem chamado Kyle Maynard se aproximar e perguntar se você quer lutar com ele, meu conselho é simples: não faça isso! E não se deixe influenciar pelo fato de ele não ter os braços do cotovelo para baixo e de suas pernas só chegarem aos joelhos. A deficiência física de Kyle Maynard é congênita, um caso que ocorre a cada 2 mil nascimentos, mas raramente de modo tão grave. Ele só tem a parte de cima dos braços e das pernas, mas, mesmo assim, se tornou campeão de luta livre no colégio de Ensino Médio em que estudou, na Georgia. O título de seu novo livro, *No Excuses* [Sem desculpas], diz tudo. Os pais de Kyle o criaram dentro dessa filosofia, ou seja, não procurar desculpas para deixar de fazer as coisas, e foi assim que ele procedeu.

Quando garoto, Kyle adorava esportes. Ele era goleiro em jogos de hóquei na rua, e chegou até a jogar em um time de futebol norte-americano quando cursava o 6º ano — perdeu as primeiras 35 partidas que disputou. Quando passou para o Ensino Médio, a história começou a mudar. Ele e o pai, ex-lutador, trabalharam em um programa de treinamento com pesos que fez toda a diferença. Com seu treinador, Kyle criou movimentos e golpes de imobilização específicos para sua condição física. No último ano em que participou da equipe de luta do colégio, ele venceu 35 embates e perdeu dezesseis. Classificou-se para os campeonatos estaduais e venceu as três primeiras lutas; perdeu por pouco o combate final (do qual participou com o nariz quebrado).

Hoje em dia, Kyle dirige o próprio carro, estuda na Universidade da Georgia e tem mais planos para o futuro do que cinco pessoas juntas seriam capazes de realizar. Os pais o criaram insistindo em que ele vivesse uma vida "normal", o que parece ter funcionado. Quando alguém pediu a Kyle para definir o significado da palavra "normal", ele respondeu da seguinte maneira:

> Para mim, isso significa apenas fazer o que deve ser feito no dia-a-dia, como se não houvesse dificuldades para realizar as coisas, como se não houvessem obstáculos para mim. Viver uma vida normal não significa estagnação. Você deve olhar para frente e estabelecer objetivos aparentemente impossíveis, que as pessoas poderiam considerar inalcançáveis, dadas as limitações. E aí é seguir em frente e mostrar que dá para fazer.

Depois de descrever Kyle Maynard, não consigo pensar em muita coisa mais a dizer sobre a questão da auto-estima. Infelizmente, porém, há muita gente sem as mesmas limitações físicas que não se consideram tão "normais" quanto ele. O que é necessário para que passemos a nos ver de maneira positiva — uma auto-estima positiva —, a despeito das limitações e dificuldades que todos temos? O que é preciso para acreditar que somos relevantes o suficiente para cumprir um propósito?

A resposta a essa pergunta pode ser encontrada em uma grande história do Antigo Testamento. Um líder espiritual chamado Samuel foi enviado à vila de Belém para identificar e ungir o homem que se tornaria o próximo rei de Israel. Ele sabia que tal homem era um dos filhos de Jessé, mas não sabia qual deles. Jessé tinha oito filhos, sete dos quais se apresentaram a Samuel quando ele chegou. Mas Deus disse que nenhum deles era o novo rei. O mais novo, Davi, estava do lado de fora, cuidando das ovelhas, por isso Samuel pediu que o chamassem. Quando Davi chegou, Deus disse ao líder espiritual: "É este! Levante-se e unja-o" (1Sm 16:12).

Quando Samuel recebeu a orientação de não considerar os primeiros sete filhos de Jessé, Deus falou com ele desta maneira: "Não considere sua aparência nem sua altura, pois eu o rejeitei. O SENHOR não vê como o homem: o homem vê a aparência, mas o SENHOR vê o coração" (1Sm 16:7).

Sendo assim, qual é a chave para garantir uma auto-estima saudável? É olhar para si como Deus olha, e não como o mundo o faz. Se os pais e os treinadores de Kyle Maynard tivessem usado os padrões do mundo para determinar o valor daquele jovem e o fizessem saber dessa opinião, onde você acredita que ele estaria hoje? Sobre os primeiros anos de vida de Kyle, sua mãe afirmou: "Tudo quanto sabíamos era que ele era um bebê lindo. Era uma criança radiante, tão maravilhosa [...] Então, ficamos olhando sua face, aquela face tão maravilhosa".

Sabe qual é a palavra-chave na descrição que ela fez? "Lindo". A beleza, não importa quem seja a pessoa, vem do coração e não de nossa aparência física. Quando os pais de Kyle o viram, perceberam que havia vida e potencial! E foi isso que transmitiram ao filho. E adivinhe o que aconteceu: ele acreditou no que os pais disseram e se tornou um dos jovens mais saudáveis, em termos emocionais, que você poderia encontrar.

Meu amigo, minha amiga, pode haver muitas coisas em nossa vida exterior que o mundo classificaria como "fora do normal". Pode ser que você não tenha estudos, dinheiro, *status*, experiência ou um visual de modelo. (Eu era assim há sessenta anos, e até hoje meu visual não é de nenhum galã de cinema!) Mas e daí? Deus não se importa com nada disso. Lembre-se: "O homem vê a aparência, mas o SENHOR vê o coração" (1Sm 16:7).

Você já viu algum desses broches, tão populares há alguns anos, nos quais se lia: "Deus não faz nada malfeito"? É a mais pura verdade e constitui o segredo da auto-estima de todas as pessoas criadas à imagem de Deus (ou seja, todos nós). Se existe alguma parte de seu ser da qual você se envergonha, gostaria de mudar ou lhe causa constrangimento, pense com cuidado. Deus olha para seu coração e aceita você absolutamente pelo que é. E você deveria fazer o mesmo.

Tudo o que você precisa para cumprir o propósito de Deus em sua vida é a permissão e a aprovação divinas, e de mais ninguém. Quando você anda segundo a vontade de Deus, haverá beleza em sua face, uma beleza que fará que as pessoas se perguntem o que há de diferente em sua vida. Essa beleza é resultado do cumprimento dos propósitos de Deus em sua vida quando ninguém mais acreditava que você seria capaz.

Conforme você prosseguir na leitura sobre propósitos no restante da Parte 3, lembre-se da lição da ratoeira: você foi criado por um *Designer* inteligente para realizar algo muito grande. Quando combinar seu propósito com sua paixão, o resultado será a alta performance — em outras palavras, a vida de excelência total!

13 Descubra sua vocação

Se um homem é chamado para ser um gari, ele deve limpar as ruas da mesma maneira que Michelângelo pintava, ou que Beethoven fazia música, ou que Shakespeare escrevia poesia. Ele deve limpar as ruas tão bem que todos os exércitos celestiais e da terra parem para dizer: "Aqui viveu um grande gari que fazia seu trabalho muito bem".

Martin Luther King Jr.

> A pessoa responsável procura fazer de sua vida uma resposta à pergunta e ao chamado de Deus.

Dietrich Bonhoeffer

Cada chamada honesta, cada caminhada da vida, possui categoria própria, uma classe baseada na excelência da performance.

James Bryant Conant

> A vida não se limita a alguns anos dedicados à auto-indulgência e ao desenvolvimento da carreira profissional. Ela constitui um privilégio, uma responsabilidade, um compromisso para viver de acordo com uma vocação bem maior, uma vocação divina. Isso, por si, dá sentido à vida.

Elizabeth Dole

Desembaraço e capacidade para realizar qualquer tarefa não são concedidos antes do trabalho, mas somente por intermédio dele.

Andrew Murray

DÁ PARA CONTAR NOS dedos de uma das mãos o número de pessoas ao longo da História cujo chamado na vida foi-lhes apresentado em uma bandeja de prata, como se fosse um telegrama enviado diretamente dos céus. Um grupo um pouco maior teve um *estalo* repentino no qual, de alguma maneira, descobriu sua vocação para o resto da vida. Mas, para a maioria de nós, o discernimento do chamado é um processo, algo que vai sendo esclarecido com o tempo.

Não existe um jeito certo ou errado de uma pessoa identificar seu chamado. Introspecção, conselhos, oração, experimentação, tudo isso é muito útil. No entanto, há um princípio cuja verdade constatei: quanto mais você conhece seu propósito na vida, mais fácil fica para separar os chamados entre "sim" e "não".

Aqui está um exemplo: no *Discipleship Journal*, Kevin Miller escreve sobre certa vez quando foi convidado a integrar a diretoria de uma grande organização ministerial. Ele ficou empolgado com a oportunidade. Para ele, era um trabalho bem simples; poderia começar imediatamente. Mas quando conversou com a esposa sobre aquela oportunidade, o lado prático da coisa ficou mais evidente: reuniões aos sábados, noites inteiras passadas no telefone e outros compromissos que se tornariam rotineiros. A esposa estava se formando na época, e o tempo de convívio familiar já era valioso demais. Ela o incentivou a não aceitar o convite.

Ele não queria ouvir aquele tipo de conselho. Bateu o pé e resmungou, na tentativa de entender como era possível aquilo não ser parte de seu chamado. Era um trabalho nobre, tinha tudo a ver com suas capacidades e habilidades e ele queria muito se envolver naquela obra. Durante três dias, ele ficou indeciso entre aceitar e rejeitar o convite. Miller só foi capaz de tomar uma decisão depois de analisar seu chamado e os propósitos mais elevados de sua vida. Seus principais propósitos eram cuidar da esposa e dos filhos e ser bem-sucedido como editor de revistas. Ele sabia que o cargo na diretoria, mesmo sendo empolgante, prejudicaria seus propósitos naquele momento da vida. Ficou claro para ele que não tinha um chamado para integrar a diretoria da organização, por isso declinou do convite.

Oportunidade não é sinônimo de chamado

Não confunda as oportunidades com um chamado. Há mais oportunidades na vida do que qualquer um de nós seria capaz de aproveitar. E muita gente nunca descobre seu verdadeiro chamado na vida porque não contrapõe as oportunidades e os propósitos. Se você está fazendo as coisas sem uma boa razão (propósito), não terá a energia emocional e espiritual (paixão) para sustentar esse trabalho. Nada que valha a pena na vida é alcançado sem uma razão que motive o esforço.

O dr. Howard Hendricks, renomado professor de teologia e treinador de liderança, afirmou o seguinte: sua carreira é aquilo que você faz para receber o salário; seu chamado é aquilo para o que você foi feito. O objetivo é ter uma sobreposição de sua carreira e seu chamado o mais próxima possível de 100%; assim, você receberá um salário para cumprir sua vocação. Raras pessoas conseguem começar com 100% de sobreposição, mas a maioria começa com pouco menos de 50% e leva alguns anos diminuindo a diferença que separa a carreira e o chamado.

Por exemplo, se o desejo de seu coração é viajar pelo mundo, há muitos empregos que podem ajudar a realizar seu sonho. Trabalhar em uma empresa aérea é, possivelmente, o mais óbvio. Ser um daqueles agentes de companhias de seguros que trabalha na avaliação dos danos materiais causados por furacões, tornados, incêndios e outros tipos de desastre, ou mesmo um missionário, levará você a lugares jamais imaginados.

Minha neta, Amey, sobre quem escrevi no Capítulo 8, nasceu com sangue de peregrina. Quando era muito pequena, ela se lamentava: "Quero ir para algum lugar. Qualquer lugar. Por que a gente não vai a algum lugar?". Já adolescente, ela sempre falava sobre como, um dia, ela sairia de casa, e que mal podia esperar para cair no mundo e ver tudo o que há por aí para se admirar. Era algo que ela perseguiria a todo custo. Você nem imagina quão empolgada ela ficou ao perceber que o chamado de Deus para sua vida tinha tudo a ver com seu sonho de viajar e conhecer o mundo. Aquele desejo inato torna mais fácil para ela deixar a família e se dedicar àquilo que Deus a chamou para fazer no campo missionário... seja qual for o lugar aonde ele a levar.

Ou, então, digamos que você tenha o sonho de se tornar um jogador de basquete. Uma das várias etapas até descobrir se a pessoa tem mesmo um futuro no esporte é o treinamento. Por que você deve treinar? Para se sair bem no jogo. Por que você se preocupa em jogar bem? Para poder ficar no time e ganhar uma bolsa de estudos. E por que você faz tanta questão de ganhar uma bolsa? Porque isso ajudará a adquirir uma boa educação e, com isso, conseguir um bom emprego, ou mesmo jogar basquete profissionalmente.

Mas, veja bem, um emprego ou uma carreira como jogador de basquete profissional pode levar muitos anos. No entanto, esse é o propósito (ou seja, a razão) sobre o qual todos os seus esforços se baseiam. Ignore esse propósito e todo o empenho para realizar seus objetivos se transforma em um esforço vão, sem proveito algum. Se, porém, você considerar o propósito e as horas de treinamento de dribles, lances livres, enterradas e condicionamento físico, tudo passa a fazer sentido. Só aqueles que olham para seu propósito amanhã (uma educação superior ou uma carreira no esporte profissional) podem identificar seu chamado hoje (treinar para conseguir uma vaga no time de basquete do colégio).

Em um nível ainda mais elevado dessa discussão, por que se envolver com qualquer coisa na vida que não ajude a realizar seu propósito? Por essa razão, a pergunta-chave é: o que realmente importa para você? O que mexe com você por dentro? O que faz quando tem algum tempinho livre? O que sonha fazer quando está preso em um engarrafamento? Seja o que for, é aí que está seu coração; essa é sua paixão. E em algum lugar, ligado à sua paixão, encontra-se seu chamado.

Precisamos estar sintonizados com esses momentos da vida que revelam nossos valores e nossa paixão. Uma coisa é identificar esses momentos e registrar o que eles nos dizem; outra coisa é reagir quando isso acontece, ou seja, usar tais momentos como plataforma de lançamento para ações concretas. Às vezes, você pode não gostar do que descobre a respeito de si, e isso também é muito importante. Fundamental é manter o radar ligado e ficar atento, todos os dias, ao que o coração está dizendo sobre quem você é e sobre aquilo que proporciona (ou não) realização pessoal.

Às vezes, resistimos a algo que parece um chamado óbvio na vida, não porque nos recusamos a nos envolver no resultado final, mas por não nos acharmos capazes de levar aquilo a cabo. Adoro a história bíblica de como Moisés resistiu às instruções de Deus (seu chamado) para ir ao Egito e liderar os filhos de Israel em sua libertação, depois de anos de escravidão. Não se tratava de ele ter alguma coisa melhor para fazer. Moisés era um dos homens de educação mais refinada do mundo, tendo sido criado na família real egípcia. Mesmo assim, trabalhava como pastor no deserto de Midiã quando recebeu seu chamado. Nada contra ser um pastor, é claro, mas Moisés era capaz de ir além. No entanto, teve medo do chamado divino que recebeu.

O medo pode arruinar até mesmo o chamado mais empolgante, e você verá um capítulo inteiro neste livro dedicado aos inimigos à vida de excelência total. Você pode derrotar esses inimigos, como Moisés acabou fazendo. Ou, então, pode ser derrotado por eles e nunca descobrir seu verdadeiro chamado na vida.

Você tem algum sonho que gostaria de realizar antes de morrer? Pergunte-se o que lhe impede de transformar esse sonho em realidade. É um sonho concedido por Deus ou orientado pela vontade humana? Você já tentou fazer esse sonho acontecer e deparou com todas as portas fechadas? Já pediu a Deus para orientar seu caminho e mostrar o que deseja que você faça? Prepare-se para esperar pelas respostas que busca, mas espere com uma expectativa positiva.

Mesmo quando estamos contentes naquilo que fazemos, devemos continuar procurando meios para oferecer uma contribuição edificante a este mundo no qual vivemos. Devemos levantar questões como: o que faz meu coração se sentir pleno e meu espírito, em paz? Como posso usar meus dons e minhas habilidades de uma forma produtiva e proveitosa? Como posso ir além de meu nível atual de habilidade para oferecer contribuições ainda maiores no futuro? Que novos interesses ou desafios se apresentaram em minha vida nos últimos tempos, aos quais devo prestar atenção? Seriam eles portas ou caminhos conduzindo a um chamado novo e capaz de proporcionar realização pessoal? Estou sendo sensível às coisas que acontecem à minha volta — aquelas intervenções divinas que poderiam ser consideradas como sinais ou chamados para um despertamento? Até que ponto estou cumprindo o maior chamado para minha vida que consigo discernir?

Todas essas perguntas reafirmam a veracidade desta maravilhosa declaração de Frederick Buechner: "O lugar para onde Deus chama você [propósito] é aquele onde sua alegria mais profunda se encontra com as necessidades do mundo".

É nesse lugar que você encontrará seu propósito — o lugar onde sua alegria mais profunda vai ao encontro das necessidades do mundo. Pense sobre as coisas que alegram de fato seu coração. Em seguida, pense sobre as necessidades do mundo. Até que ponto há convergência entre as duas coisas? O maior chamado do ser humano se dá quando ele descobre e confirma que foi colocado neste mundo para fazer algo que supre uma autêntica necessidade do próximo. Descobrimos valor e satisfação em nosso chamado quando podemos dizer, com sinceridade: "Eu não poderia estar fazendo nada melhor que isso". O senso de "grande alegria" proporcionado pelo cumprimento de seu chamado tanto inspira quanto estimula você a seguir em frente, não importando o custo pessoal.

Por que você está neste mundo?

Precisamos voltar atrás, às coisas básicas, para descobrir por que estamos aqui. Um chamado é muito mais do que a expressão de uma vocação ou o cumprimento de uma função; muito mais do que um emprego com expediente de cinco ou seis dias por semana. O chamado está no cerne de nosso ser. Se você vê seu trabalho como um chamado, em vez de ser apenas um emprego, então ele deixa de ser um grande sacrifício para se tornar uma expressão de seu ser, parte de quem você é como pessoa criada à imagem de Deus.

Gail Arnett é vice-presidente financeiro de minha empresa, a Ziglar Training Systems. Pedi a ele para colocar no papel algumas considerações sobre aquilo que o motiva e reflete a noção de chamado que ele possui em relação a seu trabalho. Acho que você concordará comigo que ele entende claramente qual é sua vocação. (Detalhe: Gail é um cristão comprometido com Jesus, por isso tira da Bíblia e de seu relacionamento com Deus a inspiração para trabalhar. Mesmo que a crença do leitor seja diferente das dele, poderá ver como a fé influenciou a noção de vocação de Gail.)

Sr. Ziglar

1. Colossenses 3:23-24 diz: "Tudo o que fizerem, façam de todo o coração, como para o Senhor, e não para os homens, sabendo que receberão do Senhor a recompensa da herança. É a Cristo, o Senhor, que vocês estão servindo". O autor desses versículos, o apóstolo Paulo, afirma que devo dar o melhor de mim em tudo quanto faço para agradar a Cristo, responsável por me dar a recompensa definitiva. Por essa razão, devo me dar conta de que ele está vendo tudo quanto faço. De que automotivação maior eu precisaria?
2. Sinto-me motivado pelo fato de ter a oportunidade de influenciar a vida de outras pessoas por meio de meu trabalho, minha igreja e das circunstâncias do dia-a-dia. Seja diretamente, por intermédio de meus esforços, seja indiretamente, pelos esforços de outros a quem apóio, sou recompensado o tempo todo ao ver mudanças na vida das pessoas, bem como suas necessidades atendidas.
3. Sinto-me motivado por minha família. Sei que tenho, pelo menos, sete pessoas que, tais como Cristo, estão tomando conta de mim o tempo inteiro para ver se sou mesmo o homem que digo que sou. Sei que a vida delas está sendo moldada a cada dia, bem diante de meus olhos, com base em meus atos, minhas palavras e meus pensamentos.

Atenciosamente,
Gail R. Arnett

Quando li essa mensagem de Gail, percebi que homem afortunado sou por ter uma pessoa como ele trabalhando comigo. Ele pegou o espírito da coisa! Seu chamado é para servir Aquele a quem acredita que, um dia, terá de prestar contas de sua vida; para servir às pessoas cuja vida está sendo transformada por meio de seu trabalho; e para servir sua família ao viver de maneira honesta e transparente diante de seus amados, motivando a geração seguinte a buscar, como ele, o cumprimento de sua mais elevada vocação.

Persiga seu chamado

Acredito que minha própria vida é um bom exemplo do que significa alimentar um sonho e não desistir dele. Não credito isso a mim mesmo, e sim ao poder que um chamado genuíno pode exercer em sua vida!

Vinte anos se passaram entre o nascimento de meu sonho de ser um orador profissional e sua transformação em realidade. Durante esse tempo, passei por decepções, frustrações e, para ser sincero, um sério desânimo. É mais do que um simples lugar-comum dizer que os sonhadores são aqueles capazes de seguir em frente mesmo quando tudo fica mais difícil. Não era só eu que tinha um sonho: ele me dominava!

Aquele chamado foi o fator de automotivação em minha vida, e serei sempre grato por esse desejo ter sido tão forte. Eu ouvia outros oradores quando tinha oportunidade. Lia sobre o assunto. Sonhava em ser como eles. Só pensava nisso o tempo todo. E, em minha imaginação (sempre muito ativa), eu me via diante de platéias que vibravam e me aplaudiam de pé. Em minha cabeça, já fiz, literalmente, centenas de palestras, e todas elas foram magníficas! Nunca hesitei, gaguejei ou cometi nenhum erro.

T. E. Lawrence expressou essa situação com muita propriedade:

> Todos os seres humanos sonham, mas não do mesmo jeito. Aqueles que sonham à noite, nos empoeirados recessos da mente, acordam durante o dia para descobrir que tudo foi em vão; mas os que sonham de dia, esses são perigosos, pois o fazem com os olhos abertos, tornando esses sonhos possíveis.

Eu perseguia ativamente meu sonho todos os dias.

Quando percebi que queria ser um orador profissional, estava muito longe de Deus. Na época, eu não tinha o menor interesse em saber o que ele queria para minha vida. Segui em frente com meu sonho, pensando apenas em mim e em como minha família poderia ser beneficiada com o sucesso de minha carreira como orador. Isso mostra quão longe eu estava de um verdadeiro chamado. (Lembre-se das duas partes do que Buechner disse: nossa maior alegria e as necessidades do mundo. Eu tinha a alegria, mas não pensavam nas necessidades das pessoas.)

Ainda acho difícil de acreditar que, quando comecei meu relacionamento com Deus, ele pegou a paixão que eu tinha pela carreira de orador e a revelou a mim como um chamado. Você pode perguntar: "Qual é a diferença entre as duas coisas?". Propósito, pura e simplesmente. Não havia um propósito naquilo pelo que eu tinha uma paixão, ou seja, falar em público. Eu não conhecia nenhuma outra razão pela qual fazer aquilo, senão porque me sentia muito bem.

Mas quando comecei a usar meus dons como orador para a glória de Deus, em vez da minha, comecei a ver tudo através de lentes divinas. Percebi que meus dons haviam sido concedidos por ele, e que poderia incentivar outras pessoas a conhecê-lo enquanto eu fazia o que mais gostava. E me apercebi de como os princípios do sucesso nos quais eu acreditava (integridade, otimismo, alegria, fé e honestidade) eram divinos. Passei a crer que havia sido chamado para encorajar os outros, da mesma maneira que qualquer pregador ou cientista é vocacionado para fazer o que faz. Eu só percebi que falar era, de fato, meu chamado quando comecei a ver a questão a partir de uma perspectiva mais ampla: a perspectiva de Deus e de seus propósitos para minha vida.

E uma coisa engraçada aconteceu como resultado dessa mudança — algo que eu nunca poderia esperar. Quando assumi um compromisso com Cristo e comecei a estudar e ensinar os princípios bíblicos em palestras e seminários, minha carreira deu um grande salto. Desde então, ela se caracteriza pela excelência total.

Diante dos pontos de encontro

Volte no tempo e pense nos momentos mais alegres de sua vida; nos milhares de momentos que se entrelaçam para formar sua história como se fosse uma peça de tapeçaria. Entre tantos, há alguns que, sem dúvida alguma, pareciam ter o poder de parar o próprio tempo, e nos quais você se sentiu como se estivesse fora do corpo, assistindo a si mesmo envolvido em alguma coisa realmente relevante, realmente gratificante, realmente importante. Acredito que sejam esses os momentos nos quais você se vê diante dos pontos de encontro entre propósito, paixão e alta performance, o lugar onde essas três dinâmicas se fundem e formam uma só.

Para a maior parte das pessoas, esses momentos assumem uma espécie de característica espiritual. Eles se tornam divinos em nossa lembrança. E creio que sejam isso mesmo: momentos nos quais Deus revela como estamos fazendo aquilo que ele planejou para nós; momentos nos quais nossas ações o agradam, sem dúvida alguma; momentos que desejamos guardar e perpetuar.

A maioria das pessoas é alvo de vários tipos de distração. Em alguns casos, é tanta coisa que levamos a vida sem perceber os momentos em que o propósito e a paixão se encontraram para criar um amplo bulevar cujo nome é "Chamado". Mas eu incentivo você a começar essa busca pelos pontos de encontro — aqueles lugares onde propósito, paixão e alta performance se encontram — de sua vida, para a glória de Deus e alegria profunda de seu coração.

14 Pessoas e propósito

Estamos todos no mesmo barco em meio ao mar agitado, e devemos uma terrível lealdade um ao outro.

G. K. Chesterton

Seu amigo é a pessoa que conhece tudo a seu respeito e, mesmo assim, gosta de você.

Elbert Hubbard

Ninguém tem maior amor do que aquele que dá a sua vida pelos seus amigos.

Jesus Cristo, em João 15:13

O destino determina nossos parentes; a escolha determina nossos amigos.

Jacques Delille

Você pode formar mais amizades em dois meses, quando demonstra mais interesse nos outros, do que em dois anos, quando tenta atrair o interesse deles.

Dale Carnegie

Não dá para estabelecer um relacionamento pessoal sem abrir o coração.

Paul Tournier

ESTOU PARA VER UM comercial na TV que anunciasse o poder dos relacionamentos como forma de lutar contra resfriados e gripes. No entanto, parece haver muitas evidências a favor dessa idéia. Um artigo do *New York Times* intitulado "Social Ties Reduce Risk of Cold" [Laços sociais reduzem risco de resfriado] dizia assim:

> Resultado de uma dezena de estudos que correlacionaram a amizade e o companheirismo à saúde, um novo estudo revelou que as pessoas com uma vasta lista de laços sociais são significativamente menos propensas a pegar resfriados em relação àquelas que possuem redes sociais esparsas. A incidência de infecções entre as pessoas que conhecem muitas outras foi quase a metade da registrada entre as que vivem relativamente isoladas, segundo os pesquisadores. A falta de contatos sociais diversos foi o mais forte dos fatores de risco analisados em relação à gripe, incluindo o fumo, a falta de ingestão de vitamina C e o estresse.

Um pesquisador do Centro Médico da Universidade Duke descobriu que "pacientes com problemas cardíacos que mantêm poucos laços sociais são seis vezes mais propensos a morrer em seis meses do que aqueles que têm muitos parentes, amigos e conhecidos". A dra. Janice Kiecolt-Glaser, diretora de psicologia da saúde na Faculdade de Medicina da Universidade do Estado de Ohio, e o marido, o dr. Ronald Glaser, virologista na mesma universidade, declararam: "A reação de imunidade pelo uso de vacinas aumenta de acordo com a força do apoio social que a pessoa recebe".

Aí está para você ver: há poder nas pessoas!

Mais saúde é apenas uma entre uma infinidade de razões pelas quais relacionamentos saudáveis são tão importantes. O poeta

John Donne afirmou com grande propriedade: "Nenhum homem é uma ilha". Infelizmente, algumas pessoas tentam viver como se fossem: isoladas de amigos e da família por acreditarem que eles causam mais problemas do que benefícios.

Com certeza, as pessoas têm seus defeitos. Mas o mesmo acontece com a pessoa que procura amigos perfeitos. Na verdade, o maior erro que ela comete é criar um conceito errôneo de que existe perfeição em relacionamentos. Os rabinos hasídicos têm um ditado muito apropriado quando se trata de relacionamentos: "Quem procura um amigo sem imperfeições jamais terá amigos".

As pessoas que realmente compreendem o propósito de Deus para sua vida sabem que todos nós somos chamados para nos envolvermos em profundidade um com o outro. Tal como as células do corpo humano, só podemos ser saudáveis (espiritual, emocional e fisicamente) quando estamos fazendo nossa parte, bem perto daqueles que podemos ajudar e que podem nos ajudar também.

Segundo o dr. James Merritt, uma pesquisa do Instituto Gallup revelou que, em uma proporção de dez para uma, as pessoas afirmaram preferir um bom relacionamento com as pessoas amadas a um cargo na empresa ou dinheiro no banco. Mesmo assim, a realidade é que elas investem a maior parte de sua energia emocional procurando ganhar dinheiro e prestígio profissional. Por que as pessoas dizem uma coisa e fazem outra?

O psiquiatra Smiley Blanton afirmou que, ao longo de sua carreira, ele nunca lidou com uma pessoa que sofresse de demência, independentemente da idade, e fizesse três coisas: manter-se fisicamente ativa, continuar aprendendo e desenvolver um interesse genuíno nos outros.

Meus amigos que trabalham em profissões de aconselhamento — pastores, psicólogos, psiquiatras e gente envolvida em ação social — dizem que quase 100% dos conselhos que dão estão relacionados a dificuldades no relacionamento: marido e mulher, pai e filho, professor e aluno, patrão e empregado, vizinhos, irmãos e assim por diante. A princípio, os relacionamentos deveriam ocorrer naturalmente, mas é evidente que isso não acontece.

Quando chegarmos ao fim da vida, não serão os bens materiais acumulados durante a vida que vamos desejar ter em volta do leito de morte, e sim as pessoas que amamos e nos amaram. Uma vida cheia de paixão também é repleta de gente. No fim, se tivermos vivido com excelência total, não nos arrependeremos do tempo passado com as pessoas amadas. Se fizermos o que Deus nos mandou fazer, amando nosso próximo como a nós mesmos, nunca nos faltarão relacionamentos fortes e saudáveis. Não precisamos aprovar o estilo de vida dos outros para aceitá-los e amá-los. Pense só no que foi necessário Deus deixar de levar em consideração em nossa vida quando nos alcançou com seu amor!

Propósito e casamento

Com muito orgulho e entusiasmo, eu declaro (pela enésima vez) que a razão do sucesso que alcancei em minha carreira como orador e orientador foi uma só: se não fosse pela Ruiva, nunca teria chegado lá. Em termos humanos, ela foi o vento sob minhas asas. Era sempre a pessoa que dizia: "Você é capaz" quando eu precisava dessa palavra de afirmação.

Quando a Ruiva diz: "Eu amo e acredito em você", minhas energias são recarregadas no mesmo instante. Mal consigo encontrar palavras para dizer o que significou ter uma pessoa como ela torcendo por mim, me incentivando e orando a meu favor todos os dias e todas as noites.

As pessoas que desejam permanecer motivadas e aproveitar uma vida de excelência total precisam tirar proveito de *jogar em casa*. Isso é importante no basquete, com certeza. Mas a vantagem de jogar em casa nos campeonatos de basquete universitário e profissional nem podem ser comparadas à proporcionada por um casamento sólido.

O astro Jason Kidd, da National Basketball League (NBA), pode atestar essa verdade. Em 2001, Jason Kidd espancava a esposa. Ele procurou conselheiros, pediu e recebeu ajuda e o problema foi resolvido. Na temporada seguinte, chegou bem perto de ganhar o título de melhor jogador da NBA e liderou seu time em duas finais consecutivas, em 2002 e 2003.

O que fez um bom jogador de basquete se transformar em um grande jogador de basquete? Acho que a resposta é: a capacidade de Jason Kidd para se concentrar nas questões mais prementes. Essa é a definição para "gênio". Hoje em dia, quando ele entra na quadra de basquete, só consegue pensar nisto: "Como posso ser um jogador de basquete ainda melhor e levar minha equipe à vitória?"; quando chega em casa, se concentra apenas nisto: "Como posso melhorar como marido e pai?".

Digo as pessoas, rindo: "Se a Ruiva um dia me deixar, vou com ela!". A Ruiva é a fonte de minha automotivação; por essa razão, preciso ter a certeza de que ela está por perto. Por exemplo, quando meu telefone toca no escritório que tenho em casa, que é onde escrevo e entro em contato com as pessoas, respondo da seguinte maneira: "Bom dia! Aqui é o feliz marido de Jean Ziglar!". Praticamente todos que telefonam para minha casa pela primeira vez comentam essa maneira de eu atender antes de falar sobre o motivo da ligação. A Ruiva adora isso, e marco pontos com ela.

Considerando que as dificuldades na vida conjugal constituem a principal causa de queda de produtividade no emprego, e que maridos e esposas influenciam muito a vida um do outro, faz todo sentido garantir aquela vantagem de jogar em casa. Quando fizer isso, você terá mais sucesso profissional, capacitando-se a prover melhor sua família. Também reduzirá o estresse financeiro. Assim, poderá aproveitar algumas dessas coisas que tornam a vida ainda melhor.

Tom Rath e Donald O. Clifton, um Ph. D., revelam no livro *Seu balde está cheio?*[1] que, se maridos e esposas seguirem a razão de 5 por 1 (cinco observações ou comentários positivos sobre seu cônjuge para cada um que seja, de alguma forma, crítico ou mesmo dogmático), o casamento tem uma grande chance de ser feliz e duradouro. No entanto, quando há um comentário negativo para cada comentário positivo, o divórcio é praticamente garantido. Dez anos depois do estudo original, eles descobriram que havia uma precisão de 94% nos diagnósticos sobre a longevidade no casamento quando a regra do 5 por 1 era seguida.

Como quaisquer recém-casados, eu e a Ruiva tivemos de aprender como viver juntos quando casamos. Há sempre algumas coisinhas — às vezes, coisas grandes — para resolver e, felizmente, no nosso caso, foram poucas. Cheri e Dean Perry me deram permissão para relatar como foi a experiência deles. Esse casal trocou a infelicidade pela felicidade no casamento, e isso fez a maior diferença.

A seguir, você verá a descrição de Cheri para seu casamento na época em que ela participou de um seminário nosso chamado "Born to Win" [Nascido para vencer].

> Quando cheguei ao seminário [de sua empresa], pensei que iria aprender mais sobre o sucesso e, principalmente, conhecer Zig. No entanto, logo depois, descobri a verdadeira razão de eu estar em Dallas, no Texas. Meu casamento estava chegando ao fim. Eu e meu marido navegávamos em dois barcos separados havia

[1] Rio de Janeiro: Sextante, 2005.

> muitos anos, e o divórcio era o único objetivo real que compartilhávamos (mesmo que não intencionalmente). Embora ambos sejamos profissionais autônomos e trabalhemos em casa, a comunicação acabou. A ternura era só uma lembrança fugaz; às vezes, era difícil até mesmo pronunciar uma palavra gentil. Eu achava que a culpa só podia ser dele... por isso, quando entrei em seu seminário, tive a certeza de que *ele* deveria participar — e foi então que algo aconteceu! Comprei tudo o que ainda não havia adquirido em seu seminário, mas o melhor investimento seria a série de mensagens gravadas intitulada *Courtship After Marriage* [Namoro depois do casamento].
>
> Eu e Dean ouvimos as mensagens, e as coisas começaram a mudar. Passamos a compartilhar nosso foco e trabalhar com o mesmo direcionamento. Começamos a sorrir um para o outro e demonstrar diante de nossos filhos que papai e mamãe podiam sorrir e se amar. Certo dia, eu estava na mercearia e meu filho brincava na área de crianças enquanto eu fazia compras. Quando voltei para pegar Tyler, a balconista perguntou onde estava meu marido. Eu disse que ele estava em casa. Então ela disse as palavras pelas quais serei eternamente grata ao senhor: "Eu vou me casar amanhã, e queria dizer a vocês que quero um casamento igual ao seu".

O casamento dos Perry mudou porque eles optaram por trabalhar juntos para melhorá-lo. O amor é um mandamento. Se não fosse, Deus não nos teria orientado para amar o próximo como a nós mesmos. Ele teria dito: "Sei que o próximo não é uma pessoa perfeita, mas façam o possível para amá-lo mesmo assim. Espero que consigam. Boa sorte". Ele não nos mandaria fazer uma coisa impossível.

Passagens bíblicas como 1Coríntios 13 e Efésios 5:21-33, no Novo Testamento, mostram como podemos amar um ao outro no casamento, e como o matrimônio pode se tornar parte do cumprimento de nosso verdadeiro propósito na vida.

Propósito e trabalho

Na medida do possível, você deve se cercar das pessoas mais sábias que encontrar — gente que sabe de coisas que você não sabe; que pode promover sua edificação; que pode legitimar ou corrigir suas escolhas, quando necessário. Por gastarmos tanto tempo dentro do ambiente de trabalho, as pessoas com quem interagimos se tornam muito importantes na vida, perdendo apenas para a família.

Adquiri o hábito de desenvolver relacionamentos com profissionais que podem me enriquecer com sua sabedoria e suas reflexões para minha vida, com o objetivo de transmitir essa sabedoria a outras pessoas por intermédio de minhas palestras e de meus livros. Ligo para o dr. Kenneth Cooper quando preciso de informações e conselhos médicos. O dr. Frank Minirth, um psiquiatra cristão conhecido em todo o país, me ajuda com informações e conselhos relacionados à psicologia. Procuro Fred Smith, meu amigo e mentor, o homem mais sábio que já conheci, para pedir conselhos em todas as áreas da vida. Mantenho relacionamento com líderes e teólogos cristãos respeitados, incluindo meu pastor, o dr. Jack Graham, e o dr. David McKinley, assim como o rabino Daniel Lapin, de fé judaica.

A idéia de que podemos nos desenvolver sem nos cercarmos de pessoas com nível mais elevado de conhecimento é absurda. Mesmo que tenha de sair de seu ambiente de trabalho para buscar a ajuda de mentores e conselheiros, incentivo você a fazer isso. Se estiver tentando cumprir seu verdadeiro propósito na vida, só conseguirá com a ajuda de outras pessoas.

Quando se trata de crescimento pessoal, há sempre alguém que já foi um pouco mais longe. Isso quer dizer que você pode ser um recurso, um conselheiro, um mentor ou uma pessoa de influência diante dos mais jovens ou menos maduros — se investir seu tempo e sua energia nisso.

Os autores de *Seu balde está cheio?* analisaram mais de 10 mil empreendimentos e mais de 30 ramos de negócios. Eles chegaram à seguinte conclusão:

- Pessoas que costumam receber reconhecimento e elogios registram aumento de produtividade e estimulam os colegas a se engajar mais. Esses funcionários são mais propensos a permanecer na organização, a criar fidelidade e proporcionar satisfação dos clientes e a se envolver em menos acidentes de trabalho.
- Mais de 22 milhões de trabalhadores nos Estados Unidos são muito negativos ou completamente desinteressados em seu trabalho, reduzindo a produtividade.
- Nos Estados Unidos, 65% das pessoas não receberam nenhum tipo de reconhecimento em seu ambiente de trabalho no ano anterior ao da publicação do livro.
- Nove entre dez pessoas afirmaram que se consideram mais produtivas quando trabalham perto de gente positiva.

Se você é um empresário, um administrador ou líder em qualquer nível hierárquico, acredito que tenha identificado, nessas descobertas, alguns pontos que exigem uma tomada de iniciativa. Parte de nosso propósito na vida é estabelecer relacionamentos fortes e frutíferos, e seu ambiente de trabalho é um lugar perfeito para começar.

Há alguns anos, nossa empresa contratou James Howard, fundador e presidente da Honinteg International (repare na combinação das palavras "honestidade" e "integridade" no nome da companhia), para avaliar nossas rotinas internas. Perguntei a ele o que os administradores costumam fazer com os funcionários que ficam acima do padrão ou vão além daquilo que se pede ou se espera deles. Fiquei chocado quando ele me contou que, em 93% dos casos, não se faz nada! Nenhum tipo de reconhecimento, nada de recompensas ou elogios. Não é de admirar que os trabalhadores se sintam desmotivados!

Usamos bilhetes com o modelo: "Eu gosto . . . . porque . . . ." em nossa empresa. "Eu gosto de Fulano porque ele é sempre atencioso com todo mundo"; ou: "Eu gosto de Fulana porque ela tem sempre um sorriso ou alguma coisa agradável para dizer". Quando você escreve um bilhetinho a alguém para elogiar as ações dessa pessoa, o jeito de ela tratar os outros ou alguma conquista pessoal, você a faz ganhar o dia. Você pode até deixar um bilhete junto com a gorjeta para o garçom no restaurante, quando alguém lava seu carro ou conserta alguma coisa em sua casa. Só leva um minuto para encorajar alguém a continuar fazendo um bom trabalho. Descobri que deixar esse tipo de bilhete faz tão bem a mim quanto à pessoa a quem tento encorajar.

Pense em fazer disso um objetivo diário: escreva um breve bilhete ou, pelo menos, ofereça uma palavra de incentivo a alguém todos os dias — especialmente para uma pessoa que não esteja em condições de retribuir a gentileza. No entanto, mesmo no ambiente de trabalho, onde bilhetes dessa natureza podem ser interpretados de maneira equivocada em uma época cheia de melindres como a nossa, descubra uma forma de encorajar os outros. Nunca se sabe quem podemos ajudar a subir mais um degrau na escada que conduz à vida com excelência total.

Propósito e confiança

Estudiosos da Bíblia me dizem que a palavra mais importante do Antigo Testamento, em termos teológicos, é o termo hebraico *hesed*. Significa "amor leal". É o que os antigos israelitas pensavam a respeito de Deus: como alguém digno de confiança, capaz de manter suas promessas.

Existe alguma coisa mais valorizada no reino dos relacionamentos do que a confiança? É terrível fazer parte de um relacionamento no qual a confiança é quebrada. Se você não consegue ser uma pessoa leal, honesta ou digna de confiança, a restauração de sua credibilidade pode levar muitos anos. Se você confiava em alguém e essa pessoa cometeu uma traição, talvez demore muito tempo para ela voltar à situação anterior. Fora o amor (do qual a confiança é uma subcategoria), nada é mais valorizado em outra pessoa do que a confiança e a lealdade.

Ninguém pode cumprir seu propósito na vida se não demonstrar ser digno de confiança e leal. Dá para respeitar uma pessoa que mente ou trai a confiança dos outros? Será que alguém pode dizer que ela alcançou alta performance? A paixão, a alta performance e o propósito não podem ser separados da confiança. Arthur Friedman expressou isso muito bem ao dizer: "Homens geniais são admirados; homens prósperos são invejados; homens poderosos são temidos. Mas somente homens de caráter merecem confiança". Conclusão lógica: se existe confiança em um relacionamento, há uma chance maravilhosa de ser um sucesso de longo prazo.

Uma das maneiras de demonstrarmos que merecemos confiança é o modo como nos importamos com os outros. Quando as pessoas percebem que nos importamos, elas nos "confiam" sua vida (e as esperanças, os sonhos e temores), fazendo-nos seus confidentes — alguém que tratará delas e do que se passa em seu coração da mesma forma que elas fariam. Vi essa situação retratada em uma comunidade na qual vivemos, anos atrás.

Gostávamos dos serviços profissionais de um dos mais habilidosos cirurgiões que já conhecemos. Ele era reconhecido nos âmbitos local e regional como um dos melhores em seu campo de especialidade. No entanto, ele tinha um jeito frio e distante quando se tratava de lidar com os pacientes. Com isso, o máximo que conseguiu foi viver de maneira confortável, mas não alcançou enorme sucesso, tanto em termos sociais quanto financeiros.

Também viemos a conhecer o irmão mais velho daquele homem, um cirurgião-geral que trabalhava na mesma comunidade. Ele era um médico competente, mas nunca granjeara a reputação brilhante do irmão. Mas, ao contrário do outro, o mais velho era adorado pelos pacientes e por suas famílias, e as pessoas tinham uma consideração muito maior por ele graças à maneira cuidadosa como tratava as pessoas. Ele dedicava tempo aos pacientes, respondia às perguntas e explicava os tratamentos. Com isso, sua clínica era um sucesso. Ele tinha uma família maravilhosa e fez grande sucesso, tanto social quanto financeiro.

A mensagem que a vida desses dois médicos transmite é esta: é mais importante *se importar* com as pessoas do que *cuidar* delas. Em outras palavras, as pessoas não se importam muito com o que você sabe até saber que você se importa com elas. Trata-se de um ditado repisado, mas é verdadeiro e vale a pena colocá-lo em prática. Hoje em dia é raro encontrar pessoas que sabem como se dedicar, de corpo e alma, a um relacionamento — se concentrar e dedicar plenamente a uma pessoa em determinado momento ou durante um período.

Há algum tempo, eu estava cortando o cabelo com o mesmo barbeiro que cuida de minha aparência há mais de trinta anos. Ele teve de parar por alguns momentos para atender ao telefone, dizendo que se tratava de um homem que queria trabalhar para ele. Meu amigo não hesitou em dizer "não" àquele homem e, quando perguntei o motivo, explicou-me que o candidato era fumante. O homem compreendeu que não poderia fumar dentro da loja, e este era o problema. Meu barbeiro simplesmente não queria que um de seus barbeiros ficasse o tempo todo pensando em alguma maneira de satisfazer seu desejo ardente por nicotina, enquanto deveria se concentrar em oferecer ao cliente um corte de cabelo de qualidade.

Achei aquele argumento muito profundo. Os vícios já arruinaram inúmeros relacionamentos, Não importa se uma pessoa é viciada em drogas, sexo, jogo, fumo, pornografia, álcool ou mesmo em consumo, comida ou televisão. O vício possui o poder de dividir a personalidade do viciado em duas: uma parte é dedicada à pessoa com quem ele mantém um relacionamento; a outra é dedicada à satisfação do vício. Temos a sensação de que a pessoa viciada nunca está conosco "por inteiro".

Um viciado (ou uma viciada) precisa se colocar em primeiro lugar, em termos práticos. Com certeza, ele ou ela fez as escolhas que conduziram ao vício, mas quando esse vício alcança força máxima, ele passa a dominar a pessoa. Não há como manter um relacionamento saudável com alguém que é viciado em algo até que esse vício seja abandonado. Se você está lutando com algum tipo de vício, eu incentivo a reunir toda a sua força e buscar a ajuda da qual precisa para deixar esse aspecto da vida para trás. Pode ser a coisa mais difícil que já fez por um ano ou mais, porém o preço é muito pequeno quando se considera a liberdade a ser vivida no futuro.

Os melhores relacionamentos são aqueles nos quais não há distrações ou *terceiros* (vícios) para se colocar entre as pessoas envolvidas. A vida só pode ser de excelência total quando a pessoa merece confiança. E se você sustenta um vício, jamais será alguém digno de confiança total.

Propósito e ser

Fora nosso relacionamento com Deus, o mais importante que se pode ter é consigo. Não estou querendo dizer que devemos passar

passar o tempo todo nos concentrando em nós mesmos e excluindo os outros. Em vez disso, quero dizer que devemos ser saudáveis por dentro (emocional e espiritualmente) para podermos estabelecer relacionamentos saudáveis com as outras pessoas.

Palestras e técnicas motivacionais para se alcançar o sucesso são inúteis quando a pessoa se sente sobrecarregada por culpa, vergonha, depressão, rejeição, amargura ou auto-estima comprometida. Incontáveis casamentos naufragam em divórcio porque pessoas doentes acham que o matrimônio ou o cônjuge as completará. É um erro. Se você não for uma pessoa solteira saudável, não o será depois de casar.

Parte do propósito de Deus para todos os seres humanos é viver em plenitude e de maneira saudável. Adoro as palavras de Jesus em João 10:10: "... eu vim para que tenham vida, e a tenham plenamente". Deus sabe que vagamos feridos por este mundo, e deseja ter a oportunidade de remover tudo quanto nos limita e curar cada ferida que nos causa sofrimento.

Algumas pessoas se perguntam por que Deus não nos "conserta" automaticamente para podermos seguir em frente e tocar a vida. É porque deseja que nossas feridas sejam como tutores, conduzindo-nos a ele. A dor tem um grande potencial para motivar e ensinar! Quando o grande intelectual russo Alexander Soljenitsin foi libertado dos terríveis campos de trabalho forçado na Sibéria, aos quais fora enviado por Joseph Stalin, ele declarou: "Obrigado, prisão!". Foi a dor e o sofrimento suportados na prisão que abriram seus olhos para a realidade do Deus de sua infância, com o qual renovou seu relacionamento pessoal.

Quando somos capazes de agradecer à dor que suportamos, então sabemos que estamos prontos para cumprir nosso propósito na vida. Se resistimos à dor que a vida impõe, toda a nossa energia se concentra nisso; não sobra nada para perseguirmos nosso propósito. A melhor parte da sabedoria é permitir que o sofrimento faça o que lhe cabe, moldando-nos como desejar. Com isso, nós nos tornaremos mais sábios, mais profundos e mais produtivos no restante da jornada.

Há uma grande promessa no Novo Testamento. Segundo ela, Deus vem a nós para oferecer conforto e, dessa forma, também confortarmos aqueles que estão sofrendo com a paz que recebemos do Criador (cf. 2Coríntios 1:3-4). Torne-se disponível para Deus e para aqueles que estão passando por sofrimento. Parte considerável de nossa cura interior acontece quando oferecemos compaixão aos outros.

Meus amigos de aconselhamento me dizem que o propósito de todo tipo de conselho é mudar o raciocínio daquele que o recebe. Quando mudamos nossa maneira de pensar, a vida muda também. Duas coisas precisam acontecer para que o raciocínio mude: precisamos aceitar a verdade, e fazê-lo mais de uma vez. Ou seja, assim como nossos padrões atuais de raciocínio constituem o resultado de anos de experiências e reflexões, também leva tempo para que a mente se renove. Começamos com a verdade e meditamos nela dia após dia até desenvolvermos formas novas e saudáveis de raciocínio.

A partir dessa perspectiva, o "aconselhamento" (receber a verdade que transforma nosso jeito de pensar) pode ser recebido de muitas formas: lendo um livro relevante, conversando com um amigo ou mentor, ouvindo uma palestra ou um sermão, assistindo a uma peça ou a um concerto, vendo um filme ou ouvindo gravações de mensagens inspiradoras em seu carro. Descobri que Deus usará vários tipos de mídia para "falar" conosco e mostrar as áreas de nosso raciocínio que demandam mudanças.

Mais importante do que os meios de divulgar a verdade é ter a disposição de recebê-la e reagir a ela quando a ouvimos. A promessa da divulgação da verdade pode ser encontrada em João 16:13: "Mas quando o Espírito da verdade vier, ele os guiará a toda a verdade. Não falará de si mesmo; falará apenas o que ouvir, e lhes anunciará o que está por vir".

Ao pensarmos a respeito do aconselhamento sob esse ponto de vista, podemos dizer que a vida, do início ao fim, constitui uma longa sessão de aconselhamento. Eu já disse neste livro que nenhum de nós é perfeito, e ninguém jamais o será nesta terra. Por essa razão, todos temos questões o tempo todo — questões que podem nos impedir de realizar nosso propósito e alcançar a alta performance. O ideal seria passarmos nossa vida aconselhando (dizendo a verdade) um ao outro. É claro que esse é um dos propósitos da instituição divina chamada "igreja", um lugar onde "consideremos uns aos outros para nos incentivarmos ao amor e às boas obras [...] [e] encorajar-nos uns aos outros..." (Hb 10:24-25). Às vezes, isso acontece; às vezes, não. No entanto, é isso que Deus quer para que cada um de nós descubra níveis mais profundos de plenitude ao longo dessa trilha que costumamos chamar de "vida". Os relacionamentos nada mais são do que pessoas independentes se unindo e reunindo para encorajar umas às outras a alcançar seu potencial máximo.

Às vezes, situações extremas exigem a ajuda de conselheiros profissionais. É comum algumas pessoas não manterem o tipo de relacionamento relevante por meio do qual podem se fortalecer e aprimorar, e precisam pagar pela ajuda de que precisam. Em relação a isso, a independência é uma das maldições da era moderna. As mulheres são ensinadas que não precisam dos homens. Adolescentes são convencidas de que os pais são idiotas e bobos. Muitas crianças estão aprendendo que a televisão e os videogames são seus melhores amigos. Caminhamos por aí com fones de ouvido, ouvindo músicas e nos perdendo em um mundinho pessoal.

As comunidades (e até as famílias) se tornaram uma reunião de estranhos íntimos. Não é de admirar que os consultórios de aconselhamento estejam lotados de clientes, e que os hospitais estejam cheios de gente cujas doenças físicas se baseiam em questões de ordem emocional.

Não fomos feitos para viver sozinhos. Fomos criados para viver em paz conosco e, assim, viver em paz com os outros. O grande escritor Pearl Buck colocou essa verdade da seguinte forma: "A pessoa que tenta viver sozinha não será bem-sucedida como ser humano. Seu coração seca se não responde a outro coração. Sua mente encolhe quando ouve apenas os ecos dos próprios pensamentos e não encontra outra inspiração".

Você se compromete a viver uma vida de aconselhamento, desenvolvimento e educação contínuos? Deseja aceitar, de fato, a verdade a partir da renovação de sua mente? Quais são as fontes de onde você recebe aconselhamento? Está lendo obras de autores que falam com sabedoria? Está ouvindo música e assistindo a filmes que falam sobre a redenção e a edificação de vidas? Está envolvido (ou envolvida) em alguma pequena comunidade de pessoas capaz de oferecer apoio, orientação e encorajamento, na qual possa retribuir daquilo que recebeu? Você conhece conselheiros espirituais a quem possa procurar pessoalmente, quando necessário? Está pedindo a Deus que lhe conceda sabedoria? (Ele diz que, se você pedir, será providenciado [cf. Tiago 1:5-8]).

As pessoas que procuram cumprir seu propósito mais elevado na vida são aquelas que estabelecem e mantêm relacionamentos vitoriosos. Não há melhor maneira de fazer isso pela vida inteira do que seguindo a Regra de Ouro: faça aos outros o que gostaria que os outros fizessem a você. Gosto de parafrasear essa verdade da seguinte maneira: você pode ter tudo quanto deseja na vida; basta ajudar as pessoas a ter tudo quanto elas desejam.

Trata-se de uma filosofia, não de uma estratégia! Não ajudamos os outros para recebermos bênçãos como recompensa. Mas é raro acontecer de não sermos abençoados nesse processo. É a lei divina da colheita: colhemos o que plantamos.

Invista nas pessoas e estará investindo na vida de excelência total. E o retorno proporcionado será maior do que você pode imaginar.

15 Mude a vida de alguém, uma atitude de cada vez

O amor renova as pessoas. Assim como os desejos pecaminosos as envelhecem, o amor as rejuvenesce.

Agostinho de Hipona

Amar alguém e ajudá-lo a amar Deus.

Søren Kierkegaard

O amor é a única força capaz de transformar um inimigo em um amigo.

Martin Luther King Jr.

Aquele que se transforma contribui em grande medida para a transformação dos outros; e uma das razões pelas quais o mundo não foi transformado é porque cada pessoa espera que as outras comecem, e nunca se imagina dando o primeiro passo.

Thomas Adams

As pessoas precisam mais de amor quando menos o merecem.

Mary Crowley

DURANTE ANOS, VENHO FAZENDO algo que me proporciona muito prazer e que, segundo me foi transmitido pelos pais que me procuraram, exerceu grande influência sobre a vida de seus filhos. Quando tenho uma oportunidade apropriada de passar um tempo com uma criança de quatro a sete anos de idade, eu me aproximo delas e digo assim:

— Billy, eu faço uma coisa que poucas pessoas no mundo são capazes de fazer. Sabe o que é?

— Não — é a resposta óbvia da criança.

— Posso ver um menino ou uma menina a um quilômetro e meio de distância e dizer se é um vencedor ou uma vencedora de verdade. Nunca errei. E só para ter certeza de que vou manter meu recorde de perfeição, quero saber se você me permite dar uma olhada em você. Pode ser?

— Sim — responde Billy, sem muita certeza do que vai acontecer em seguida.

Então fico ajoelhado ao lado da criança e peço para ela dar uma volta completa, devagar, enquanto digo:

— Hum... certo... arrã... sim...

Depois, informo minha avaliação:

— Billy, não tenho dúvida alguma. Posso ver claramente, meu amigo, que você é um vencedor nato! E quero que você se lembre sempre disso. Promete que nunca vai esquecer disso?

— Sim — ele responde, e dessa vez a resposta é cheia de entusiasmo.

— Quero que você diga a sua mãe e seu pai que Zig disse isto: você é um vencedor! E que eu nunca erro quando avalio um menino ou uma menina.

Geralmente, o pai ou a mãe, que estão sempre perto quando faço isso, agem como se os filhos tivessem acabado de ganhar um grande prêmio.

Pete Hinojosa é coordenador comunitário do Distrito Educacional Independente de Spring Brach, em Kingwood, no Texas. Ele está sempre em contato com estudantes desde a pré-escola até o fim do Ensino Médio. Certa vez, ele assistiu à aula de uma turma de jardim-de-infância em que o filho de quatro anos da professora era um dos alunos. Tal como a maioria das crianças de sua idade, cheias de energia, o garoto não estava sentado, e pulava o tempo todo na tentativa de alcançar uma folha de cartolina presa no teto.

Pete já estava acostumado com aquela minha tática com as crianças — aquela de analisar e dizer que são vencedoras —, por isso fez a mesma coisa com o garotinho. Fez todo aquele procedimento e, ao terminar, anunciou o resultado: o filho da professora é um vencedor nato. O menino estava quietinho, os olhos atentos. Quando Pete estava indo embora, ele ouviu o garoto gritar com a mãe:

— Mamãe, ele pode mesmo fazer isso?

— Claro que sim! — ela confirmou.

Pete Hinojosa estava transmitindo um pouco de encorajamento e afirmação. Com isso, estava ajudando a transformar o mundo, uma criança de cada vez!

A vida é como uma corrida de revezamento. O primeiro corredor completa sua parte e entrega o bastão ao segundo atleta, que o passa ao terceiro e este, ao quarto. A precisão da passagem do bastão é tão importante para o resultado final quanto a velocidade dos corredores.

Durante a vida, fazemos várias passagens de bastão. Os pais passam informações muito importantes aos filhos sobre fé, amor, segurança, valores e maneiras. Em seguida, fazem a passagem do bastão aos professores, treinadores, líderes e outras pessoas responsáveis por ensinar às crianças o que precisam aprender em termos pedagógicos, atléticos e de serviço. É então que o filho, já um adulto formado, passa a receber as atenções dos mentores acadêmicos e profissionais, de quem ele aprende habilidades para usar no trabalho e adquire mais conhecimento e valores.

Durante esse tempo todo, a maneira de fazer as transições e passagens de bastão é fundamental. Palavras de encorajamento são como aquela substância grudenta espalhada sobre o bastão para garantir que todos os corredores o segurem com firmeza. Às vezes, a forma como uma nova informação é apresentada — com encorajamento ou não — faz toda a diferença na hora de ser colocada em prática. O mundo é, em última análise, transformado por pequenas palavras e gestos que fazem parte de nossas interações diárias.

Você, um filantropo

Qual é a primeira coisa que surge em sua mente quando ouve a palavra "filantropo"? Talvez pense em pessoas como o Bill Gates, fundador da Microsoft, que doou cerca de 28 bilhões de dólares durante sua vida. Ou, então, em gente como o fundador da Intel, Gordon Moore, e sua esposa, que fizeram doações superiores a 7 bilhões de dólares. Ou pode ser que se lembre de Andrew Carnegie, que doou 90% de sua fortuna depois de se aposentar (e ele era a pessoa mais rica do mundo na época).

Quando vemos números como esses sendo divulgados pela imprensa, imediatamente nos excluímos das listas de filantropos relevantes. Mas vamos com calma! Se você analisar a origem grega da palavra "filantropo" (*philos* = "amor"; *anthropos* = "ser humano"), verá que seu significado é "o amor pelo ser humano". Só porque algumas pessoas chamam muita atenção por demonstrar seu amor pelos seres humanos com doações financeiras ou de outras riquezas, isso não significa a inexistência de outros tipos de filantropos no mundo — incluindo eu e você.

A ex-primeira-ministra britânica Margaret Thatcher afirmou, com sabedoria: "Ninguém se lembraria do bom samaritano se ele ficasse só nas boas intenções". Isso nos faz lembrar que todos podemos (e devemos) ser filantropos por termos a capacidade de amar, de fazer coisas para o bem da humanidade. Podemos oferecer uma coisa que o próximo não pode comprar: nosso interesse, nosso amor, nosso tempo e nosso cuidado. Quando encorajamos, apoiamos e reafirmamos os outros, também somos como o bom samaritano!

Milhares de pessoas por todo o país que possuem pouco saldo bancário e renda modesta fazem filantropia no sentido mais puro da palavra. Visitam sanatórios e asilos para conversar, jogar damas, ouvir e estar com os solitários e necessitados. Elas lêem livros e revistas para pessoas cegas. Participam de programas sociais, distribuindo alimentos. Fazem doações de sangue regularmente. Trabalham em hospitais como voluntárias, ou como assistentes de professores em programas como o dos Amigos da Escola.

Essas pessoas trabalham em abrigos para os sem-teto, fazendo e servindo o sopão. Visitam presidiários. Todos esses atos de filantropia constituem o cerne da necessidade que o mundo tem de amor e encorajamento. Pode ser que essas atividades não levem você a aparecer na lista dos maiores filantropos do país, em termos de quantias, mas seu nome estará em primeiro lugar no coração daqueles a quem ajudar e servir.

Winston Churchill afirmou: "O que conquistamos marca nossa existência; o que oferecemos marca nossa vida".

Aí você pode argumentar: "Mas eu não tenho nada a oferecer". Está errado. Sei de pelo menos uma coisa que você tem o tempo todo e não lhe custa nada para adquirir ou manter. É algo que já provou ser de grande benefício para todas as pessoas do mundo. Se eu contar do que se trata, você estará disposto a entregar?

É seu sorriso.

Pesquisadores identificaram dezenove tipos diferentes de sorrisos, cada um deles capaz de transmitir uma mensagem agradável que, em geral, será correspondida com um sorriso. O sorriso costuma ser interpretado como uma afirmação positiva, uma expressão de aceitação, prazer e, em muitos casos, amor.

Quando encontramos uma pessoa, olhamos primeiro seu rosto porque é ali que se encontram os sinais da vida. Se alguém demonstra um semblante animado, nos sentimos bem e esperamos coisas boas desse encontro. Se o efeito que essa pessoa provoca é negativo — a fronte está franzida ou o olhar é muito carregado —, nós assumimos uma posição defensiva. Se o semblante é neutro ou sem expressão, não temos muita certeza do que devemos esperar.

Um sorriso — basta isso para que o potencial positivo de um encontro seja ainda maior. É claro que você não pode controlar o semblante dos outros, mas tem controle absoluto sobre o seu. Com um gesto tão simples quanto um sorriso, você pode aumentar a probabilidade de estabelecer um relacionamento positivo e frutífero com o próximo; além disso, pode colocar um sorriso no rosto dessa pessoa, caso ela esteja triste por um motivo qualquer.

Joseph Addison disse: "Como a luz do sol para as flores, assim são os sorrisos para a humanidade". Sorrisos podem parecer pouca coisa, mas quando são espalhados ao longo da jornada da vida, é imensurável o bem que promovem.

Há anos, um estudo confirmou algo que a maioria das pessoas já sabia há anos. Depois de semanas de testes com a aparência, a personalidade e as atitudes de algumas pessoas e a influência que exerciam sobre outras, professores da Universidade de Yale descobriram que um sorriso é a força de influência mais poderosa que existe. Trata-se de uma boa notícia, pois todos nós podemos gerar energia suficiente por meio de um sorriso.

Aqui está outra coisa da qual você dispõe e que pode oferecer para mudar a vida de alguém, se souber usar com cuidado: conselhos. Há muitos anos, eu, minha esposa e meu filho estávamos jantando em um restaurante de Dallas. O garçom se aproximou e derramou displicentemente a água em nossos copos, derramando a maioria dos cubos de gelo na mesa. Eu perguntei a ele:

— Você não gosta do que faz, não é?

— Não, não gosto — ele respondeu.

— Bem, se eu fosse você, não me preocuparia — eu disse. — Não acredito que, dessa maneira, você trabalhe por muito mais tempo aqui.

Ele parou o que estava fazendo e perguntou:

— Por que não?

— Filho — eu respondi —, não existe nenhum empreendimento neste mundo que tolere funcionários com o tipo de atitude que você demonstrou. Nem que você pague para trabalhar.

Depois de ouvir aquilo, o jovem saiu com pressa e sumiu cozinha adentro. Dois segundos depois, como se fosse uma cena de comédia-pastelão, ele saiu pela porta da cozinha e voltou ao salão do restaurante com um enorme sorriso no rosto. Era uma visão digna de ser admirada. Olhei para ele enquanto jantávamos e sua atitude agora era a de um funcionário-padrão: agradável, entusiasmado, prestativo e atencioso. Quando estávamos nos preparando para sair, eu o chamei à mesa e entreguei uma bela gorjeta. Ele me agradeceu pelo dinheiro... e pelas coisas que eu lhe disse. Era óbvio que minhas palavras tão breves, mas sinceras, tinham mudando seu jeito de pensar e agir.

Você, jovem trabalhador

Nada é mais importante para o futuro do que as crianças e os jovens de hoje em dia. Tudo quanto se investe neles agora há de gerar benefícios muito grandes ao longo da jornada. E uma das coisas que você pode oferecer às crianças e aos jovens é um exemplo do que seja um adulto responsável.

Quando Grant Hill completou sua carreira extraordinária no basquetebol universitário dos Estados Unidos, jogando pela lendária equipe dos Blue Devils, da Universidade Duke, poderia ter entrado na NBA cheio de arrogância. Afinal de contas, ele era integrante do time que havia disputado as finais de 1991 e 1992 da National Collegiate Athletic Association (NCAA). Ele era uma unanimidade, destaque em uma equipe que era considerada a nata do basquetebol universitário norte-americano. Foi considerado o melhor jogador da Regional Sudoeste da NCAA, além de ter sido o primeiro escolhido pelo Detroit Pistons no processo de seleção de 1994.

Acontece que orgulho e arrogância não têm nada a ver com Grant Hill — algo não muito comum no mundo dos esportes profissionais. Ele é considerado um dos atletas mais humildes e modestos da comunidade esportiva. Não usa roupas espalhafatosas nem exibe jóias caras. Também evita palavreado chulo. Grant Hill é uma pessoa de gestos elegantes que não se cansa de falar de seus valores.

Mas onde ele aprendeu a viver dessa maneira tão diferente? Quando a coleção de arte afro-americana que ele e a esposa possuem foi exibida na Galeria da Fama do Basquete do Memorial Naismith, Hill explicou como fora inspirado pelo pai: "Eu queria ser como meu pai. Quando eu era criança, nossa casa era cheia de pinturas, esculturas e artefatos de lugares do mundo inteiro [...] Aquilo exerceu um forte impacto em mim, despertando meu gosto pela arte afro-americana, que compartilho com as pessoas".

Mas não foi apenas o pai que influenciou o astro do basquete. Ao descrever uma pintura em particular, onde se via uma mulher sozinha de pé à margem de um lago, ele disse:

> Costumo dizer que essa obra me lembra minha mãe. Penso nela de pé, à margem de um lago imaginário, tomando a decisão de deixar a casa onde vivia, em Nova Orleans, para freqüentar a Faculdade Wellesley. Essa é a hora da verdade, representada nesse quadro, que considero tão forte.

Os exemplos de vida de Grant Hill foram de um pai que criou os filhos cercados de arte e de uma mãe que firmou o pé para ter uma educação de qualidade. E havia os atletas, como Grant relembrou:

> Quando eu era jovem, lembro-me de assistir a jogos de Julius Erving [astro da NBA]. O que eu mais gostava no Doutor "J" era a classe demonstrada em seu comportamento. Ele nunca fez nada que pudesse causar constrangimento a alguém. Sinto como se eu fizesse parte de uma geração que escolheu os tipos errados de heróis. Nunca vi Arthur Ashe jogar tênis, mas vi como ele viveu depois de abandonar o esporte. Sempre achei que era o tipo de pessoa a se ter como modelo por causa de seu espírito. É uma questão de respeito.

Cada um de nós é um exemplo vivo para os jovens que nos cercam. A questão não é se estamos sendo ou não observados, e sim o que esses jovens estão vendo. O que eles virem será o que reproduzirão. Se você oferecer seu exemplo (e certamente o fará), certifique-se de que poderá se orgulhar dele quando, anos depois, o vir reproduzido na vida de um jovem que observou suas atitudes.

Atualmente, Ed Shipman e a esposa dão exemplos positivos de todos os tipos em Granbury, no Texas, e a recompensa tem sido pródiga na vida dos filhos. Os Shipman fundaram a Fazenda Happy Hills há mais de vinte anos, quando adotaram cinco crianças. Hoje em dia, a fazenda é um internato de orientação cristã fartamente elogiado e uma instituição para crianças com problemas pedagógicos e de comportamento. O corpo docente e a equipe (que inclui um psicólogo residente) supervisionam um terreno de 500 acres muito bem cuidados. Happy Hills se recusa a aceitar qualquer tipo de ajuda governamental para garantir a manutenção de currículo e cosmovisão baseados na fé. Ed se ocupa de levantar os 3 milhões de dólares anuais que o orçamento da instituição exige e contribui recebendo um salário modesto de 45 mil dólares como diretor.

Quase metade do alimento consumido pelos estudantes é produzida pela fazenda, e os alunos usam uniformes compostos de camisas pólo e saias ou calças cáqui (que são passados dos estudantes que saem aos que chegam). A escola é reconhecida e registrada pelo estado do Texas, e uma média de 70% dos estudantes problemáticos e pedagogicamente difíceis de lidar entram na instituição.

Se você pensar no que falta a essas crianças quando entram na Fazenda Happy Hills e comparar com o que passam a ter quando deixam a instituição, descobre que é algo que o dinheiro não pode comprar, mas o coração e as mãos de mentores amorosos podem oferecer.

Uma das formas de reconhecimento mais significativas que recebi foi o Prêmio Búfalo de Prata, concedido a mim em outubro de 2002. Essa honraria "civil", criada em 1925, é a maior que os escoteiros oferecem, conferida aos que prestam serviços notáveis e extraordinários à juventude. Entre as pessoas que já receberam estão Robert Baden-Powell, fundador do movimento escoteiro e escoteiro-chefe mundial, Charles A. Lindbergh, Norman Rockwell, o general Colin L. Powell, o comandante James A. Lovell Jr., da missão Apollo 13, Walt Disney, Hank

Aaron, Bob Hope, Vince Lombardi, Neil Armstrong, Charles M. Shulz e treze presidentes dos Estados Unidos. Vou dizer uma coisa: sinto-me um pouco intimidado quando penso nessa lista! Mas a razão de eu me sentir tão privilegiado por ter recebido esse prêmio é porque ele é concedido àqueles que produziram um impacto na vida dos jovens.

Meu interesse no desenvolvimento e no bem-estar dos jovens tem origem, com certeza, na grande quantidade de adultos que investiram em mim durante meu desenvolvimento até me tornar um deles. Minha mãe passou a vida inteira me ensinando sobre honestidade, caráter, lealdade, integridade, fé, respeito e amor. O exemplo que ela dava, optando por fazer a coisa certa quando fazer a coisa errada ou não fazer nada eram opções bem mais fáceis, influenciou minhas escolhas ao longo de meus mais de oitenta anos de vida.

Minha mãe me ensinou como era importante me cercar de pessoas que podiam promover meu crescimento, e não minha ruína. Ela começou me explicando por que desejava ver o filho trabalhando para uma pessoa, e não para outra. Ela sabia que o emprego que eu tinha e o salário que eu ganhava jamais seriam tão valiosos quanto as lições de vida que meu patrão poderia me ensinar. Já contei a você sobre o primeiro homem para o qual eu trabalhei, o sr. Anderson, dono do armazém que acabou se tornando meu pai substituto, moldando minha vida com a mesma dedicação de um verdadeiro pai. John Anderson me amou como ao filho que jamais teve, e eu precisava dele mais do que outros garotos cujos pais eram vivos.

Homens e mulheres como o sr. Anderson mudaram minha vida, um ato altruísta de cada vez. Eles investiram seu tempo em mim durante as aulas na escola e na igreja, nos lugares em que trabalhei, nas equipes esportivas das quais participei e, é claro, no movimento escoteiro. Acho muito interessante notar como a vida completa seus ciclos. Os princípios que aprendi no programa de escotismo são os mesmos que, aplicados em minha vida, proporcionaram o Prêmio Búfalo de Prata.

Meu trabalho com a juventude inclui o desenvolvimento de um programa que ensina os jovens a desenvolver a auto-estima, determinar objetivos, planejar para alcançar sucesso na vida e fazer escolhas sábias. O curso "Eu posso" é ensinado em escolas por todo o país. Fico entusiasmado ao encontrar jovens executivos que me dizem ter passado pelo curso quando estavam na escola, e como isso os ajudou a viver melhor.

Meu envolvimento na guerra contra as drogas me pôs em contato com um lado da vida pelo qual os jovens nunca deveriam ter de passar. Ele me fez perceber como é importante para a juventude contar com bons mentores — gente na qual rapazes e moças podem se espelhar, e que se importa com eles. Todos os programas de prevenção e tratamento do mundo são incapazes de consertar a vida de uma criança que não se sente amada e valorizada.

Eu incentivo você a investir tempo na juventude do país, seja em casa, em sua comunidade, na igreja, em qualquer lugar. Depois de fazer isso com seus filhos, que tal ajudar os amigos? Será que eles precisam de uma atenção a mais? Eles estão recebendo apoio e incentivo suficientes? Pergunte-se: "Posso fazer diferença na vida deles?"... e faça! Cada ato de bondade e cada minuto investido serão recompensados com bênçãos indizíveis. Ofereça-se como voluntário ou voluntária para ensinar em uma classe de escola dominical, para ajudar em alguma viagem de pesquisa de campo de estudantes, para ser tutor de uma pessoa que lê devagar ou para liderar um grupo de escoteiros. Mostre a Deus sua disponibilidade, e ele colocará em sua vida os jovens que você deve amar.

As pessoas que mudam o mundo e seu futuro são aquelas que oferecem daquilo que têm, movidas pelo amor (filantropos), especialmente àqueles que formarão a próxima geração (jovens trabalhadores). Você pode ser as duas coisas oferecendo aquilo que tem a seu dispor todos os dias: amor, seu exemplo, um sorriso, uma palavra de encorajamento, uma filosofia de vida, uma cosmovisão, uma esperança para o futuro.

Quem pretende viver com excelência total precisa criar um mundo de excelência total. Esse é o mundo que você pode ajudar a construir se procurar fazê-lo um ato e uma pessoa de cada vez.

16 Permita que o amor oriente sua vida

O mais importante é este: "Ouve, ó Israel, o Senhor, o nosso Deus, o Senhor é o único Senhor. Ame o Senhor, o seu Deus, de todo o seu coração, de toda a sua alma, de todo o seu entendimento e de todas as suas forças". O segundo é este: "Ame o seu próximo como a si mesmo". Não existe mandamento maior do que estes.

Jesus Cristo, em Marcos 12:29-31

Ame e faça aquilo de que gosta.

Santo Agostinho

O amor comentado pode ser descartado com facilidade, mas o amor demonstrado é irresistível.

W. Stanley Mooneyham

Descobri o seguinte paradoxo: se eu amar até doer, então não há dor, mas muito mais amor.

Madre Teresa

O esforço é importante em tudo, incluindo o amor. Aprender a viver é uma obra com propósito.

Michael Levine

O QUE VOCÊ FARIA se o filho de um de seus melhores amigos morresse depois de uma cirurgia cardíaca? Quando isso aconteceu com Hugh Jones, diretor-executivo do Banco Barnett, em Jacksonville, na Flórida, ele quis fazer alguma coisa concreta — algo que fizesse diferença. Por isso, ele deu início a um programa de tratamento cardíaco para beneficiar crianças em necessidade a receber cuidados médicos. Quando descobriu que já havia outros programas como o dele nos Estados Unidos, Hugh Jones simplesmente mudou o foco para as crianças coreanas que precisavam de tratamento cardíaco.

Ele se lembra com clareza de carregar a primeira garotinha, Young Joo Yoo, de seis anos. Ele a pegou no avião e levou, junto com um menino coreano de sete anos, para sua casa. Usando fotografias e apontando, Hugh e a esposa fizeram tudo quanto podiam para deixar as crianças à vontade nos dias anteriores à cirurgia pela qual elas deveriam passar.

Yoo deu entrada no hospital no sábado à noite. A cirurgia estava marcada para a manhã da segunda-feira. Não conseguindo pegar no sono, Hugh pegou o carro e dirigiu até o hospital às quatro horas da manhã. Ficou sentado com a garotinha até a hora de sua cirurgia. Quando as enfermeiras chegaram para levar Yoo à sala de operações, os olhos da menina se encheram de lágrimas e ela ergueu os braços na direção de Hugh. Com os olhos igualmente marejados, ele a pegou no colo e levou à sala de cirurgia, abrançando-a forte antes de entregá-la aos cuidados das enfermeiras. Mais tarde, ele diria:

> Aqueles três ou quatro minutos mudaram minha vida. Havia uma diferença cultural entre nós, uma diferença de linguagem e uma diferença de idade. No entanto, naqueles breves e preciosos momentos, nada mais me importava. Todos os problemas podem ser superados, desde que haja amor.

Desde então, Huge e seus amigos já ofereceram cirurgias dessa natureza a setenta crianças. Ele também criou um programa voluntário para funcionários do banco sem precedentes, chamado "Iniciativa de envolvimento da sociedade". Mil funcionários do banco dedicam mais de 40 mil horas por ano a projetos comunitários.

Ao fim de sua famosa passagem sobre o amor em 1Coríntios 13, o apóstolo Paulo escreveu: "Assim, permanecem agora estes três: a fé, a esperança e o amor. O maior deles, porém, é o amor" (v. 13). E a vida de excelência total tem tudo a ver com isso: cumprir nosso chamado na medida em que servimos os outros, morrermos para nós mesmos e amarmos nosso próximo como a nós. E eu nunca fui capaz de conceber como seria possível fazer aquilo sem amar primeiro a Deus com todo o nosso coração, com toda a nossa alma, com toda a nossa mente e com toda a nossa força.

Por essa razão, a vida de excelência total tem tudo a ver com amor — amar a Deus e, em seguida, amar nosso próximo como uma expressão de nosso amor por Deus. É o amor que conserta as coisas deste mundo, como o amor de um banqueiro da Flórida e de seus amigos consertou o coração das crianças coreanas.

O PODER DO AMOR

Depois dos ataques terroristas de 11 de setembro de 2001, o amor foi expresso de muitas maneiras em todo o território norte-americano, mas em nenhum lugar com tanta intensidade quanto na própria cidade de Nova York. Quando os cidadãos testemunharam o trabalho de vários oficiais e bombeiros que entraram nas torres do World Trade Center para resgatar as pessoas e nunca mais sairam de lá, a alma da cidade ficou marcada para sempre.

Quando foram calculados os resultados daquela tragédia terrível, várias associações de empreiteiros da cidade estimaram que seria necessário um ano e meio de trabalho para limpar os escombros das Torres Gêmeas, em um trabalho que consumiria 1,5 bilhões de dólares. No entanto, por causa do amor que os moradores tinham pela cidade e pelas pessoas que haviam perdido sua vida, os empreiteiros se uniram (algo nada comum no ambiente competitivo de Nova York) e finalizaram o trabalho aproximadamente seis meses antes da data prevista e a um custo muito abaixo do orçamento inicial. Para eles, aquele ataque era uma questão pessoal. Seus colegas, parentes e amigos haviam morrido ali.

Quando o amor toma conta das pessoas, coisas impressionantes podem acontecer. O restante do país seguiu o exemplo de amor e sacrifício dos nova-iorquinos e abriu o coração e a carteira para ajudar na recuperação de uma grande cidade, agora ferida.

Quando o filho de meu amigo Fred Smith voltou de uma viagem à África, contou ao pai uma história impressionante. O filho de Fred havia visitado um hospital onde vira uma perna artificial, e descobriu que fora projetada por um homem que vivia perto de Dallas. Era algo revolucionário! O preço médio de um membro artificial passa de 20 mil dólares, enquanto aquela prótese podia ser adquirida por 70 dólares.

Quando o filho de Fred descobriu como a vida de alguém podia ser transformada com apenas 70 dólares, ele quis logo ajudar a comprar a perna artificial para as pessoas que dela precisavam. Por causa do amor, uma pessoa inventara uma forma de ajudar os desamparados e outra respondeu se engajando no trabalho de distribuição daquela prótese. Seja voltando a andar por meio de um milagre, como no tempo de Jesus, seja por intermédio de uma perna artificial de 70 dólares, o amor é a automotivação em ambos os casos. Não existe nada tão poderoso quanto o amor.

Segundo Susan Rea, em um dia claro de outono alguns voluntários levaram um grupo de crianças de famílias pobres a um belo parque para fazer um piquenique. Eles almoçaram perto de uma grande lagoa onde as crianças podiam alimentar os peixes. Muitas jamais haviam saído dos bairros cheios de pessoas e sem árvores onde moravam. Elas brincavam de pega-pega pelo gramado, correndo em círculos até ficarem tontas. Depois, seguiram juntas até a margem da lagoa para jogar pedaços de biscoito para os peixes, formando um grupo entusiasmado. Toda vez que um peixe saltava para pegar um pedaço de biscoito, as crianças gritavam de alegria. Um garotinho, em especial, ria com tanta intensidade que mal conseguia ficar de pé.

Um homem muito idoso, com a cabeça coberta de cabelos brancos e usando uma bengala, parou e sorriu ao ver a alegria das crianças. Foi então que Rufus, o garoto da risada, percebeu a presença daquele cavalheiro e viu que ele não tinha biscoitos para alimentar os peixes. Não demorou muito tempo e aquele senhor elegante de terno cinza também estava atirando migalhas aos peixes, enquanto o garotinho de camiseta velha e tênis surrado olhava para ele, com satisfação.

Aquela criança de quatro anos tinha tão pouco para compartilhar, mas estava ansiosa por ajudar. O coração humano descobre maneiras de ajudar capazes de superar, com facilidade, obstáculos como a pobreza e a falta de experiência. O que aconteceria com este mundo se todos nós doássemos e amássemos com a mesma inocência e generosidade de uma criança de quatro anos?

Na tarde do domingo, dia 30 de outubro de 1994, às 2h47, Alexandra Nicole Ziglar chegou a este mundo. Os pais e avós estavam todos felizes e aliviados, pois tanto ela quanto a mãe estavam completamente saudáveis. Sempre tive o costume de criar apelidos para meus filhos e netos para identificá-los de uma maneira especial. Minhas outras três netas são Luz do Sol, Riqueza e Amorzinho. Decidi que o apelido de Alexandra seria Promessa, pois seu futuro era muito promissor.

Quando parei para refletir a respeito do nascimento daquela neta, lembrei-me do fato de ela ter pais muito bem educados e comprometidos com valores, que amavam um ao outro e compartilhavam um grande amor pela filha também. Os avós de Alexandra tinham o mesmo sentimento. Pesquisas indicam claramente que, quando as crianças são criadas pelos pais e também podem contar com outros adultos, como padrinhos atenciosos, para receber segurança, amor e respeito, elas se beneficiam muito dessa experiência.

Li certa vez que 60% a 65% do vocabulário funcional de uma criança são assimilados por volta dos três anos de idade; 80% do caráter dessa criança se formam aos cinco anos, aproximadamente; e 90% de sua personalidade são constituídos mais ou menos aos sete anos. Eu sabia que Promessa seria criada em um ambiente de muito amor e alegria, diálogo e união familiar, por isso sua personalidade seria formada de uma maneira saudável. Promessa tinha todas as coisas que o dinheiro não pode comprar, mas que o amor pode oferecer!

Comento essas coisas para lembrar você de como é importante a interação amorosa com pais e avós nos primeiros anos da vida de uma criança. Deus diz que nossos filhos são como presentes que ele nos dá. "Os filhos são herança do SENHOR, uma recompensa que ele dá" (Sl 127:3). É nossa responsabilidade cobri-los de amor para que cresçam acreditando que esse sentimento é parte natural da vida. A única maneira de eles aprenderem a oferecer amor quando chegarem à vida adulta é sendo alvos de amor incondicional durante a infância.

Quanto aos pais, por favor, amem suas filhinhas, especialmente enquanto estiverem passando pelos anos difíceis da adolescência, quando procuram descobrir a própria identidade. O dr. Ross Campbell, psiquiatra brilhante de Chattanooga, no Tennessee, afirma que, em muitos anos de pesquisa e prática, nunca conheceu um adulto (homem ou mulher) com problemas de ordem sexual que tivesse um pai amoroso, gentil, de bom coração, atencioso, afetuoso, paciente e cheio de consideração. Por causa da natureza de meu trabalho, tive o privilégio de ouvir muitas, muitas histórias de vidas transformadas. Muitas dessas histórias incluíam homens e mulheres que foram criados sem o benefício de um pai amoroso. Em vários casos, as pessoas foram vítimas de violência doméstica, tanto emocional quanto física.

Felizmente, a ausência do amor paterno, aqui na terra, pode ser superada por intermédio do amor do Pai celestial. Ouvi histórias de muitas meninas cuja autoconfiança e o senso de valor, perdidos na infância, foram restaurados quando elas passaram a conhecer Deus de uma maneira pessoal, por meio de Cristo. Deus é tudo quanto qualquer um de nós poderia desejar ou precisar em um pai. Ele é bondoso, compassivo, paciente e, sobretudo, amoroso.

Um tipo divino de amor

Em seu belo livro *Rising Above the Crowd* [Acima da multidão], Brian Harbour conta a história de Ben Hooper. Essa história significa tanto para mim que a contei em meu livro *Além do topo*, e vou contá-la mais uma vez aqui.

Ben Hooper nasceu nas colinas do leste do estado de Tennessee. Era filho de mãe solteira. Por causa disso, ele e a mãe eram execrados pela pequena comunidade local onde viviam. As pessoas os ofendiam quando eles iam à cidade, e as outras crianças não brincavam com Ben na escola.

Quando Ben completou doze anos, um novo e jovem pastor chegou à cidade para cuidar da igrejinha local. Quase imediatamente, Ben começou a ouvir coisas muito empolgantes sobre ele: era um homem amoroso, não julgava ninguém, aceitava a todos como eram e, quando estava com as pessoas, fazia que se sentissem como as mais importantes do mundo.

Certo domingo, embora jamais tivesse entrado em uma igreja durante a vida inteira, Ben Hooper decidiu que iria para ouvir aquele pastor. Ele chegou atrasado e teve de sair mais cedo porque não queria atrair nenhuma atenção. No entanto, gostou muito do que ouviu. Pela primeira vez na vida daquele jovem, ele teve um vislumbre de esperança.

Ben voltou à igreja no domingo seguinte... e no outro, no outro, no outro. Ele sempre chegava mais tarde e saía mais cedo, mas sua esperança aumentava a cada semana. Por volta do sexto ou sétimo domingo, a mensagem foi tão comovente e empolgante que Ben foi totalmente cativado com ela. Era quase como se houvesse um cartaz atrás da cabeça do pastor dizendo: "Há esperança para você, pequeno Ben Hooper, filho de pai desconhecido". Ben se sentiu tão envolvido por aquela mensagem que perdeu a noção do tempo e não percebeu que muita gente entrara depois de ele se sentar.

Quando o culto terminou, Ben misturou-se à multidão. De repente, sentiu o toque da mão de alguém em seu ombro. Ele se voltou e ergueu os olhos. Era o jovem pastor, que fez a mesma pergunta que incomodara todas as pessoas daquele lugar havia doze anos: "Você é filho de quem?".

Na mesma hora, um silêncio mortal se abateu sobre a igreja. Em seguida, aos poucos, um sorriso começou a se formar no rosto do jovem pregador até tomar conta de seu semblante, e ele disse: "Ah! Eu sei de quem você é filho! Sabe por quê? Porque a semelhança com sua família é inconfundível. Você é filho de Deus!".

Ao dizer isso, ele abraçou o menino, bateu em suas costas e disse: "Que grande herança você tem, garoto! Agora, siga em frente e viva para honrá-la".

Muitos, muitos anos depois, Ben Hooper seria eleito e reeleito governador do estado de Tennessee. Quando uma pessoa se enxerga da mesma maneira que Deus a vê, ela não só *sabe* que é amada — ela também se *sente* amada. Nada pode mudar tanto uma vida quando o amor divino.

Há muitos anos, uma jovem mãe estava caminhando pelas colinas de South Wales, na Inglaterra, carregando o filho. Uma nevasca muito forte os apanhou no caminho, e aquela mãe nunca chegaria a seu destino. Os grupos de resgate encontraram o corpo sem vida da mulher com o bebê aconchegado sob seu peito, aquecido e vivo. Ela havia envolvido a criança com seu casaco e seu lenço de pescoço e depois o cobriu com o próprio corpo. Aquela criança cresceu e se tornou o primeiro-ministro britânico David Lloyd George, um dos maiores estadistas da Inglaterra. O amor que dá a própria vida pela vida de outra pessoa é um tipo divino de amor.

Patrick Morley conta, em *Man in the Mirror* [O homem no espelho], sobre um grupo de pescadores — três homens e o filho de doze anos de um deles — que passaram um ótimo dia pescando salmões no Alasca. Quando o hidroavião decolou para levá-los de volta ao acampamento, caiu no oceano. Dois daqueles homens enfrentaram as águas geladas e as fortes correntes até alcançarem a margem. O terceiro homem, porém, lutava para salvar o filho, que não sabia nadar muito bem. Os dois que chegaram à margem testemunharam, sem poder fazer nada, quando a corrente carregou o pai e o filho, um agarrado ao outro, para o mar.

O pai escolheu não abandonar o filho, e sim ficar com ele, não importava o preço que teria de pagar. Ele não deixaria o filho, nem o entregaria à força dos elementos. Esse é um tipo de amor divino.

Quando os jornalistas se concentraram quase totalmente nas grandes reportagens sobre o furacão Katrina, Lynn Purcell Durham, de Ocean Springs, no Mississippi, ficou preocupada ao perceber que muitas histórias incríveis de amor e coragem relacionadas àquele desastre natural deixariam de ser contadas. Assim, ela registrou todas quanto conhecia em um artigo intitulado "The South Will Rise Again" [O sul voltará a se erguer]. Este capítulo de *Automotivação, alta performance* não ficaria completo sem parte da história que Lynn permitiu-me reproduzir aqui:

> Os avós de meus amigos, que estão com noventa anos, são de Gulf Hills, um condomínio de casarões que foram completamente cobertos pelas águas da enchente provocada pelo furacão, que chegaram a oito metros de altura. O avô tinha mal de Alzheimer, e a avó era uma mulher franzina que, por algum milagre, conseguiu puxá-lo para nadar com ela até a segurança do telhado da casa vizinha. Ele não havia falado nada durante a tempestade, e se recusava a deixar o local. Assim, os dois ficaram em uma tenda, comendo a comida racionada pelos militares e as refeições que a família lhes trazia todos os dias. O amor e a lealdade daquela mulher ao companheiro de toda a sua vida sobreviveram à tragédia pessoal. Ela disse à filha para deixá-los ali mesmo, pois o marido estava calmo, desde que ninguém o forçasse a deixar o local. Talvez não tivessem muito tempo mais de vida, mas estavam juntos, e isso era tudo o que importava para ela.

O amor que não abandona a pessoa amada é um tipo de amor divino (cf. Hb 13:5).

Permita que o amor oriente sua vida

Fecho este capítulo com uma história notável que Beth Moore, conhecida professora da Bíblia e escritora de Houston, no Texas, inclui em seu livro *Further Still* [Mais além]. Esse episódio aconteceu há muitos anos no aeroporto de Knoxville, no Tennessee, no dia 20 de abril.

> À espera da hora de embarcar, eu estava com a Bíblia no colo, muito compenetrada no que estava fazendo. Eu passara uma manhã maravilhosa com o Senhor. Digo isso porque quero dizer como é incrível ter o Espírito de Deus trabalhando dentro de nós. Podemos acabar fazendo algumas coisas que jamais faríamos, se não fosse por ele. A vida no Espírito pode ser perigosa por mil razões, sendo que uma das maiores delas é o ego.
>
> Tentei não ficar olhando, mas aquele homem tinha uma aparência estranha. Encurvado sobre uma cadeira de rodas, era apenas pele e osso, usando roupas que, com certeza, lhe cabiam quando ele tinha, pelo menos, uns dez quilos a mais. Seus joelhos sobressaíam na calça, e os ombros davam a impressão de que o paletó ainda estava preso em um cabide. As mãos eram massas de veias e ossos. A parte mais estranha de seu corpo eram o cabelo e as unhas. O cabelo grisalho e embaraçado descia sobre os ombros e chegava às costas. As unhas eram muito compridas. Limpas, mas esquisitas em um homem idoso.
>
> Na mesma hora, baixei os olhos para ler minha Bíblia, pouco à vontade com aquela visão. Quando tentei imaginar a história daquele homem, eu me flagrei conjecturando se poderia ser Howard Hughes, um empresário excêntrico que ficou famoso. Mas logo lembrei que Hughes havia morrido. Então, aquele sujeito no aeroporto... será que se tratava de um ator? Será que alguma câmera estava nos filmando?
>
> Lá estava eu, tentando me concentrar na Palavra de Deus para não ficar me preocupando com aquela fração de ser humano sobre uma cadeira de rodas perto de mim. Durante o tempo todo, meu coração foi sendo gradativamente tomado por

um sentimento em relação àquele homem. Sejamos sinceros: a curiosidade é bem mais confortável do que uma preocupação genuína. De repente, eu era tomada por uma emoção muito forte por aquele senhor de aparência tão bizarra.

Já caminhei muito com Deus, o suficiente para entender o que ele escreve na parede. Aprendi que, quando começo a ter o mesmo sentimento de Deus, algo tão oposto a meus sentimentos naturais, alguma coisa muito radical está para acontecer. E pode causar constrangimento. Na mesma hora, comecei a resistir, pois podia sentir que Deus estava trabalhando em meu espírito. Em minha mente, passei a discutir com o Senhor: "Ah, não, Deus, por favor. Não faça isso". Ergui os olhos para o teto, como se minha visão pudesse atravessá-lo e eu pudesse enxergar diretamente os céus. Falei: "Não me faça testemunhar para esse homem. Pelo menos, não aqui e agora. Por favor. Faço qualquer coisa. Pode me colocar até no mesmo avião, mas não me peça para levantar aqui e falar do evangelho para esse homem diante de tanta gente. Por favor, Senhor!".

Sentada na cadeira de vinil azul, eu implorava a Deus: "Por favor, não me faça testemunhar para esse homem. Não agora. Faço isso quando entrar no avião". Foi então que ouvi: "Não quero que você fale nada com ele. Só quero que penteie seu cabelo". As palavras eram claras demais. Meu coração foi parar na garganta, e minha cabeça começou a girar. O que eu deveria fazer? Testemunhar para aquele homem ou pentear seu cabelo? Era simples demais. Olhei novamente para o teto e disse: "Deus, enquanto eu viver e respirar, quero dizer que estou pronta para testemunhar para esse homem. Conte comigo, Senhor, sou sua! O senhor nunca viu uma mulher testemunhar para um homem tão rápido. Que diferença faz se o cabelo dele está embaraçado ou penteado? Vou falar com ele. Vou testemunhar do evangelho para ele".

Mais uma vez, falando a mim com muita clareza, Deus parecia escrever suas palavras na parede de minha mente: "Não foi isso o que eu disse, Beth. Não quero que você fale do evangelho para ele. Quero que vá lá e penteie o cabelo daquele homem". Ergui os olhos para Deus e falei, em tom de brincadeira: "Eu não tenho um pente ou uma escova. Como posso pentear o cabelo dele sem isso?". Deus insistiu tanto que, quase involuntariamente, comecei a caminhar na direção daquele homem, como se os pensamentos viessem a mim pela Palavra de Deus: "... para que o homem de Deus seja apto e plenamente preparado para toda boa obra" (2Tm 3:17). Debrucei-me sobre a cadeira de rodas pensando em como eu mesma poderia usá-la naquele momento.

Mesmo agora, quando reconto essa história, meu coração acelera e sinto as mesmas palpitações. Ajoelhei-me diante daquele senhor e perguntei, tão contida quanto me era possível:

— Senhor, posso ter o prazer de pentear seu cabelo?

Ele olhou para mim e respondeu com outra pergunta:

— O que foi que você disse?

— Posso ter o prazer de pentear seu cabelo.

Ele respondeu no tom mais alto que podia:

— Mocinha, se você quer mesmo que eu a ouça, precisa falar mais alto.

Àquela altura, respirei fundo e gritei:

— SENHOR, POSSO TER O PRAZER DE PENTEAR SEU CABELO?

Todas as pessoas que estavam naquele lugar olharam para mim. Eu era a única figura mais estranha que o velhinho de cabelos longos naquela sala de embarque. Ruborizada e suando muito, vi quando ele ergueu os olhos em minha direção, visivelmente surpreso, e disse:

— Se você quiser mesmo...

Será que ele estava de brincadeira comigo? É claro que eu não queria. Mas Deus não parecia muito interessado em minhas preferências pessoais naquela hora. Ele me pressionou até que eu pudesse dizer:

— Sim, senhor, seria um prazer. Mas só tenho um problema: não tenho uma escova.

— Eu tenho uma em minha bolsa — ele respondeu.

Dei a volta na cadeira de rodas, ajoelhei-me e abri a bagagem de mão daquele estranho, mal podendo acreditar naquilo que estava fazendo. Voltei a ficar de pé e comecei a pentear o cabelo daquele idoso. Estava bem limpo, mas embaraçado demais. Não sou muito boa em várias coisas, mas devo admitir que ganhei uma experiência considerável tendo de desembaraçar o cabelo de minhas duas filhas. Assim como fazia com Amanda ou Melissa, comecei a escovar a partir da ponta dos fios, lembrando-me o tempo todo de não puxar.

Algo miraculoso aconteceu comigo quando comecei a pentear aquele senhor. Todas as outras pessoas que estavam na sala de espera sumiram. Não havia mais nenhuma alma viva ali, a não ser por mim e pelo velhinho. Continuei escovando, escovando, escovando até não ter mais nenhum fio de cabelo embaraçado sobre a cabeça dele. Sei que isso pode soar estranho, mas nunca sentira aquele tipo de amor por outra alma em toda a minha vida. Acredito, de todo o meu coração, que, durante aqueles poucos minutos, senti uma pequena porção do próprio amor de Deus. Era como se ele tivesse tomado conta de meu coração por algum tempo, da mesma forma que uma pessoa aluga um quarto por algum tempo e se acomoda como se estivesse em casa. As emoções eram tão fortes e puras que eu tinha certeza de que só poderiam ser divinas.

O cabelo daquele senhor estava finalmente macio e solto como o de uma criança. Coloquei a escova de volta na sacola e dei a volta na cadeira de rodas para vê-lo. Voltei a me ajoelhar, coloquei minhas mãos sobre os joelhos dele e falei:

— Senhor, por acaso conhece o meu Jesus?

— Sim, conheço — ele disse.

"Bem, faz sentido", pensei. Então ele explicou:

— Eu o conheci quando me casei. Minha esposa não se casaria comigo antes de eu conhecer o Salvador. Veja bem, o problema é que fiquei vários meses sem ver minha esposa. Passei por uma cirurgia no coração e ela está doente demais para poder me visitar. Eu estava sentado aqui, falando com meus botões: "Como dei trabalho para minha esposa".

Só Deus sabe com que freqüência ele nos permite participar de momentos divinos sem nos darmos conta do significado da situação. Aquele, porém, era um desses raros encontros nos quais eu compreendia a intervenção de Deus em detalhes que só ele poderia revelar. Era um momento divino, e jamais me esquecerei.

Chegou a hora de embarcar, mas não estávamos no mesmo vôo. Eu estava profundamente envergonhada da maneira como havia agido antes, por isso ficaria feliz se pudesse ter a companhia daquele senhor no avião. Eu ainda tinha alguns minutos antes do embarque, e enquanto juntava minhas coisas, a recepcionista da companhia aérea voltou do corredor de embarque com lágrimas descendo por sua face.

— Aquele senhor está dentro do avião, chorando — ela disse. — Por que você fez isso? O que a levou a fazer isso?

— Você conhece Jesus? — perguntei. — Às vezes ele é muito mandão.

Em seguida, começamos a conversar.

Aprendi alguma coisa sobre Deus naquele dia. Ele sabe quando você está exausto (ou exausta) porque tem fome, está servindo no lugar errado ou está na hora de seguir em frente, mas você

> não consegue sair do lugar. Ele sabe quando uma pessoa está sofrendo ou sentindo rejeição. Sabe se ela está doente ou envolvida pelas tentações. E também sabe se você só precisa de alguém para pentear seu cabelo. Ele vê você como uma pessoa singular. Conte a ele qual é sua necessidade!
>
> Peguei meu vôo, prendendo o choro e me perguntando quantas oportunidades como aquela eu teria perdido ao longo de minha jornada... tudo porque não queria causar má impressão nas pessoas. Deus não me enviou para falar àquele senhor; ele enviou aquele senhor para falar comigo.

Esse relato de Beth Moore diz tudo. A reflexão com a qual ela encerra a história me obriga a fazer a mesma pergunta: quantas oportunidades eu perdi de compartilhar o amor de Deus com alguém que precisava dele? Poderia ser uma criança, um estranho, um colega de trabalho cuja dor não consegui perceber por estar ocupado demais. Quantas outras pessoas havia naquele aeroporto que viram a necessidade do idoso, mas se sentiram constrangidas demais para reagir? Como posso ter "ouvidos para ouvir" e "olhos para ver" e, assim, não perder mais as chances que Deus me dá — oportunidades de ser a mão divina neste mundo, fazendo o que o próprio Deus faria?

Se desejamos que o amor oriente nossa vida, devemos ver e ouvir com os olhos e os ouvidos de Deus. Em seguida, se formos bem obedientes, enfrentaremos as situações complicadas que surgem pelo caminho. E quando fizermos isso, estaremos vivendo com excelência total.

Que Deus possa firmar seu propósito, sua paixão e sua alta performance em tudo quanto você fizer. E que o amor divino capacite você a fazer tudo isso.

Final: a promessa de uma vida de excelência total

EM 1973, UM HOMEM chamado Gary Kildall criou o primeiro sistema operacional para um computador pessoal, que se chamava CP/M. Em 1980, a IBM estava investindo pesado no desenvolvimento de computadores pessoais, os PCs, que consideravam um mercado com grande potencial de crescimento. Eles procuraram Kildall e propuseram a ele desenvolver o sistema CP/M para ser usado nos computadores pessoais da IBM. Os executivos da empresa, pensando em fazer um bom acordo, pegaram um avião até a costa oeste para se encontrar com Kildall. O objetivo deles era fazer daquele sistema operacional o coração dos novos PCs. Kildall, porém, não estava tão entusiasmado com a idéia. Conta uma lenda no Vale do Silício que ele preferiu ficar voando em seu novo avião, em vez de dar as caras na reunião marcada com a equipe da IBM.

Frustrados com a falta de interesse de Kildall, a IBM saiu em busca de outro sistema operacional e descobriu Bill Gates, que fundara com Paul Allen uma pequena empresa chamada Microsoft. Gates havia criado um sistema operacional chamado MS/DOS (que, na verdade, era parcialmente baseado no CP/M). Ele fez um acordo com a IBM, licenciando o uso de seu software para uso nos computadores pessoais da empresa. Com o tempo, o MS/DOS passou a equipar 95% de todos os PCs *do mundo inteiro*. O resto é história.

Antes da explosão da bolha das empresas pontocom, em 2000, Bill Gates tinha uma fortuna de aproximadamente 90 bilhões, e se tornara a pessoa mais rica do mundo, posição que sustentou por mais de uma década. O co-fundador da Microsoft, Paul Allen, é hoje o terceiro homem mais rico. Gary Kildall morreu em 1994 com uma reputação de programador brilhante, mas uma pessoa incapaz de olhar para o futuro e tomar as decisões corretas no presente.

Gary Kildall não é, naturalmente, a única pessoa que deixou de ver o que o futuro reserva. Segundo a revista *American Scientist*, Thomas J. Watson Sr., fundador da IBM, teria dito o seguinte, em 1943: "Acredito que só haja mercado no mundo todo para, no máximo, cinco computadores". Até hoje ninguém conseguiu provar a veracidade dessa afirmação, mas sabe-se, com certeza de outra declaração parecida, feita em 1951 por Douglas Hartree, um matemático brilhante da Universidade de Cambridge, na Inglaterra. Ele havia construído os primeiros "analisadores diferenciais", precursores dos computadores modernos. Hartree disse, em uma entrevista, que todos os cálculos matemáticos que viessem a ser necessários na Inglaterra poderiam ser realizados por três computadores digitais que estavam sendo construídos: um em Cambridge, outro em Teddington e mais um em Manchester. Ninguém mais, ele afirmou, precisaria um dia ter uma máquina própria ou conseguiria pagar por uma daquelas.

Três computadores seriam suficientes para toda a Inglaterra! Isso só serve para mostrar que nossa capacidade de predizer o futuro, de antever as mudanças que a vida sofrerá, é terrivelmente limitada. No entanto, se pretendemos dar alguns passos hoje em função do futuro que nos espera, nossa vida pode ser muito diferente e melhor. O mais impressionante é ver como costumamos nos recusar, de modo obstinado, a tirar as vendas dos olhos quando alguém volta do futuro para conversar conosco e dizer como a vida será diferente mais adiante.

Será que consegui captar sua atenção para a última frase? Já posso ouvir você perguntando: "Zig, quem voltou do futuro para nos dizer como a vida será? Que tipo de mágica você está tentando usar para me convencer?".

A resposta à sua pergunta é a mais inesperada: eu, Zig Ziglar. Estou escrevendo a você de um lugar que está a vinte, trinta, quarenta ou mais anos além de onde a maioria dos leitores está neste momento. Sou uma voz proveniente de seu futuro. Escrevo este livro com mais de oitenta anos de idade. Ainda tenho muita coisa para dizer e escrever, e preciso falar das coisas mais importantes que sei enquanto tenho oportunidade para isso.

Essa é a razão pela qual escrevi este livro sobre a paixão, a alta performance e o propósito — os três elementos que optei por chamar de "vida de excelência total". A conclusão é que, em minha idade, sei mais do que costumava saber. Não digo isso por presunção ou arrogância; isso acontece com todo mundo. Se formos atentos, interessados e, de preferência, humildes durante a jornada da vida, saberemos mais quando estivermos próximos do fim do que sabíamos no início do caminho. E, com certeza, hoje sei mais sobre a vida de excelência total do que sabia quando dei os primeiros passos nessa empreitada, décadas atrás. É isso que me qualifica a ser uma voz falando a partir de seu futuro, compartilhando o que sei agora, mas não sabia antes.

Se eu soubesse, na época, o que sei agora, não cometeria tantos erros, teria realizado coisas mais grandiosas e teria sentido mais paixão, alcançado a mais alta performance e cumprido propósitos mais profundos. Veja bem, não tenho nenhum arrependimento

— agradeço a Deus por cada porção de sabedoria que ele me proporcionou e por ter sido paciente comigo durante meu processo de aprendizado.

A essa altura, porém, você já deve me conhecer o suficiente para saber que adoro compartilhar, ensinar, transmitir e estimular as pessoas. E é nestas últimas páginas de *Automotivação, alta performance* que quero abordar a parte mais importante da mensagem deste livro. Acredito que, se você assimilar o que desejo lhe dizer, seu futuro será radicalmente diferente... e melhor! Você não será como aquelas pessoas de visão limitada a quem escapa a visão do que lhes aguarda no futuro. Você ouvirá as palavras de alguém que "esteve lá e fez aquilo", e incorporará um pouco mais de sabedoria à sua vida *agora*, de maneira que ela possa dar frutos em abundância no *futuro*.

De vez em quando, as pessoas me perguntam o que eu mudaria em minha vida se pudesse começar tudo de novo. Aprendi a resposta de uma senhora, há muitos anos: ela disse que não mudaria nada, pois, se o fizesse, talvez não tivesse chegado aonde chegou, e ela adorava a vida que tinha. Essa é minha história. Cometi muitos erros, mas se mudasse alguma coisa, não estaria onde estou e também adoro minha vida por causa do Deus a quem pertenço e das promessas que ele me faz, assim como faz a você.

É por isso que voltei do futuro para dizer a você: se começar hoje mesmo a amar a Deus de todo o seu coração, de toda a sua alma, de toda a sua mente e com toda a sua força por intermédio de um relacionamento com Jesus Cristo, não se arrependerá de seu passado e poderá olhar para frente, para seu futuro, porque ele certamente há de ser marcado pela excelência total.

Tendo dito isso, reconheço que alguns leitores deste livro já assumiram um compromisso com Cristo e caminham em fé ao lado dele. E me regozijo nisso com essas pessoas. Mas também reconheço que falo a muitas pessoas, todos os anos, que não conhecem a Cristo e, por isso, talvez nunca compreendam a plenitude do que abordei na Parte 3 deste livro — o propósito — porque ainda não estão ligadas a Deus por meio de Cristo.

Da mesma maneira, reconheço que algumas pessoas estão interessadas em minhas reflexões sobre automotivação, sucesso, treinamento e performance, mas não querem saber do que penso em relação à espiritualidade. E respeito isso, sem dúvida. Mas, para aqueles que se dispõem a me ouvir, quero contar como é possível estabelecer essa ligação com Deus — uma conexão que não apenas mudará sua vida nesta terra, como também garantirá o tipo de vida que espera você por toda a eternidade.

A começar em 1972, as mudanças promovidas em minha vida depois de conhecer a Deus foram, no mínimo, impressionantes. Pela primeira vez, eu via meu lugar no grande esquema de Deus para todas as coisas. Eu sabia que ele me amava e tinha um plano para minha vida. Andar de acordo com esse plano se tornou meu propósito.

Quando vi minha vida em contraste com o plano de Deus e seu propósito para mim, compreendi pela primeira vez que as coisas que eu estava fazendo até aquele momento (como orador na área de automotivação e um professor de sucesso) não constituíam obra do acaso. Eu estava fazendo exatamente o que ele queria! Estava colocando em prática meus dons, concedidos por um Deus cheio de graça que me abençoara e capacitara para incentivar e motivar os outros a descobrir seu verdadeiro propósito, viver uma vida relevante e deixar um legado de valor duradouro.

E é aí que entra a paixão! Antes de 1972, eu pensava que tinha paixão por meu trabalho. Mas quando comecei a ver meu trabalho como extensão da obra de Deus, as horas do dia pareciam poucas para realizar o que eu desejava. E ainda são!

Continuei fazendo o que fazia até então: sendo marido da Ruiva, pai de meus quatro lindos filhos, um incentivador de pessoas por meio de minhas palestras e meus seminários. Mas tudo de acordo com um novo propósito que acabara de descobrir! E esse novo propósito me proporcionou uma paixão ainda maior por meu trabalho com pessoas que eu jamais conhecera, o que levou a índices de performance ainda mais elevados.

Deus queria aumentar minha capacidade de fazer coisas boas nesta vida — ser bem-sucedido para poder continuar motivado e seguir adiante, realizado de maneira que pudesse dormir bem à noite, próspero a ponto de ser generoso e apaixonado pela vida. E é exatamente isso que Deus deseja para você. Por isso concluí este livro falando sobre propósito na Parte 3; é o segredo para transformar a paixão em alta performance.

Veja bem, eu creio que minha capacidade de falar, de ser um entusiasta, de motivar as pessoas, de encorajá-las, de usar meu bom humor texano para fazer as pessoas sorrirem e se divertirem — creio que todas essas coisas são dons de Deus, concedidos a mim para serem usados no cumprimento dos propósitos divinos. O problema é que, por muitos anos, antes de 1972, eu não compreendia isso. Mas entendo agora, e isso fez toda a diferença do mundo.

Quando aprendi que havia sido criado à imagem de Deus (assim como você), comecei a ver meus dons e minhas capacidades como dádivas divinas. E é sob essa ótica que eu espero que você tenha se visto enquanto lia este livro. Não importa se você é um professor, um empresário, uma dona de casa, um contador, um advogado, um atleta, um membro das forças armadas. Tudo quanto você faz, faz porque foi criado à imagem de Deus. Imaginação, versatilidade, perseverança, criatividade, comunicação, capacidade de escolha — pense em todos os atributos que fazem de nós a coroa da criação de Deus! Não inventamos nenhum deles;

nós os recebemos como recursos a serem aplicados com prodigalidade enquanto perseguimos seu propósito para nossa vida.

Teria esse conhecimento mudado minha vida em 1972? Sim, com toda a certeza. E será que continua mudando? Você tem em suas mãos uma evidência de que continua. Viver uma vida repleta de sentido e propósito é uma jornada que dura a vida toda, uma estrada que termina no céu, nosso destino eterno. Mas enquanto estamos nesta terra, cada curva dessa estrada fornece novas compreensões, nova sabedoria, novas maneiras de aplicar as verdades que estamos descobrindo. *Automotivação, alta performance* é o esforço mais forte que já fiz para motivar as pessoas a permitir que sua paixão influencie seu desempenho, resultado natural de quem conhece seu propósito.

O dr. Tony Campolo observou que nosso passado é importante porque nos trouxe ao lugar onde estamos hoje em dia. No entanto, por mais relevante que seja o passado, ele não é tão importante quanto a maneira como você vê seu futuro, pois é essa visão que determina seu raciocínio hoje em dia. E o impacto mais radical que você pode exercer sobre seu futuro é começar (ou renovar, se necessário) um relacionamento vibrante com o Deus que criou e ama você.

Já comentei com você, da maneira mais franca possível, que sou um cristão — uma pessoa que acredita que Jesus Cristo é o Filho de Deus que veio à terra para morrer pela humanidade pecadora e tornar possível um relacionamento com nosso Deus Criador. Também creio que a Bíblia é a Palavra de Deus divinamente inspirada, concedida pelo Senhor por intermédio de autores humanos para revelar o próprio Deus e seu plano de salvação do mundo.

Essa terminologia não é estranha à maioria das pessoas nos Estados Unidos e não era estranha a mim mesmo antes de eu me tornar um cristão, em 1972. Afinal de contas, eu nascera e fora criado no Cinturão Bíblico da América do Norte, onde o cristianismo constituía parte importante da cultura sulista. Eu não era anti-Deus ou uma pessoa sem religião. Ser assim seria como negar minha herança cultural. Mas eu também não era um cristão. Era apenas um ser humano bem-intencionado, seguindo a onda religiosa dominante na cultura na qual eu fora criado.

E, naquela onda, eu estava tão perdido quanto uma bola de gude no meio do mato. Eu não teria condições de reconhecer Deus nem que ele se aproximasse de mim na rua e gritasse meu nome. Embora eu estivesse familiarizado com a terminologia cristã — "ser salvo", "ir à frente", "ser batizado", "nascer de novo" —, nunca dei muita atenção a nada disso. Sabia que não era uma pessoa pura, mas não achava que fosse um sujeito tão ruim assim também. A verdade é que eu simplesmente não pensava nas coisas espirituais antes de encontrar a salvação.

Segundo o Grupo Barna de pesquisas, a maioria das pessoas pensa, mesmo que apenas um pouco, em sua vida espiritual. A página eletrônica intitulada "Belief: Heaven and Hell" [Fé: céu ou inferno],[1] no *site* do Barna, afirma:

> Há uma tendência de se acreditar que, se uma pessoa é, de forma geral, boa ou faz coisas boas suficientes aos outros durante a vida, ela conquistará um lugar no céu. Em 2005, o público decidiu a questão: 54% concordaram e 39% discordaram. Isso representa uma mudança muito pequena em relação a 2002, quando 55% concordavam e 38% discordavam. Em 1996, 54% concordavam e 38% discordavam. E, em 1993, 56% concordavam com essa noção.

[1] *http://www.barna.org/FlexPage.aspx?Page=Topic&TopicID=3*, acessado em 7/3/2008. (N. do T.)

Meus melhores cálculos indicam que há uma chance em duas de você se incluir nesses números como uma das pessoas que crêem no acesso ao céu por meio de boas obras.

O problema com esse tipo de visão da espiritualidade é que contradiz a Bíblia Sagrada. Podemos formar uma lista imensa de todas as coisas boas que já fizemos, muitas delas em nome de Deus. Podemos dizer que somos sacerdotes ou membros de uma igreja muito grande, que cantamos no coral, ensinamos na escola dominical, damos dinheiro aos necessitados, guardamos os Dez Mandamentos, somos fiéis ao cônjuge e à família — qualquer uma dessas coisas ou todas elas. Mesmo assim, isso não seria suficiente. Sabe o motivo? Porque a Bíblia afirma: "... pois todos pecaram e estão destituídos da glória de Deus" (Rm 3:23). Apesar de todas as nossas boas obras, "todos pecaram". E outro versículo das Escrituras afirma que quebrar um dos mandamentos de Deus (algo que todos fizeram) é o equivalente moral a ter quebrado todos (cf. Tg 2:10).

Lembro-me de uma conversa que tive com meu irmão mais novo logo depois de minha conversão. Nossa mãe havia falecido, e eu e meu irmão estávamos trocando reminiscências e consolando um ao outro naquele momento de luto. Eu disse que sabia como mamãe estava muito melhor depois da morte do que durante seus dias na terra, e ele concordou. Ele disse saber que nossa mãe estava no céu porque nunca conhecera ninguém melhor que ela. Eu concordei que mamãe havia sido uma pessoa maravilhosa, mas, mesmo assim, ela não fora boa o suficiente para garantir sua entrada no céu.

Quando meu irmão reagiu, um pouco indignado, perguntando o que eu queria dizer com aquilo, compartilhei com ele aquilo que a Bíblia diz: "... todos pecaram e estão destituídos da glória de Deus". Com um tom de desesperança no rosto, ele me disse:

— Bem, meu irmão, se nossa mãe não foi boa o suficiente para entrar no céu, eu e você não temos a menor chance!

— Eu concordo! — respondi. — Mas a boa notícia é que podemos ter acesso ao céu da mesma maneira que mamãe teve. Ou seja, ela entregou sua vida a Jesus Cristo. Ela creu, de todo o seu coração, que ele é o Caminho, a Verdade e a Vida. Mamãe confessou, com sua boca, que Jesus era Senhor, e acreditava que Deus o havia ressuscitado dos mortos, garantindo a entrada dela no céu.

Aquela confissão significava que minha mãe havia nascido de novo. O próprio Cristo dissera a Nicodemos: "Ninguém pode ver o Reino de Deus, se não nascer de novo" (Jo 3:1-8; cf. Rm 10:9).

O cristianismo não é uma religião; é um relacionamento com uma pessoa, Jesus Cristo. Todas as demais religiões do mundo oferecem justiça a seus adeptos. Se você tiver feito boas obras suficientes nesta vida, será salvo, segundo elas. Mas só o cristianismo oferece a graça, o favor imerecido de Deus. Apesar de nossos pecados, Deus, por opção própria de amor, nos oferece a salvação como dom gratuito (cf. Jo 3:16; Ef 2:8-9). Ironicamente, sua oferta de graça se baseia na justiça, pois nossos pecados não foram ignorados ou deixados sem castigo. No entanto, em vez de nos punir, Deus enviou o próprio Filho para tomar sobre si esse castigo devido a nossos pecados. A justiça de Deus foi cumprida, e ele poderia estender o dom gratuito do perdão e da vida eterna a nós. Jesus se tornou nosso substituto.

Certa vez, no início de minha carreira como orador, fui convidado a substituir o dr. Norman Vincent Peale, que havia adoecido. A platéia estava evidentemente decepcionada por ter de ouvir a mim, em vez do famoso dr. Peale, mas fiz o melhor que pude para substituí-lo à altura. Depois de minha palestra, uma senhora, talvez com um pouco de deficiência na audição, aproximou-se de mim. Ela não havia compreendido totalmente quem eu era e por que havia falado no lugar do dr. Peale, mas ouviu quando comentei que estava ali como substituto. Então ela me pediu para explicar o que era um substituto.

Contei a ela uma breve história de meus tempos de criança, quando jogava bola nos intervalos da escola. Certa vez, um de meus amigos chutou a bola na direção de uma janela, estilhaçando o vidro. Um professor cortou um pedaço de cartolina para substituir o vidro e fechar o buraco aberto na janela. Da mesma maneira, disse a ela, eu era como a cartolina substituta, falando no lugar do dr. Peale. Tentando ser gentil, ela me disse: "Bem, sr. Ziglar, em nenhum momento pensei no senhor como um pedaço de cartolina. Eu achei que era o vidro de verdade!".

Segurei uma risada e agradeci a ela por pensar em mim como "vidro de verdade". Mas sempre pensei naquela ilustração quando analiso o que Cristo fez por mim. Ele foi meu substituto, e pode ser o seu, também. A justiça de Deus exigia que alguém pagasse o preço por nossas violações aos padrões divinos. Ou cada um teria de morrer pelos próprios pecados ou alguém morreria em nosso lugar. Mas esse "alguém" não poderia ter pecado algum. Por isso, a única pessoa capaz de fazer aquilo era o próprio Deus. E foi por isso que Jesus Cristo veio à terra: para ser nosso substituto e pagar o preço que eu e você não teríamos condições.

Por causa disso, quando eu morrer e chegar minha hora de entrar no céu, essa entrada não será decidida a partir da comparação entre minhas boas e más ações. Ela será definida a partir de outro critério. Meus pecados foram pagos? Aceitei o Filho de Deus como meu Substituto e Salvador? Recebi, pela fé, o dom gratuito da graça de Deus com o coração aberto, não confiando em nada que há em mim para conquistar um lugar no céu, mas apenas em Jesus Cristo?

Se eu posso responder "sim" a essas perguntas, Deus me dará as boas-vindas no céu que preparou para todos aqueles que colocam sua fé em Jesus Cristo. Se não posso responder "sim" a essas questões, isso não apenas significa que perdi a oportunidade de viver da melhor maneira na terra, como também que perderei a chance de ter o melhor do céu na eternidade.

Quando Jesus estava se preparando para deixar os discípulos, ele disse: "Na casa de meu Pai há muitos aposentos; se não fosse assim, eu lhes teria dito. Vou preparar-lhes lugar. E se eu for e lhes preparar lugar, voltarei e os levarei para mim, para que vocês estejam onde eu estiver" (Jo 14:2-3). Já se passaram mais de 2 mil anos depois de Jesus ter usado essas palavras, e mal consigo imaginar quão maravilhoso será o lugar que ele preparou para nós. Mas a única maneira de termos acesso a essa alegria no futuro é fazendo hoje aquilo que é necessário para assegurá-la: aceitando Jesus Cristo pela fé e recebendo o dom gratuito da vida eterna por parte de Deus. Por fazer isso, terei a oportunidade de ver e conviver de novo com os membros de minha família e os amigos que conheciam Jesus Cristo e me precederam no céu — especialmente minha filha querida, que está no céu desde 1995.

Em relação ao futuro, em algumas áreas da vida estamos começando a demonstrar cada vez mais sabedoria. Todo domingo, quando eu e a Ruiva estamos nos dirigindo à igreja, vemos todos os tipos de pessoas na rua correndo, patinando, caminhando e pedalando. Os norte-americanos estão vivendo um grande reavivamento da onda de manutenção da boa forma e da saúde. Isso, com certeza, é muito bom. Eu mesmo estou fazendo o melhor possível para participar dessa onda.

Mas, vamos encarar os fatos: independentemente de nossa forma física, as estatísticas demonstram que 100% das pessoas morrem! O corpo só vive por um tempo, mas o espírito é eterno.

Fico impressionado ao ver a quantidade de pessoas que vejo se esforçando por coisas que, elas sabem disso, vão acabar um dia, e dedicando tão pouca ou nenhuma atenção a algo que ficará para a eternidade. Essa não é a maneira mais sábia de planejar o futuro!

Eu vim de seu futuro para incentivar você — ou melhor, para implorar — a aceitar o dom gratuito da vida eterna que Deus oferece à humanidade por intermédio de Jesus Cristo, quando ele é aceito como Senhor e Salvador. Quando sua salvação estiver garantida e você começar a aprender sobre o propósito para o qual Deus lhe criou e chamou, então poderá começar a dar o melhor de si todos os dias a partir de uma automotivação realmente singular: glorificar a Deus com sua vida, amando o próximo como a si mesmo.

Uma passagem famosa do Novo Testamento diz: "Pois vocês são salvos pela graça, por meio da fé, e isto não vem de vocês, é dom de Deus; não por obras, para que ninguém se glorie" (Ef 2:8-9). Esses versículos afirmam que somos salvos unicamente pela graça de Deus, seu presente gratuito para nós. Em seguida, depois que isso acontece, estamos prontos para viver uma vida de excelência total, descrita no versículo seguinte: "Porque somos criação de Deus realizada em Cristo Jesus para fazermos boas obras, as quais Deus preparou antes para nós as praticarmos" (v. 10).

São essas boas obras que fazemos com paixão que nos conduzem à alta performance. Elas refletem nossa compreensão do propósito que temos nesta vida. Se eu soubesse disso quando era mais jovem, teria aceitado Jesus muito antes do que fiz. E é isso que estou tentando incentivar você a fazer também. Nenhuma vida é tão boa quanto aquela vivida a partir de um relacionamento íntimo com Deus. Se você busca uma vida de excelência total longe dele, preste atenção em minhas palavras: não conseguirá encontrar!

Se alguém tivesse dito aos pioneiros da computação o que o futuro reservava, você acha que eles teriam tomado decisões diferentes? Hoje estou aqui para dizer quão maravilhoso pode ser seu futuro se você caminhar para ele segurando na mão do Deus de amor. Tire a venda espiritual de seus olhos! Aceite a palavra de alguém que cometeu esse erro durante tantos anos e não deseja vê-lo fazer a mesma coisa. Faça do dia de hoje o primeiro do resto de sua nova vida em Cristo.

Que sua vida seja de excelência total para a glória de Deus e para sua própria alegria!

Se você está pensando em como pedir a Jesus para ser o Senhor de sua vida, incluí uma oração que você pode fazer. Se você crê que Jesus morreu por seus pecados e que ele ressuscitou dentre os mortos, faça esta oração:

> Pai, sei que sou um pecador (ou uma pecadora) que precisa de um Salvador, por isso peço que o senhor me perdoe, pois me arrependo de meus pecados. Confesso com minha boca que Jesus é Senhor, e creio, com todo o meu coração, que Deus o ressuscitou dentre os mortos.

Se você aceitou Cristo como seu Senhor e Salvador, mal posso esperar para passar a eternidade com você, pois eu creio no que está escrito em Atos 2:21: "E todo aquele que invocar o nome do Senhor será salvo!". Agora é hora de encontrar uma igreja para você freqüentar, um lugar ao qual possa ir para viver em comunhão com outras pessoas que também crêem em Jesus Cristo; um lugar onde possa aprender cada vez mais a respeito dele. Peça a um cristão experiente e sábio para ser seu mentor. Leia a Palavra de Deus todos os dias e se prepare: você está prestes a viver aquela vida que sempre desejou.

A vida de excelência total

Vivo em excelência total porque entendo que o fracasso é um acontecimento, e não um personagem; que o dia de ontem acabou na noite passada, e que o dia de hoje é totalmente novo.

Vivo em excelência total porque fiz as pazes com meu passado, me concentro no presente e sou otimista em relação ao futuro.

Vivo em excelência total porque sei que o sucesso (uma vitória) não determina minha vida, assim como um fracasso (uma derrota) não a destrói.

Vivo em excelência total porque tenho fé, esperança e amor em mim; vivo sem raiva, cobiça, culpa, inveja ou desejos de vingança.

Vivo em excelência total porque sou maduro (ou madura) o suficiente para esperar pela gratificação enquanto mudo meu foco de meus direitos para minhas responsabilidades.

Vivo em excelência total porque sei que, quando deixo de lutar pelo que é moralmente correto, abro espaço para me tornar vítima do que é criminosamente errado.

Vivo em excelência total porque tenho convicção a respeito de quem sou e a quem pertenço, por isso estou em paz com Deus e vivo em comunhão com os seres humanos.

Vivo em excelência total porque fiz as pazes com minha idade e ganhei o amor e o respeito por parte daqueles que me conhecem muito bem.

Vivo em excelência total porque compreendo que outras pessoas podem me dar alegrias, mas a felicidade verdadeira só acontece quando sirvo os outros.

Vivo em excelência total porque sou educado com os mal-humorados, cortês com os rudes e generoso com os que se acham em necessidade.

Vivo em excelência total porque amo o que não merece ser amado e ofereço esperança ao desamparado, amizade ao beligerante e incentivo aos desencorajados.

Vivo em excelência total porque posso olhar para trás com perdão, para frente com esperança, para baixo com compaixão e para cima com gratidão.

Vivo em excelência total porque sei que "quem quiser ser o primeiro deverá ser escravo de todos".

Vivo em excelência total porque reconheço, confesso, desenvolvo e uso minhas capacidades físicas, mentais e espirituais, concedidas por Deus, para a glória dele e o benefício da humanidade.

Vivo em excelência total porque minha fé me dá a segurança de que, quando estiver diante do Criador do universo, ele dirá a mim: "Muito bem, servo bom e fiel!"

Agradecimentos

TODA VEZ QUE ALGUM trabalho relevante é completado, ele é, invariavelmente, o resultado do esforço de muitas pessoas que se dedicaram ao mesmo objetivo, como uma equipe. Tenho certeza de que *Automotivação, alta performance* é uma obra relevante. Por essa razão, fico feliz em poder reconhecer aqueles que trabalharam para isso.

Em primeiro lugar, permita-me agradecer à pessoa mais importante de minha vida, a Ruiva (minha esposa Jean), com quem celebrei mais de sessenta luas-de-mel. Ela é uma fonte permanente de idéias, amor, incentivo, fé e convicção. Está sempre me abastecendo das "pequenas coisas" que fazem uma grande diferença. No entanto, mais que tudo, o espírito de encorajamento da Ruiva tem sido vital em todas as fases de minha vida.

Em segundo lugar, reconheço o trabalho de minha filha mais nova, Julie Norman, editora de meus livros. Quando ela começou a trabalhar comigo, eu mal podia imaginar que receberia tão grandes benefícios de suas contribuições. É maravilhoso poder depender de alguém de gênero e geração diferentes, e que também me ama, além de ser brilhante e paciente. A verdade é que, de vez em quando, sou meio dogmático. Julia tem a habilidade de aparar as arestas e tornar meu material muito mais "digerível" sem mudar nada em relação ao sentido do texto. Sua ajuda nesta obra foi inestimável.

Em seguida, agradeço a Laurie Magers, minha fiel assistente executiva nos últimos 28 anos, uma pessoa de caráter e integridade, a própria personificação do profissionalismo — uma das pessoas mais dignas de confiança que já conheci. Sua coerência é muito importante para mim. Não raro, ela contribui com detalhes importantes para meu trabalho, assim como faz as pesquisas de informação e documentação necessárias; Laurie arquiva e recupera informações com muita eficiência, e essa habilidade não tem preço. Ela alivia muito o peso de meu trabalho, me desafia, faz sugestões importantes e assegura que a mensagem esteja gramaticalmente correta.

Meu filho Tom Ziglar, presidente e diretor-executivo de nossa empresa, é um homem de caráter. Ele trabalha duro, com imaginação e criatividade; é firme e zeloso na condução da empresa e lidera com integridade. Em vários sentidos, ele é a pessoa que mantém a empresa unida com as boas decisões que toma e com as excelentes habilidades de relacionamento que possui, resultando em um ambiente de trabalho estável.

Richard Oates, meu genro, casado com Cindy e nosso diretor de operações, é uma pessoa cheia de energia, muito importante na hora de discutir várias questões e idéias com Tom. Ele acredita que a empresa precisa agir ontem. Tom acha que seria melhor começar amanhã. Quando se juntam, conversam a respeito e chegam à conclusão de que devem começar hoje.

Dois outros homens em nossa empresa têm sido muito úteis nas atividades do dia-a-dia. Bryan Flanagan trabalha comigo há mais de vinte anos, e é nosso diretor de treinamento corporativo. Krish Dhanam, outro companheiro de palestras há mais de quatorze anos, cuida de nossas operações internacionais e realiza diversos treinamentos, além de praticamente todas as viagens internacionais. Esses dois homens são verdadeiros servos. Eles me ajudam a carregar muitos fardos e cuidam de detalhes relacionados à agenda de viagens e a meus compromissos. Ambos são homens de fé, de caráter sólido e integridade total. A maneira como eles cuidam das "pequenas coisas" quando viajamos juntos desempenha um papel muito importante na manutenção de minha paz de espírito, e me capacita a focar nas coisas que valem a pena quando estamos em trânsito, incluindo minha preparação antes das apresentações.

Quero agradecer a Bert Newman por cuidar tão bem de nossa produção por mais de dezenove anos. Ele supervisiona todos os nossos projetos de gravação em áudio e vídeo, cuida dos detalhes que cercam a produção de novos programas e materiais, produz comerciais, áudios padronizados e projetos em vídeo de uma maneira muito profissional e precisa. Ele é uma das pessoas que mais trabalham na equipe, e é muito confiável. Seus colegas têm grande consideração por ele, reconhecendo as contribuições e dizendo com freqüência: "Bert Newman faz tudo quanto é necessário para fazer o que precisa ser feito".

Além de podermos contar com uma excelente equipe, nosso vice-presidente Gail Arnett e seu pessoal nos asseguram a responsabilidade financeira necessária para tomar todas as decisões. Eles nos mantêm atualizados e cientes das leis e exigências para podermos manter todas as operações.

Quero agradecer a Sealy Yates por concordar em ser meu agente literário. Ele possui uma reputação fabulosa, tem grandes idéias e oferece conselhos muito sábios. Foi Sealy quem organizou reuniões com dois editores muito respeitados que sabia serem importantes para nós. Ambos fizeram apresentações de seu trabalho e foram formidáveis. Optamos pela Integrity Publishers por várias razões e acreditamos que foi a melhor decisão.

Joey Paul é parte importante da organização da Integrity. É um homem muito sensível, sábio e trabalhador. Joey leu todos os meus 25 livros já publicados e mais um original que a Integrity publicará alguns meses depois do lançamento de *Automotivação, alta performance*. Como resultado da leitura de todos esses livros, em um total de aproximadamente 10 mil páginas (são títulos que cobrem um amplo espectro de temas, como vendas, fé, crescimento pessoal, luto, namoro, família, administração etc.), Joey Paul acabou conhecendo meu coração, minha mente e meus objetivos tão bem quanto qualquer pessoa com quem eu tenha trabalhado por muitos anos — e isso certamente inclui minha família. Ele fez uma análise completa do livro ainda não publicado e fez algumas sugestões valiosas que, com certeza, potencializaram seu impacto. Para *Automotivação, alta performance*, Joey nos forneceu um esboço detalhado que nos capacitou a focar nas coisas certas. Suas considerações foram muito valiosas, fazendo-nos ganhar muito tempo no processo. Também acredito que suas sugestões enriqueceram muito a mensagem que julgávamos mais importante (fundamental mesmo) para o valor do livro e seu impacto sobre as pessoas. Joey Paul, estou em grande débito com você por suas contribuições. Muito obrigado.

Quero fazer um agradecimento especial ao editor William Kruidenier. Ele pegou o que lhe entregamos e tratou da melhor maneira possível. Suas contribuições importantes preencheram os espaços vazios, apararam as rebarbas e poliram essa obra até o texto ficar brilhando de tal forma que seria impossível, não fosse seu toque de mestre.

Também me sinto em débito com o restante da equipe da Integrity, que ajudou a tornar esta obra tudo quanto ela é: Jennifer Day, Leslie Peterson e muitos outros. Vocês sabem quem são, e espero que saibam como sou agradecido a cada um pelo papel que desempenhou para tornar esse livro uma realidade desde o momento de sua concepção até ocupar um espaço de destaque nas livrarias. Muito obrigado.

Nossos consultores e orientadores externos ofereceram contribuições importantes quando foram acionados. Nossos advogados prestaram serviços muito valiosos, dando-nos a certeza de estarmos tudo da maneira certa. Essas coisas são extremamente importantes para o sucesso de uma empresa, e na elaboração deste livro, cada um teve participação de destaque no resultado final. Esses cooperadores fiéis, além de outros da equipe que ofereceram contribuições valiosas, garantiram verdadeira tranqüilidade e ajudaram a fazer as coisas funcionarem muito bem no dia-a-dia de nossas operações.

Nem é necessário dizer que há várias outras pessoas dignas de serem mencionadas. O papel que lhes cabe tem sido muito importante ao longo dos anos, fazendo muitas coisas para assegurar que nosso negócio seja conduzido de uma forma organizada e mantendo nosso nível de estresse consideravelmente baixo em comparação com outras empresas. Obrigado a todos eles. Acredito que *Automotivação, alta performance* glorificará a Deus, incentivando aqueles que não conhecem Cristo a ter um encontro com ele e os que o conhecem a renovar seu compromisso de servi-lo de maneira ainda mais eficaz.

Sobre o autor

ZIG ZIGLAR É ESCRITOR de prestígio internacional, orador especializado nas áreas de automotivação e inspiração, e uma autoridade quando se trata de vida com excelência total. Sua filosofia de vida e profissional — que enfatiza integridade, lealdade, fé, honestidade e caráter — se transformou em programas de treinamento que mudaram a vida de milhares de pessoas para melhor.

Ele é o presidente da Zig Ziglar, Inc. Seu lema famoso — "Você pode ter tudo quanto deseja na vida se ajudar outras pessoas a ter tudo quanto desejam na vida" — indica até que ponto sua empresa se dedica a ajudar as pessoas a usar plenamente seus recursos físicos, mentais e espirituais.

Dos 25 livros de Ziglar, nove já aparecerem em listas de mais vendidos, incluindo *Eu chego lá!*, *Além do topo*, *Como criar filhos com atitudes positivas, em um mundo negativo*, *Namoro no casamento*,[1] *Sucesso*,[2] *Os segredos da arte de vender* e *Confessions of a Happy Christian* [Confissões de um cristão feliz]. Sua capacidade de inspirar as pessoas no palco, em gravações de suas palestras ou por intermédio de seus livros fez dele um mestre da automotivação nos Estados Unidos.

Ziglar é casado com Jean (a Ruiva) há mais de sessenta anos e pai de quatro filhos. O casal vive em Plano, no Texas, e congrega na Igreja Batista de Prestonwood, onde Zig dá aulas na escola dominical para sua turma, "Os Encorajadores".

[1] São Paulo: Maltese, 1992.

[2] Rio de Janeiro: Campus, 1999.

Compartilhe suas impressões de leitura escrevendo para:
opiniao-do-leitor@mundocristao.com.br
Acesse nosso *blog*: www.mundocristao.com.br/blog

Diagramação: Assisnet Design Gráfico
Fonte: Adobe Garamond
Gráfica: Imprensa da Fé
Papel: Offset 63/gm² (miolo)
Papel: Art Premium 250/gm² (capa)